Michael Kofler

Python
Der Grundkurs

Liebe Leserin, lieber Leser,

mit Python lassen sich viele Programmierprobleme verblüffend einfach lösen: Möchten Sie etwa die Geschwindigkeit einer unbeladenen Schwalbe berechnen? Oder sollen die Übersetzungen für ungarische Redensarten in einem Dictionary gespeichert werden?

Diese Aufgaben erledigen Sie mit Python elegant und mit erstaunlich wenig Programmieraufwand. Der Name der Sprache leitet sich übrigens nicht von einer Schlangenart ab, sondern bezieht sich auf die legendäre britische Komikertruppe *Monty Python* um John Cleese, Eric Idle & Co. Wenn Sie diese Gags noch nicht kennen und Ihnen auch der erste Absatz etwas seltsam vorkam, sollten Sie diese Wissenslücke bald schließen – gleich nachdem Sie mit diesem Grundkurs Programmieren gelernt haben.

Michael Kofler zeigt Ihnen hier in kompakter Form die wichtigsten Features der Sprache und liefert Ihnen zahlreiche Codebeispiele, die sich an echten Praxisaufgaben orientieren. Ohne lange Umwege erfahren Sie so, wie Sie Python in eigenen Projekten einsetzen und Programmieraufgaben lösen. Egal ob Sie den Raspberry Pi ansteuern oder die Systemadministration automatisieren wollen, ob Sie wissenschaftlich mit fortgeschrittenen Mathematik-Modulen arbeiten oder einfache GUIs bauen möchten – hier finden Sie die Grundlagen kurz und auf den Punkt erklärt.

Abschließend noch ein Wort in eigener Sache: Dieser Grundkurs wurde mit großer Sorgfalt geschrieben, geprüft und produziert. Sollte dennoch einmal etwas nicht so funktionieren, wie Sie es erwarten, freue ich mich, wenn Sie sich mit mir in Verbindung setzen. Ihre Kritik und konstruktiven Anregungen sind jederzeit willkommen.

Ihr Christoph Meister
Lektorat Rheinwerk Computing

christoph.meister@rheinwerk-verlag.de
www.rheinwerk-verlag.de
Rheinwerk Verlag · Rheinwerkallee 4 · 53227 Bonn

Auf einen Blick

Teil I   Python lernen

Teil II   Python anwenden

Wir hoffen, dass Sie Freude an diesem Buch haben und sich Ihre Erwartungen erfüllen. Ihre Anregungen und Kommentare sind uns jederzeit willkommen. Bitte bewerten Sie doch das Buch auf unserer Website unter **www.rheinwerk-verlag.de/feedback**.

An diesem Buch haben viele mitgewirkt, insbesondere:

Lektorat Christoph Meister
Korrektorat Friederike Daenecke, Zülpich
Herstellung Norbert Englert
Layout Vera Brauner
Einbandgestaltung Silke Braun
Satz Michael Kofler
Druck und Bindung Beltz Grafische Betriebe, Bad Langensalza

Dieses Buch wurde gesetzt aus der TheAntiquaB (8,65/12,25 pt) in it LATEX.
Gedruckt wurde es auf ungestrichenem Offsetpapier (90 g/m^2). Hergestellt in Deutschland.

Bibliografische Information der Deutschen Nationalbibliothek:
Die Deutsche Nationalbibliothek verzeichnet diese Publikation in der Deutschen National-bibliografie; detaillierte bibliografische Daten sind im Internet über *http://dnb.d-nb.de* abrufbar.

ISBN 978-3-8362-6679-6

1. Auflage 2019
© Rheinwerk Verlag, Bonn 2019

Informationen zu unserem Verlag und Kontaktmöglichkeiten finden Sie auf unserer Verlags-website **www.rheinwerk-verlag.de**. Dort können Sie sich auch umfassend über unser aktuelles Programm informieren und unsere Bücher und E-Books bestellen.

Inhalt

10 Umgang mit Fehlern (Exceptions)

11 Objektorientierte Programmierung 194

TEIL II   Python anwenden

14   Dateien lesen und schreiben 265

15 Netzwerkfunktionen

16 Systemadministration 303

19   Grafikprogrammierung   363

20 Wissenschaftliche Anwendung 386

Anhang

A   Lösungen   419

Vorwort

Obwohl die Entwicklung von Python schon 1991 begann, stand die Sprache lange im Schatten anderer Programmiersprachen. So richtig im Mainstream angekommen ist Python erst in den vergangenen Jahren. Dabei gibt es viele Gründe für die Popularität von Python:

▶ Die Syntax von Python ist wesentlich einfacher als die vieler anderer Sprachen. Aus diesem Grund wird Python in Schulen und Universitäten immer öfter als erste Programmiersprache unterrichtet, noch vor Java, C# oder C++.

▶ Ein Designprinzip bei der Entwicklung von Python ist es, dass Programmcode möglichst gut lesbar sein soll. Unter anderem deswegen verzichtet Python auf geschwungene Klammern zur Strukturierung von Code. Stattdessen *muss* Code in Schleifen, Verzweigungen oder Funktionen eingerückt werden. Das macht unübersichtlichen »Spagetti-Code« fast unmöglich.

▶ Python ist eine schlanke Programmiersprache mit wenig Syntaxvarianten. Dass Python dennoch so universell für alle erdenklichen Aufgaben geeignet ist, liegt an seinem Modulkonzept: Im Internet finden Sie Tausende kostenlose Erweiterungen. Die Installation solcher Module und ihre Integration in eigenen Code sind ausgesprochen einfach.

▶ Python war im (natur)wissenschaftlichen Sektor schon immer beliebt – aktuell ganz besonders im Bereich der künstlichen Intelligenz. Mit keiner anderen Sprache kommen Sie mit derart wenig Code ans Ziel. Python ist ideal zum Experimentieren geeignet, wenn konkrete Ergebnisse und nicht der perfekte Code im Vordergrund stehen.

▶ Zur Popularität von Python hat natürlich auch der Raspberry Pi beigetragen. Trotz vieler Alternativen ist Python die bevorzugte Programmiersprache der Maker-Gemeinde.

Schon eher muss man sich darüber wundern, dass der Erfolg von Python so lange auf sich hat warten lassen. Vielleicht liegt es daran, dass Python ein echtes Open-Source-Projekt ist, hinter dem keine Firmeninteressen stehen.

Über dieses Buch

Dieses Buch vermittelt einen kompakten Einstieg in die Programmiersprache Python:

▶ **Teil I** erläutert die wichtigsten Sprachkonstrukte. Hier lernen Sie Variablen, Schleifen, Funktionen und die Grundzüge objektorientierter Programmierung kennen. Übungen und Wiederholungsaufgaben (mit Lösungen im Anhang) helfen Ihnen, Ihr neu erworbenes Wissen zu festigen.

▶ **Teil II** zeigt in mehreren kurzen Kapiteln Anwendungsmöglichkeiten auf. Zu den Themenschwerpunkten zählen unter anderem der Umgang mit Dateien, die Systemadministration, Netzwerk-, Datenbank- und Grafikfunktionen, die Steuerung des Raspberry Pi und die Gestaltung grafischer Benutzeroberflächen.

Viel Erfolg!

Programmieren ist eine faszinierende Beschäftigung, durchaus vergleichbar mit dem Lösen von Denksporträtseln. Die erfolgreiche Lösung einer kniffeligen Programmierübung kann Ihnen Erfolgserlebnisse wie im Sport bescheren.

Naturgemäß verläuft der Lernprozess angenehmer, wenn Sie parallel zu diesem Buch jemanden haben, dem Sie Fragen stellen können – sei es ein Freund, eine Bekannte, ein Lehrer oder eine Kursvortragende.

Lassen Sie sich von meiner Begeisterung für das Programmieren anstecken, und fangen Sie an – jetzt!

Michael Kofler (*https://kofler.info*)

TEIL I

Python lernen

.

Kapitel 1

Hello, World!

Traditionell beginnt fast jeder Programmierkurs mit einem *Hello-World*-Programm. Die Aufgabe dieses simplen Programms ist es, die Zeichenkette `Hello, World!` auf den Bildschirm auszugeben.

Das klingt trivial – und ist es natürlich auch. In Wirklichkeit geht es bei *Hello, World!* auch weniger um den erforderlichen Programmcode, sondern vielmehr darum, dass Sie das zur Programmentwicklung notwendige Umfeld einrichten. Dazu zählt die Installation von Python und eventuell eines Editors.

In diesem Kapitel erläutere ich Ihnen die Vorgehensweise für verschiedene Betriebssysteme. Außerdem lernen Sie in diesem Kapitel, was ein *Script* ist und was Sie tun müssen, damit Sie dieses ausführen können.

Keine Angst vor dem Terminal

Falls Sie schon mit anderen Sprachen wie Java oder C# gearbeitet haben, sind Sie es vielleicht gewöhnt, dass Sie alle Arbeiten in einer grafischen Benutzeroberfläche erledigen können. Das trifft bei Python nicht zu. Zwar können Sie Ihren Code in einem modernen Editor oder in einer einfachen Python-Entwicklungsumgebung entwickeln, viele administrative Schritte müssen aber im Terminal bzw. unter Windows in `cmd.exe` oder der PowerShell erfolgen.

Keine Angst! Auch wenn Sie bisher um Terminalfenster einen weiten Bogen gemacht haben, werden Sie feststellen, dass die Nutzung derartiger Fenster keine Hexerei ist.

Unter Windows öffnen Sie ein Eingabeaufforderungsfenster am schnellsten, indem Sie im Startmenü `cmd.exe` eingeben. Unter macOS oder Linux suchen Sie im Startmenü am einfachsten nach »Terminal«.

1.1 Python installieren

Linux

Beginnen wir mit dem einfachsten Fall: Unter Linux ist Python zumeist schon installiert, und es geht eigentlich nur darum, festzustellen, in welcher Version. Dazu öffnen Sie ein Terminalfenster und führen die beiden folgenden Kommandos aus (siehe Abbildung 1.1):

```
python --version
  Python 2.7.15rc1
python3 --version
  Python 3.6.5
```

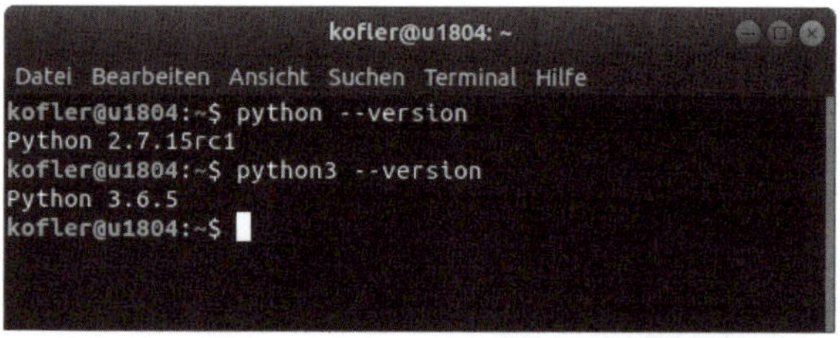

Abbildung 1.1 Test der Python-Installation unter Ubuntu

Python ist demnach parallel in *zwei* verschiedenen Versionen installiert, in diesem Fall in 2.7 und in 3.6. Warum eine derartige Doppelinstallation sinnvoll ist, erkläre ich in Abschnitt 13.6, »Python 2«. Dieses Buch konzentriert sich auf Python 3. Insofern spielt es auch keine Rolle, wenn manche moderne Linux-Distributionen das Kommando python --version mit der Fehlermeldung command not found quittieren; entscheidend ist nur, dass Python 3 installiert ist.

Es ist weitgehend egal, ob es sich bei Python 3 nun um die Version 3.5, 3.6 oder um die seit Sommer 2018 aktuelle Version 3.7 handelt. In den *kleinen* Versionsnummernsprüngen wurde Python jeweils nur um relativ wenige Details verändert bzw. um Zusatzfunktionen erweitert, die in diesem Buch keine große Rolle spielen.

Für den höchst unwahrscheinlichen Fall, dass Python 3 tatsächlich nicht installiert ist, beheben Sie dieses Manko durch die Installation des betreffenden Pakets. Unter Ubuntu würden Sie dazu z. B. in einem Terminalfenster `sudo apt install python3` ausführen.

Windows

Unter Windows ist Python standardmäßig nicht installiert. Dieser Mangel lässt sich zum Glück rasch beheben. Auf der folgenden Webseite finden Sie Links zu den gerade aktuellsten Python-Releases für Windows:

https://www.python.org/downloads/windows

Nachdem Sie die gewünschte Versionsnummer ausgewählt haben, müssen Sie sich noch für das richtige Installationsprogramm entscheiden. In der Regel ist das der *Windows x86-64 executable installer.* (Bei einer 32-Bit-Version von Windows verwenden Sie stattdessen den *Windows x86 executable installer.*)

Achten Sie darauf, dass Sie im Installationsprogramm die Option ADD PYTHON 3.N TO PATH aktivieren (siehe Abbildung 1.2), bevor Sie auf INSTALL NOW klicken! Diese Option stellt sicher, dass Sie Python später unkompliziert aus `cmd.exe` oder der PowerShell starten können.

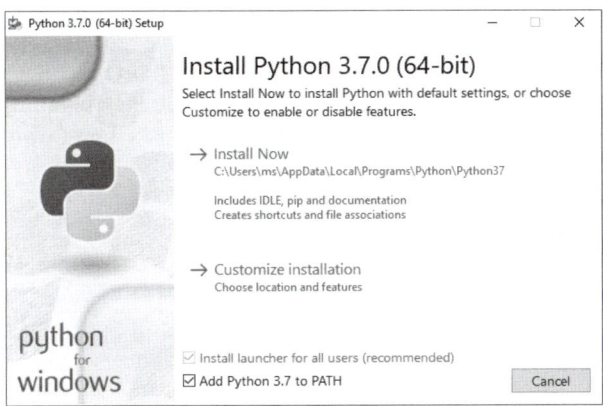

Abbildung 1.2 Python-Installationsprogramm für Windows

Nachdem die eigentliche Installation abgeschlossen ist, haben Sie die Möglichkeit, das Windows-typische Limit von 260 Zeichen für den Start von Kommandos aufzuheben. Wenn ein Python-Programm mit vielen Parametern aufgerufen wird, kann dieses Limit Fehler verursachen. Klicken Sie daher auf den Button DISABLE PATH LENGTH LIMIT. (Der Button wird nicht angezeigt, wenn das Limit schon bei einer früheren Installation oder auf einem anderen Weg deaktiviert wurde.)

Nach der Installation starten Sie cmd.exe und verifizieren, ob sich Python starten lässt. Beachten Sie, dass der Kommandoname einfach python lautet (nicht python3 wie unter Linux und macOS):

```
python --version
  Python 3.7.0
```

macOS (Standardinstallation)

Unter macOS ist Python standardmäßig nur in Version 2 installiert:

```
python --version
  Python 2.7.10
```

Damit Sie den Beispielen aus diesem Buch folgen können, benötigen Sie aber auch Python 3. (Aus Kompatibilitätsgründen bleibt Python 2 parallel installiert.)

Für macOS gibt es zwei Installationsvarianten. Dieser Abschnitt beschreibt die einfachere Variante mit einem grafischen Installationsprogramm (*.pkg-Datei, siehe Abbildung 1.3). Dieses finden Sie auf der Python-Downloadseite:

https://www.python.org/downloads

Nach der Installation überzeugen Sie sich wie unter Linux in einem Terminalfenster davon, dass alles geklappt hat:

```
python3 --version
  Python 3.7.0
```

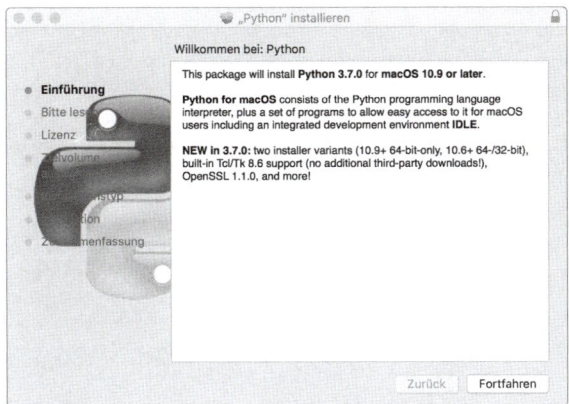

Abbildung 1.3 Installation von Python unter macOS

Immer noch im Terminalfenster führen Sie schließlich dieses Kommando aus, wobei Sie gegebenenfalls 3.7 durch eine neuere Python-Versionsnummer ersetzen:

```
/Applications/Python\ 3.7/Install\ Certificates.command
```

Damit erreichen Sie, dass Root-Zertifikate installiert werden, mit denen Python-Programme die HTTPS-Verschlüsselung verifizieren können. (Hintergrundinformationen zu diesem Schritt geben die Readme-Datei, die während der Installation angezeigt wird, sowie Abschnitt 15.1, »Download und Upload von Dateien«.)

macOS (Manuelle »brew«-Installation)

Für technisch versierte macOS-Anwender, die neben Python häufig auch andere Programme und Open-Source-Kommandos installieren, gibt es einen zweiten Installationsweg, der den Paketmanager *Homebrew* nutzt. Diese Installationsvariante ist auch nicht schwierig, kostet aber mehr Zeit und Speicherplatz.

Im ersten Schritt laden Sie aus dem App Store die Apple-eigene kostenlose Entwicklungsumgebung *Xcode* herunter.

Platz sparen

Xcode ist ein riesiges Paket. Eigentlich würde es ausreichen, stattdessen nur einen für Homebrew geeigneten C-Compiler einzurichten. Fortgeschrittene macOS-Anwender können statt Xcode auf den viel kleineren OSX-GCC-Installer zurückgreifen:

https://github.com/kennethreitz/osx-gcc-installer#readme

Weitere Python-Installationsvarianten sind auf der folgenden Webseite beschrieben:

http://docs.python-guide.org/en/latest/starting/install3/osx

Im zweiten Schritt installieren Sie den Paketmanager *Homebrew* (siehe auch *https://brew.sh*). Dazu führen Sie in einem Terminalfenster das folgende Kommando aus:

```
ruby -e "$(curl -fsSL https://raw.githubusercontent.com/
   Homebrew/install/master/install)"
```

Damit Sie in Zukunft das Kommando brew ohne Umstände im Terminal aufrufen können, verändern Sie mit einem beliebigen Editor, z. B. mit *TextEdit*, die Datei .profile in Ihrem Heimatverzeichnis. Sie fügen dieser Datei am Ende die folgende Zeile hinzu:

```
# am Ende von /Users/<ihraccount>/.profile
export PATH=/usr/local/bin:/usr/local/sbin:$PATH
```

Damit diese Einstellung wirksam wird, müssen Sie das Terminalfenster schließen und neu öffnen.

dritten Schritt installieren Sie nun in einem Terminal mit brew die tuelle Version von Python 3:

```
brew install python
```

Hinter den Kulissen wird dabei der Quellcode von Python heruntergeladen und kompiliert. Deswegen dauert die Installation einige Minuten.

In seltenen Fällen endet die Installation mit dem Fehler `Permission denied mkdir /usr/local/Frameworks`. Abhilfe schaffen dann die folgenden Kommandos:

```
sudo mkdir /usr/local/Frameworks
sudo chown -R $(whoami):admin /usr/local/Frameworks
brew link python
```

1.2 »Hello, World!« in der Python-Shell

Eine Besonderheit von Python besteht darin, dass Sie damit nicht nur auf traditionelle Art und Weise Programme entwickeln und ausführen, sondern auch einzelne Anweisungen interaktiv ausführen können. Dazu starten Sie Python unter Linux oder macOS in einem Terminal mit dem Kommando `python3`. Unter Windows öffnen Sie stattdessen `cmd.exe` oder die PowerShell und führen darin das Kommando `python` aus. In jedem Fall gelangen Sie nun in einen Kommandointerpreter, der oft auch als *Shell* bezeichnet wird.

Die zentrale Aufgabe dieses Kapitels, nämlich `Hello, World!` auszugeben, gelingt dort durch die simple Eingabe von `print('Hello, World!')` (siehe Abbildung 1.4).

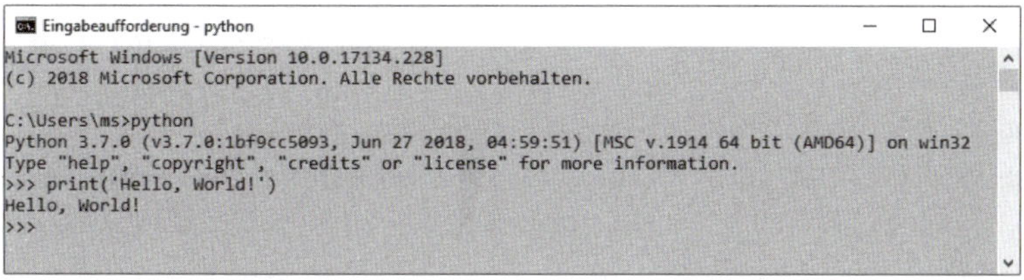

Abbildung 1.4 »Hello, World!« in einer Python-Shell, die innerhalb von »cmd.exe« unter Windows ausgeführt wird

Um die Python-Shell zu beenden, drücken Sie unter Linux oder macOS einfach [Strg]+[D]. Unter Windows gelingt das Kunststück mit [Strg]+[Z] und [↵]. Auf allen Betriebssystemen funktioniert außerdem `exit()`.

Python in der Shell kennenlernen

Die Python-Shell ist mehr als eine nette Spielerei für Python-Einsteiger. Auch Profis starten oft die Shell, um dort interaktiv einige Anweisungen auszuprobieren. Bei fehlerhaften Eingaben können Sie mit den Cursortasten durch die bisherigen Anweisungen scrollen, diese korrigieren und mit ⏎ erneut ausführen.

Sie können in der Shell eigene Variablen definieren. Ausgaben gelingen sogar ohne print, weil der Interpreter das Ergebnis eines Ausdrucks ohnedies automatisch angezeigt:

```
>>> name='Michael'
>>> 'Hallo ' + name + '!'
'Hallo Michael!'
```

Die Shell eignet sich wunderbar, um die beachtlichen Rechenkünste von Python zu zeigen. Für ganze Zahlen gibt es keine Einschränkung des Zahlenraums, wie die Berechnungen von 2^5, 2^{100} und 2^{1000} beweisen:

```
>>> 2**5
32
>>> 2**100
1267650600228229401496703205376
>>> 2**1000
1071508607186267320948425049060001810561404811705533607443
7503883703510511249361224931983788156958581275946729175531
4682518714528569231404359845775746985748039345677748242309
8542107460506237114187795418215304647498358194126739876755
9165543946077062914571196477686542167660429831652624386837
205668069376
```

Auch zum Kennenlernen von Zeichenketten bietet sich die Shell an (siehe auch Kapitel 5, »Zeichenketten«):

```
>>> s='Lernen Sie Python kennen!'
>>> len(s)        # Länge der Zeichenkette ermitteln
25
```

```
>>> s.upper()   # in Großbuchstaben umwandeln
'LERNEN SIE PYTHON KENNEN!'
>>> s.lower()   # in Kleinbuchstaben umwandeln
'lernen sie python kennen!'
>>> s.find('Python')      # suchen und ...
11
>>> s.replace('e', 'x')   # ersetzen
'Lxrnxn Six Python kxnnxn!'
>>> s[5:10]               # Zeichenketten ausschneiden
'n Sie'
```

Ebenso spielerisch können Sie sich mit Listen oder anderen elementaren Python-Datenstrukturen anfreunden (siehe Kapitel 7, »Listen, Tupel, Sets und Dictionaries«):

```
>>> lst = [1, 2, 4, 8, 16]    # eine fünfteilige Liste
>>> lst[2]                    # das dritte Element
                              # (die Zählung beginnt mit 0)
4
>>> lst.extend([32])          # Element am Ende hinzufügen
>>> lst
[1, 2, 4, 8, 16, 32]
                              # die Formel x -> x*2+1 auf
                              # alle Elemente anwenden
>>> list(map(lambda x: x*2 + 1, lst))
[3, 5, 9, 17, 33, 65]
```

Sie können sogar mehrzeilige Anweisungen eingeben, z. B. for-Schleifen (siehe Kapitel 8, »Verzweigungen und Schleifen«). Dabei sind zwei Dinge zu beachten: Zum einen müssen die Anweisungen innerhalb der Schleife durch Leerzeichen eingerückt werden, und zum anderen müssen Sie die gesamte Eingabe durch *zweimaliges* ⏎ abschließen. Der Python-Interpreter stellt der ersten Zeile >>> voran, bei allen Folgezeilen erscheinen drei Punkte:

```
>>> for i in range(3):
...     print(i)
...
```

```
0
1
2
```

Codedarstellung in diesem Buch

Sie können (und sollten!) viele Beispiele dieses Buchs direkt im Python-Interpreter ausprobieren. In den Listings im Buch verzichte ich aber darauf, Eingaben durch >>> zu kennzeichnen. Vielmehr werden Ausgaben ein wenig eingerückt, z. B. so:

```
print('Hello, World!')
    Hello, World!
```

1.3 »Hello, World!« als eigenständiges Script

Nachdem Sie Python nun ein wenig kennengelernt haben, besteht Ihr nächstes Ziel darin, ein eigenständiges Programm (Script) zu entwickeln, das Hello, World! auf dem Bildschirm ausgibt. Dazu benötigen Sie einen beliebigen einfachen Editor, der eine Textdatei ohne Formatierung speichern kann:

▶ Unter Windows bietet sich das kostenlose Programm Notepad++ an, das Sie hier herunterladen können: *https://notepad-plus-plus.org*.

▶ Die meisten Linux-Distributionen stellen standardmäßig den gut geeigneten Editor *Gedit* zur Verfügung.

▶ Unter Raspbian können Sie stattdessen auf *Leafpad* zurückgreifen.

▶ macOS-Anwender können erste Programmierversuche mit *TextEdit* durchführen.

Leerzeichen statt Tabulatoren

Egal, für welchen Editor Sie sich entscheiden, Sie sollten sicherstellen, dass dieser Leerzeichen und nicht Tabulatoren in den Code einfügt.

Bei Notepad++ finden Sie die entsprechende Einstellungen unter EINSTELLUNGEN • OPTIONEN • SPRACHE. Dort aktivieren Sie (rechts unten im Dialog) die Option DURCH LEERZEICHEN ERSETZEN.

Im Editor Ihrer Wahl erstellen Sie nun eine neue Datei, die aus den beiden folgenden Zeilen besteht. (Die Notwendigkeit der ersten Zeile erkläre ich Ihnen gleich im Detail.)

```
#!/usr/bin/env python3
print('Hello, World!')
```

Diese Datei speichern Sie in einem beliebigen Verzeichnis unter dem Namen HelloWorld.py.

Das Hello-World-Script unter Windows ausführen

Um dieses Script nun auszuführen, öffnen Sie unter Windows cmd.exe. Nun wechseln Sie in das Verzeichnis, in dem Sie HelloWorld.py gespeichert haben, geben den Dateinamen an und drücken ⏎ (siehe Abbildung 1.5).

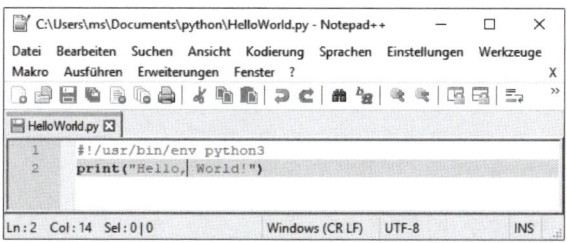

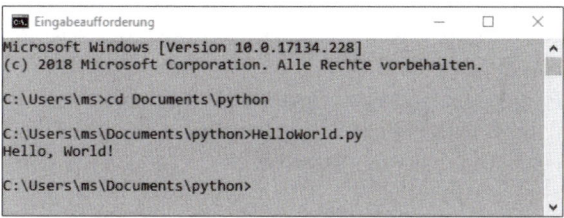

Abbildung 1.5 Oben der Editor Notepad++ mit dem Quellcode, unten ein Eingabeaufforderungsfenster (»cmd.exe«), in dem das Script ausgeführt wurde

```
cd Documents
HelloWorld.py
  Hello, World!
```

Komplizierter ist es, `HelloWorld.py` in der PowerShell auszuführen. Zum einen müssen Sie wie unter Linux und macOS (siehe unten) den Pfad des Verzeichnisses angeben, in dem sich das Script befindet. Wenn es sich dabei um das aktuelle Verzeichnis handelt, kürzen Sie das Verzeichnis durch einen Punkt ab, also `.\HelloWorld.py`. (Die PowerShell akzeptiert auch die Unix-typische Schreibweise `./HelloWorld.py` mit einem Slash anstelle des Backslashes.)

```
cd Documents
.\HelloWorld.py
```

Das Ergebnis des Programms werden Sie aber nie sehen. Die PowerShell startet nämlich Python in einem eigenen Fenster, führt den Hello-World-Code dort aus und schließt das Fenster sofort wieder. Sie sehen das Fenster nur kurz am Bildschirm aufblitzen.

Es gibt zwei Möglichkeiten, dieses Problem zu umgehen. Die bessere besteht darin, dass Sie Python explizit in der PowerShell starten und den Dateinamen Ihres Scripts übergeben, also:

```
python HelloWorld.py
```

Eine zweite Variante besteht darin, am Ende Ihres Scripts eine weitere Python-Anweisung einzubauen:

```
input('Drücken Sie Return')
```

Jetzt können Sie das Script in der Form `.\HelloWorld.py` starten. Das neue Fenster wird erst geschlossen, nachdem Sie ⏎ drücken. Der Nachteil dieses Verfahrens besteht aber darin, dass die `input`-Anweisung nur funktioniert, wenn das Programmende regulär erreicht wird. Tritt dagegen ein Fehler auf (z. B. weil Sie einen Tippfehler gemacht haben), dann wird das Fenster wie vorhin sofort geschlossen. Damit fehlt Ihnen jede Rückmeldung, warum der Fehler aufgetreten ist.

Das Hello-World-Script unter Linux und macOS ausführen

Unter Linux und macOS ist die Vorgehensweise ein wenig komplizierter. In diesem Fall öffnen Sie ein Terminalfenster und wechseln ebenfalls mit `cd` in das Verzeichnis mit der Hello-World-Datei. Dort müssen Sie die Datei einmalig mit `chmod` als »ausführbar« kennzeichnen.

```
chmod +x HelloWorld.py
```

Zum Ausführen des Scripts müssen Sie seinen Namen `./` voranstellen. Das ist ein unter Linux und macOS üblicher Sicherheitsmechanismus: Normalerweise dürfen nur solche Programme unmittelbar ausgeführt werden, die sich in einem Verzeichnis befinden, das in der Umgebungsvariablen `PATH` enthalten ist. Eigene Verzeichnisse zählen nicht dazu. Deswegen müssen Sie mit `./` explizit angeben, dass Sie ein Script aus dem gerade aktuellen Verzeichnis ausführen wollen.

```
./HelloWorld.py
  Hello, World!
```

Was ist ein Script?

Nachdem Sie nun hoffentlich ein Erfolgserlebnis hatten und Ihr erstes Python-Programm eingegeben und ausgeführt haben, sind noch ein paar Erklärungen fällig. Das erste Thema ist schon in der Überschrift angerissen: Was ist nun ein Script, und worin besteht der Unterschied zu einem Programm?

Ein Script ist eine Sonderform eines Programms, bei dem der Quellcode direkt von einem Interpreter ausgeführt wird. Bei Python-Scripts ist `python` (Windows) bzw. `python3` (macOS/Linux) dieser Interpreter. Jedes Python-Programm kann somit als Script betrachtet werden. Die beiden Begriffe *Script* und *Programm* werden deswegen in diesem Kapitel synonym verwendet.

Beachten Sie, dass Python sich in dieser Hinsicht von vielen anderen Programmiersprachen unterscheidet: Egal, ob Sie in C, C++, C#, Java oder Swift programmieren – in allen Fällen müssen Sie den Programmcode kompilieren, bevor Sie ihn ausführen können. Dieser Extraschritt entfällt also in Python.

Es geht an dieser Stelle eigentlich zu weit, aber der Korrektheit wegen will ich Ihnen nicht verschweigen, dass auch Python-Programme kompiliert werden. Sie merken vom Kompilieren jedoch nichts, weil dieser Vorgang durch den sogenannten Just-in-Time-Compiler automatisch erfolgt. Der resultierende Byte-Code von Einzeldateien wird nur im RAM abgelegt, aber nicht gespeichert.

Nur bei größeren Python-Projekten, die aus mehreren Modulen bestehen, werden Byte-Code-Dateien im Unterverzeichnis __pycache__ gespeichert, um ein wiederholtes Kompilieren zu vermeiden. Ein paar Hintergründe zu diesem Thema habe ich in Abschnitt 13.4, »Python-Compiler«, zusammengefasst. Momentan sind diese Interna aber nicht relevant.

Windows versus Linux/macOS

Keine Angst, es folgt nun keine weitere Diskussion darüber, welches nun das beste Betriebssystem ist! Es ist aber wichtig, dass Sie verstehen, wie sich die Ausführung von Python-Scripts unter Windows und unter Linux oder macOS unterscheidet. Diese Unterschiede sind durchaus elementar!

Unter Windows ist die Dateikennung von Python-Scripts von entscheidender Bedeutung. Sie müssen Ihren Codedateien also unbedingt einen Namen geben, der mit .py endet. So gekennzeichnete Dateien werden dann automatisch durch den Python-Interpreter ausgeführt. Das gilt übrigens auch, wenn Sie ein Python-Script im Explorer per Doppelklick starten. Die Programmausführung erfolgt in einem Eingabeaufforderungsfenster. Allerdings wird dieses Fenster sofort wieder geschlossen, sobald das Script fertig ist. Beim Hello-World-Beispiel geht das so schnell, dass das Fenster nur ganz kurz aufflackert, bevor es wieder verschwindet. Deswegen ist es in der Regel keine gute Idee, Python-Scripts aus dem Explorer heraus zu starten.

Unter Linux und macOS ist die Dateikennung dagegen egal. .py schadet als Kennzeichnung eines Python-Scripts nicht, ist aber keineswegs erforderlich. Dafür sind drei andere Dinge entscheidend:

▶ **chmod:** Die Script-Datei muss ausführbar sein. Unter Linux und macOS unterscheidet das Dateisystem zwischen »gewöhnlichen« Dateien und solchen, die ausführbar sind. Um aus einer gewöhnlichen Datei eine ausführbare zu machen, führen Sie in einem Terminal chmod +x <dateiname> aus.

▶ **Shebang:** Die erste Zeile des Scripts muss in Form eines speziellen Kommentars den genauen Ort des Interpreters angeben. (Es gibt nämlich neben Python auch andere interpretierte Sprachen, z. B. Perl, Tcl oder bash.) Dieser Spezialkommentar, der mit den Zeichen #! beginnt, wird *Shebang* genannt.

Dummerweise variiert der Ort, wohin der Python-Interpreter installiert wird, je nach Betriebssystem bzw. Distribution. Für Ihr System können Sie diesen Ort mit which python3 feststellen. Unter macOS lautet der Ort z. B. /usr/local/bin/python3 oder womöglich /Library/Frameworks/Python.framework/Versions/3.7/bin/python3. Unter Linux ist /usr/bin/python3 üblich.

Das führt zur Frage: Wie kann der Shebang formuliert werden, damit er auf jeder Linux-Distribution *und* unter macOS funktioniert? Dazu greift man auf das Kommando env zurück, für das glücklicherweise plattformübergreifend der Pfad /usr/bin/env gilt. Es sucht nach dem nachfolgend genannten Kommando und führt es aus. Damit ergibt sich also die Shebang-Zeile #!/usr/bin/env python3, die für alle Unix-ähnlichen Systeme funktioniert.

▶ **Pfad:** Unter macOS und Linux können normalerweise nur Kommandos bzw. Programme ausgeführt werden, die sich in einem in PATH genannten Verzeichnis befinden. PATH ist eine sogenannte Umgebungsvariable. Ihren Inhalt können Sie im Terminal wie folgt ansehen:

```
echo $PATH
    /usr/local/sbin:/usr/local/bin:/usr/sbin:/usr/bin:\
    /sbin:/bin:/usr/games:/usr/local/games
```

Entscheidend ist, dass Ihr gerade aktuelles Arbeitsverzeichnis normalerweise *nicht* zu den PATH-Verzeichnissen gehört. Deswegen müssen Sie beim Ausführen eines Python-Scripts seinen genauen Speicherort angeben, beispielsweise in der Form /home/kofler/ein-script.py. Die oft verwendete Kurzschreibweise ./ein-script.py bezieht sich auf das gerade aktuelle Verzeichnis.

Falls Sie ganz genau aufgepasst haben, dann ist Ihnen jetzt vielleicht klar, dass die Kennung .py und die Shebang-Zeile redundant sind. Die Kennung ist für Windows entscheidend; dort könnten Sie auf die Shebang-Zeile verzichten. Andererseits ist Linux und macOS die Kennung egal; hier darf der Dateiname auch einfach ein-script lauten. Dafür sind die Shebang-Zeile und das Attribut »ausführbar« unverzichtbar.

Oft soll ein Python-Script aber plattformübergreifend funktionieren. In solchen Fällen verwenden Sie alle beschriebenen Merkmale kombiniert, also die Kennung *.py, das Execute-Attribute *und* die Shebang-Zeile. Genau das ist natürlich auch bei den Beispieldateien zu diesem Buch der Fall.

Fehler »unable to open X server«

Wenn Sie beim Start eines Python-Scripts unter macOS oder Linux die Fehlermeldung *unable to open X server* erhalten, dann haben Sie die Shebang-Zeile vergessen oder fehlerhaft angegeben (z. B. das Ausrufezeichen vergessen).

Noch ein Beispiel

Selbst für Kapitel 1 ist die simple Ausgabe von Hello, World! ein wenig langweilig. Starten Sie nochmals einen Editor, geben Sie den folgenden Code ein, und speichern Sie das Script unter dem Namen HelloName.py:

```
#!/usr/bin/env python3
# Beispieldatei HelloName.py
import time, locale
name = input('Geben Sie Ihren Namen an: ')
print('Hallo %s!' % name)

# Datum und Zeit in aktueller Lokalisierung
locale.setlocale(locale.LC_ALL, '')
```

```
time = time.strftime('Heute ist %A, der %d. %B.')
print(time)
```

Unter Windows können Sie das Script in cmd.exe oder in der PowerShell sofort ausführen. Unter macOS und Linux müssen Sie wiederum an chmod +x HelloName.py denken und beim Ausführen das Verzeichnis voranstellen, also:

```
chmod +x HelloName.py
./HelloName.py
  Geben Sie Ihren Namen an: Michael
  Hallo Michael!
  Heute ist Dienstag, der 19. Juni.
```

Der Programmcode enthält eine Menge Anweisungen, die Sie noch nicht kennen, deren Bedeutung aber leicht zu verstehen ist:

▶ import liest (aktiviert) zwei Python-Erweiterungen, die *Module* genannt werden. time stellt Funktionen zum Umgang mit Datum und Uhrzeit zur Verfügung. locale kümmert sich um die Lokalisierung, also um die Anpassung an landessprachliche Besonderheiten.

▶ Die Funktion input gibt die angegebene Zeichenkette am Bildschirm aus und nimmt dann eine Eingabe entgegen. Im Beispielprogramm wird diese Eingabe in der Variablen name gespeichert.

▶ print gibt Hallo %s! aus, wobei %s aber durch den Inhalt der nachfolgend genannten Variablen ersetzt wird.

▶ locale.setlocale(...) sagt Python, dass es die Spracheinstellungen Ihres Betriebssystems anwenden soll. (Ohne diese Anweisung verwendet Python standardmäßig eine englische Lokalisierung und würde in den folgenden Zeilen Tuesday ausgeben.)

▶ time.strftime(...) ist eine Methode, die Datum- und Zeitdaten in der jeweiligen Landessprache formatiert. Das Ergebnis wird in einer zweiten Variablen, time, gespeichert.

▶ print gibt schließlich den Inhalt dieser Variablen aus.

Selbstverständlich werden Sie alle hier aufgezählten Sprachelemente von Python in den folgenden Kapiteln noch im Detail kennenlernen.

Beispieldateien zum Buch

Viele Listings in diesem Buch sind nur wenige Zeilen lang. Sie können die Anweisungen direkt im Python-Interpreter ausprobieren. Der Lerneffekt wird wesentlich größer sein, wenn Sie dies auch tun!

Daneben gibt es aber auch längere Listings, die wie das vorige Beispiel in einer Datei zu speichern sind. Solche Listings beginnen mit dem Kommentar `# Beispieldatei name.py`. Das bedeutet, dass Sie sich die Tipparbeit sparen können. Sie finden die entsprechende Datei in den Beispieldateien zum Buch im Verzeichnis für das betreffende Kapitel (also z. B. in `kap05` für die Beispiele zu Kapitel 5, »Zeichenketten«). Die Beispieldateien zum Buch können Sie hier herunterladen:

https://www.rheinwerk-verlag.de/4791

Auf den Abdruck der immer gleichen Shebang-Zeile (also `#!/usr/bin/env python3`) verzichte ich ab dem nächsten Kapitel. Wenn Sie nicht die Beispieldateien zum Buch verwenden, sondern die Listings selbst eingeben, müssen Sie diese Zeile mit eingeben!

1.4   Entwicklungsumgebungen (IDEs)

Im vorigen Abschnitt habe ich Ihnen empfohlen, für erste Experimente einen simplen Editor zu verwenden, z. B. Notepad++ oder Gedit. Vielleicht haben Sie schon gehört, dass viele Entwickler in anderen Programmiersprachen sogenannte Entwicklungsumgebungen (*Integrated Development Environments*, IDE) verwenden, z. B. Visual Studio für C#, Eclipse für Java oder Xcode für Swift. Gibt es derartige Programme auch für Python?

Tatsächlich gibt es eine große Auswahl von IDEs für Python. Die folgende Webseite zählt rund 30 Programme auf. Zum Teil handelt es sich dabei um Erweiterungen für Entwicklungsumgebungen, die ursprünglich für andere

Sprachen konzipiert wurden. Die meisten der aufgezählten Programme sind kostenlos verfügbar; nur wenige IDEs sind kommerzielle Programme.

https://wiki.python.org/moin/IntegratedDevelopmentEnvironments

IDEs sind bei komplexen Projekten, die aus mehreren Dateien bestehen und viele externe Module einbinden, wirklich eine große Hilfe. Gute IDEs unterstützen Sie bei der Codeeingabe, machen die Python-Dokumentation rasch zugänglich und helfen bei der Fehlersuche. Zum Lernen von Python und für die in diesem Grundkurs präsentierten, durchwegs sehr einfachen Beispielprogramme kommen Sie aber gut ohne eine Python-Entwicklungsumgebung aus.

Ich rate Ihnen daher, mit der Auswahl und dem Einsatz einer IDE abzuwarten, bis Sie etwas Routine mit Python gewonnen haben. Andernfalls kann es gut passieren, dass Sie viel Zeit investieren bzw. vergeuden, um sich mit den vielfältigen Funktionen diverser IDEs auseinanderzusetzen. Momentan sollte hingegen das Lernen von Python im Vordergrund stehen. Dessen ungeachtet stelle ich Ihnen im Folgenden exemplarisch die Entwicklungsumgebung *Thonny* kurz vor.

Atom oder VSCode

Eine Alternative zu »richtigen« Python-IDEs sind professionelle Code-Editoren wie *Atom* oder *Visual Studio Code* (kurz VSCode), die alle möglichen Programmiersprachen unterstützen. Für beide Editoren gibt es Plugins mit diversen Python-Zusatzfunktionen. Allerdings besteht auch bei diesen Editoren die Gefahr, dass die Fülle der Funktionen beim Lernen von Python eher hemmt als nützt.

Thonny

Die Python-IDE *Thonny* (siehe auch *https://thonny.org*) richtet sich an Python-Einsteiger. Statt unzähligen Funktionen für Profis konzentriert sich Thonny auf das absolute Minimum. Bei aktuellen Raspbian-Versionen ist Thonny sogar standardmäßig installiert.

Thonny besteht aus einem oder mehreren Dialogblättern für Python-Dateien (oben) und einer Shell (unten). In der Shell können Sie interaktiv Python-Kommandos ausprobieren. Dabei werden verschiedene Komponenten des eingegebenen Codes in mehreren Farben hervorgehoben.

Eine Besonderheit von Thonny besteht darin, dass Sie damit Python-Anweisungen Schritt für Schritt ausführen können. Dabei wird beim verschachtelten Aufruf von Funktionen jeweils ein neues Fenster geöffnet, so dass Sie den Programmablauf ganz genau verfolgen können (siehe Abbildung 1.6).

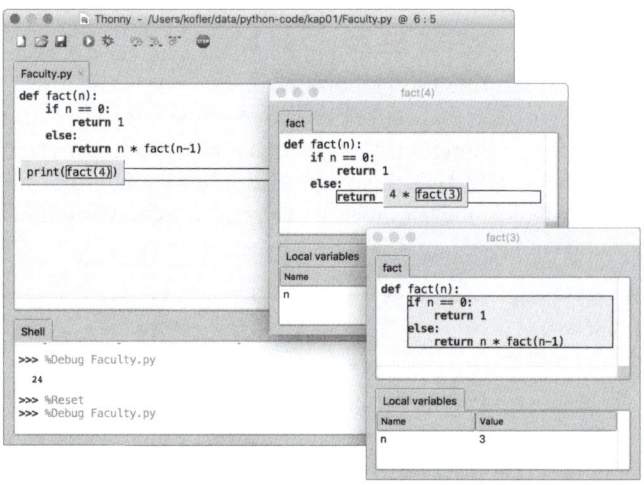

Abbildung 1.6 »Thonny« unter macOS bei der Ausführung einer rekursiven Funktion

Eingabetipps

Um in der Thonny-Shell Kommandos zu wiederholen bzw. zu korrigieren, navigieren Sie mit den Cursortasten durch die zuletzt durchgeführten Eingaben.

1

> Mit ⊡ können Sie Eingaben vervollständigen. Wenn Sie also die ersten
> Buchstaben einer Funktion oder Methode eingegeben haben und ⊡
> drücken, fügt Python automatisch die fehlenden Zeichen hinzu. Gibt es
> mehrere mögliche Vervollständigungen, so erscheint eine Auswahlliste.

Thonny macht Python-Einsteigern das Leben insofern leichter, als Scripts
einfach mit einem Run-Button ausgeführt werden können. Sie brauchen
sich weder um die korrekte Dateikennung .py (Windows) noch um die
Shebang-Zeile und chmod zu kümmern (macOS und Linux). Längerfristig ist
es aber wichtig, dass Sie diese Grundregeln für Scripts verstehen und ein-
halten – schließlich wollen Sie Ihre Programme ja später auch außerhalb
von Thonny starten.

1.5   Elementare Syntaxregeln

Bevor ich in den folgenden Kapiteln im Detail verschiedene Sprachelemente von Python erläutere, möchte ich an dieser Stelle einen ersten
Überblick über die Syntax von Python geben.

Anweisungen

Python-Anweisungen sind normalerweise einzeilig. Sie werden im Gegensatz zu vielen anderen Programmiersprachen nicht durch einen Strichpunkt oder ein anderes Zeichen abgeschlossen.

Mehrzeilige Anweisungen sind erlaubt, wenn ihr Anfang und Ende durch
Klammern eindeutig hervorgeht, z. B. aufgrund offener Klammern. Wenn
Python die mehrzeilige Struktur nicht erkennt (was leider der Regelfall ist),
müssen Sie die Anweisungen mit dem Trennzeichen \ bilden:

```
print('abc',
      'efg')
a = 1 + 2 + \
    3 + 4
```

Anweisungen dürfen mit einem Strichpunkt abgeschlossen werden. Normalerweise ist dieser Strichpunkt optional und hat keine Auswirkungen auf die Programmausführung. Strichpunkte erlauben es aber, mehrere Anweisungen in einer Zeile zu formulieren:

```
a=1; b=2; c=3
```

Die obige Dreifachzuweisung können Sie auch auf eine andere Art durchführen, indem Sie sowohl die Variablen als auch die Werte in Gruppen angeben, deren Bestandteile jeweils durch Kommas getrennt werden. Python-intern werden dabei Tupel gebildet. Beide Varianten sind *richtig*, aber die zweite Variante entspricht eher den Sprachkonzepten von Python.

```
a, b, c = 1, 2, 3
```

Blockelemente

In Python gibt es wie in jeder anderen Programmiersprache Sprachelemente, die einen ganzen Block weiterer Anweisungen einleiten, z. B. Verzweigungen mit if, Schleifen mit for und while oder Funktionsdefinitionen mit def. In Python enden derartige Sprachelemente immer mit einem Doppelpunkt. Alle weiteren Anweisungen, die zum entsprechenden Block gehören, müssen eingerückt werden. Dafür entfallen die in anderen Sprachen üblichen Klammern. Also:

```
if xxx:
    anweisung1a
    anweisung1b
else:
    anweisung2a
    anweisung2b
    anweisung2c
```

Wenn die Bedingung xxx erfüllt ist, werden die Anweisungen 1a und 1b ausgeführt; ist sie nicht erfüllt, werden stattdessen die Anweisungen 2a, 2b und 2c ausgeführt. Mehr Details zu if und else folgen in Kapitel 8, »Verzweigungen und Schleifen«.

Entscheidend ist in Python, dass die Codeeinrückung nicht wie bei anderen Programmiersprachen optional ist, sondern Teil der Syntax!

Richtig einrücken

Für das Ausmaß der Einrückung gibt es keine starren Regeln: Ein Zeichen reicht, empfohlen werden wegen der besseren Lesbarkeit vier Zeichen. Bei einigen Listings in diesem Buch beträgt die Einrückung aus Platzgründen zwei Zeichen.

Nicht empfohlen ist die Verwendung von Tabulatorzeichen. Die meisten Editoren können so konfiguriert werden, dass zum Einrücken immer Leerzeichen verwendet werden. Wenn Sie doch Tabulatoren verwenden, nimmt Python an, dass sich die Tabulatorposition an Vielfachen von acht Zeichen befindet.

Code darf auch direkt nach einem Blockelement angegeben werden. In einfachen Fällen lassen sich so einzeilige Bedingungen oder Schleifen formulieren:

```
if xxx: anweisung
```

Auf diese Weise lassen sich auch mehrere Anweisungen in einer Zeile ausführen:

```
if xxx: anweisung1; anweisung2; anweisung3
```

»print«

Beim Kennenlernen von Python sowie in ersten Testprogrammen ist die print-Funktion allgegenwärtig. Damit können Sie unkompliziert Variableninhalte oder Testnachrichten ausgeben. Die Bedeutung von print wird aber im Laufe der Zeit nachlassen: Je intensiver Sie programmieren, desto seltener werden Sie Ausgaben mit print durchführen – entweder schreiben Sie Resultate direkt in Dateien, oder Sie verwenden eine grafische Benutzeroberfläche zur Interaktion mit den Anwendern.

Die Syntax von `print` ist einfach: Sie übergeben einen oder mehrere Parameter in runden Klammern an die Funktion. `print` wandelt jeden der Parameter in Zeichenketten um und gibt alle Zeichenketten aus. Dabei wird zwischen den Parametern jeweils ein Leerzeichen und am Ende ein Zeilenumbruchzeichen gesetzt, so dass jede `print`-Anweisung in einer neuen Zeile startet. `print` ist also sehr unkompliziert zu verwenden und kommt mit nahezu jeder Art von Python-Objekt zurecht, also auch mit Listen, Tupeln und Sets. Probieren Sie es im Python-Interpreter aus!

```
>>> print(1, 2, 3/4, 'abc', 2==3)
1 2 0.75 abc False
>>> print('1/7 ist', 1/7)
1/7 ist 0.14285714285714285
>>> x, y, z = ['eine', 'Liste'], ('ein', 'Tupel'),
             {'ein', 'Set'}
>>> print(x, y, z)
['eine', 'Liste'] ('ein', 'Tupel') {'ein', 'Set'}
```

`print` kennt drei optionale Parameter:

▶ `sep` stellt die Zeichenkette ein, die zwischen den Parametern ausgegeben wird – standardmäßig `' '`.

▶ `end` definiert die Zeichenkette, die nach dem letzten Parameter ausgegeben wird – standardmäßig `'\n'`.

▶ `file` bestimmt, wo die Ausgabe durchgeführt wird. Normalerweise werden die Ausgaben zur Standardausgabe umgeleitet. `file` gibt Ihnen die Möglichkeit, die Ausgaben in eine Textdatei zu schreiben.

```
>>> print(1, 2, 3, sep='---')
1---2---3
>>> print(1, 2, 3, sep=';', end='.\nEOF\n')
1;2;3.
EOF
>>> f = open('out.txt', 'w')
>>> print(1, 2, 3, file=f)
>>> f.close()
```

»input«

So wie Sie mit `print` Ausgaben in einem Terminalfenster durchführen können, verarbeitet `input` Texteingaben. `input` gibt zuerst den im optionalen Parameter angegebenen Text aus und erwartet dann eine Eingabe, die mit ⏎ abgeschlossen werden muss.

```
name = input('Geben Sie Ihren Namen an:')
print('Ihr Name lautet:', name)
```

Leere Eingaben, also ein ⏎ ohne Text, quittiert `input` mit einem `EOFError`. Wenn Ihr Programm das `readline`-Modul lädt (durch `import readline` am Beginn des Codes), dann stehen bei wiederholten Eingaben Editierfunktionen zur Verfügung. Beispielsweise kann der Nutzer Ihres Programms dann mit den Cursortasten zuvor eingegebene Zeichenketten wiederverwenden und ändern.

Module und »import«

Für Einsteiger wirkt Python oft sehr groß und komplex, aber in Wirklichkeit ist die Anzahl der unmittelbar in Python implementierten Funktionen durchaus überschaubar. Alle erdenklichen Zusatzfunktionen sind nämlich nicht im Sprachkern von Python realisiert, sondern in Form von Modulen, die selbst in Python programmiert wurden. Diese Module müssen vor ihrer Verwendung importiert werden. Dafür gibt es diverse Syntaxvarianten, von denen ich hier nur die wichtigsten nenne. (Kapitel 12, »Module«, geht auf dieses Thema dann ausführlicher ein.)

▸ `import modulname`: Diese Anweisung liest das Modul. Anschließend können Sie alle darin definierten Funktionen in der Schreibweise `modulname.funktionsname()` nutzen. Mit `import m1, m2, m3` können Sie auch mehrere Module auf einmal importieren.

▸ `import modulname as m`: Bei dieser Variante können die im Modul definierten Funktionen in der Form `m.funktionsname()` verwendet werden. Bei langen Modulnamen minimiert das den Tippaufwand und macht den Code übersichtlicher.

▶ `from modulname import n1, n2`: Bei dieser Variante können Sie die Funktionen oder Klassen n1 und n2 ohne das Voranstellen des Modulnamens verwenden.

▶ `from modulname import *`: Diese Anweisung importiert alle Symbole aus dem angegebenen Modul, deren Name nicht mit __ beginnt (also mit zwei Unterstrichen zur Kennzeichnung interner Symbole). Vorsicht: Bei dieser Variante kann es passieren, dass Sie unbeabsichtigt den Inhalt gleichnamiger Variablen überschreiben!

Python-intern bewirkt `import`, dass die Datei `modulname.py` gelesen und ausgeführt wird. Viele Module enthalten einfach die Definition diverser Funktionen; damit sind diese Funktionen Python nun bekannt und können genutzt werden. Module können aber auch Code enthalten, der sofort ausgeführt wird, beispielsweise um Initialisierungsarbeiten durchzuführen.

Es ist üblich, `import`-Anweisungen immer an den Anfang eines Python-Scripts zu setzen. Module können selbst weitere Module importieren. Python merkt sich, welche Module es bereits eingelesen hat, und vermeidet so einen neuerlichen Import bereits aktivierter Module.

`import` wertet bei der Suche nach den Moduldateien die Systemvariable `sys.path` aus und berücksichtigt alle dort genannten Verzeichnisse. Der erste Eintrag mit der leeren Zeichenkette bedeutet, dass auch das lokale Verzeichnis durchsucht wird. Das folgende Listing ist unter Ubuntu 18.04 entstanden. Je nach Plattform und Python-Version gelten andere Pfade.

```
>>> import sys
>>> print(sys.path)
['',
 '/usr/lib/python36.zip',
 '/usr/lib/python3.6',
 '/usr/lib/python3.6/lib-dynload',
 '/usr/local/lib/python3.6/dist-packages',
 '/usr/lib/python3/dist-packages']
```

Namenskonflikte zwischen Ihrem Script und einem Modul

Vermeiden Sie im lokalen Verzeichnis Dateinamen, die mit den Modulnamen übereinstimmen, die Sie verwenden!

Wenn Sie beispielsweise in einem Python-Script import csv ausführen und es im lokalen Verzeichnis die Datei csv.py gibt, dann wird diese Datei anstelle des gewünschten Python-Moduls zur Verarbeitung von CSV-Dateien importiert.

Kommentare

Einfache Kommentare werden mit dem Zeichen # eingeleitet und reichen bis zum Ende der Zeile:

```
# ein Kommentar
print('abc')  # noch ein Kommentar
```

Mit """ bzw. ''' können Sie mehrzeilige Kommentare bilden:

```
""" ein langer
    Kommentar """
```

Genau genommen dient """ zur Bildung mehrzeiliger Zeichenketten. Tatsächlich ist auch der obige Kommentar eine solche Zeichenkette – aber eine, die im Code zwar definiert, jedoch nicht genutzt wird.

Wenn mit """ eingeleitete Kommentare richtig platziert sind (z. B. unmittelbar nach der Definition einer Funktion oder einer Klasse), gelten sie als sogenannte *Docstrings* und werden vom Python-internen Dokumentationssystem ausgewertet. Auf die Details gehe ich in diesem Buch nicht ein, Sie können sie im Internet nachlesen:

https://www.python.org/dev/peps/pep-0257
https://en.wikipedia.org/wiki/Docstring

1.6   Wiederholungsfragen

▶ **W1:** Python-Scripts werden durch einen Interpreter ausgeführt. Was bedeutet das?

▶ **W2:** Welche Voraussetzungen müssen erfüllt sein, damit Python-Programme unter Windows gestartet werden können?

▶ **W3:** Welche Voraussetzungen müssen erfüllt sein, damit Python-Programme unter Linux oder macOS gestartet werden können?

▶ **W4:** Sind in Python mehrzeilige Anweisungen möglich?

▶ **W5:** Wie können Sie mehrere Anweisungen in einer Zeile durchführen?

▶ **W6:** Welche Bedeutung hat eingerückter Code?

▶ **W7:** Wie können Sie bei `print` den Zeilenumbruch nach der Ausgabe verhindern?

▶ **W8:** Was sind Module, und wie werden sie verwendet?

▶ **W9:** Wie werden in Python Kommentare formuliert?

Kapitel 2

Variablen

Damit ein Programm sinnvolle Aufgaben übernehmen kann, muss es Werte, Zeichenketten und andere Daten vorübergehend speichern. Diese Aufgabe übernehmen in allen gängigen Programmiersprachen Variablen.

Beachten Sie, dass die »Lebensdauer« von Variablen nur bis zum Programmende reicht. Der Inhalt der Variablen geht verloren, sobald das Programm endet. Um Daten dauerhaft zu speichern, muss der Inhalt von Variablen in eine Datei oder Datenbank übertragen werden. Darauf gehe ich in späteren Kapiteln ein.

Dieses Kapitel beschreibt die wesentlichen Konzepte Pythons für die Variablenverwaltung und stellt die grundlegendsten Datentypen vor. Schon jetzt möchte ich auf Kapitel 11, »Objektorientierte Programmierung«, verweisen: Dort erkläre ich Ihnen die Grundlagen des objektorientierten Programmierens. Variablen werden dort nochmals eine große Rolle spielen. Diverse Aspekte der Variablenverwaltung, die ich in diesem Kapitel nur andeute, werden dann klar werden.

2.1 Grundregeln

Für den Umgang mit Variablen gelten in Python zwei einfache Regeln:

► **Zuweisung vor der Verwendung:** Jeder Variablen muss ein Startwert zugewiesen werden, bevor sie in einem Ausdruck ausgewertet werden kann. Es ist also nicht erlaubt, x=x+1 auszuführen, wenn Sie nicht vorher eine erstmalige Zuweisung wie x=0 oder x=27 durchgeführt haben.

► **Keine Typdeklaration:** In Python-Variablen können Objekte jedes beliebigen Typs gespeichert werden. Python merkt sich den Typ und weiß somit, auf welche Art von Daten eine Variable verweist. Im Gegensatz zu vielen anderen Programmiersprachen kann der Typ einer Variablen aber nicht festgelegt oder eingeschränkt werden. Es ist ohne Weiteres möglich, in ein und derselben Variablen Daten unterschiedlichen Typs zu speichern, also z. B. zuerst eine Zahl (x=1), später eine Zeichenkette (x='abc') und schließlich eine Liste (x=[3,2,1]).

Python kennt keine Konstanten

Python bietet keine Möglichkeit, Konstanten (also unveränderliche Variablen) zu definieren. Es ist üblich, den Namen einer Variablen, die wie eine Konstante verwendet werden soll, aus lauter Großbuchstaben zu bilden, also z. B. KURSIV=3. Sie können aber nicht verhindern, dass dieser Variablen später ein anderer Wert zugewiesen wird.

Variablennamen

Variablennamen müssen mit Buchstaben oder einem Unterstrich beginnen. Allerdings ist der Unterstrich am Beginn von Variablennamen für Python-interne Daten vorgesehen, weswegen Sie ihn in eigenen Scripts möglichst nicht verwenden sollten. Die weiteren Zeichen dürfen auch Ziffern enthalten, allerdings keine Bindestriche oder Leerzeichen. Deutsche Sonderzeichen wie »äöüß« sind ebenso wie viele andere Unicode-Zeichen zulässig, aber unüblich.

Normalerweise bestehen Variablennamen aus lauter Kleinbuchstaben. Großbuchstaben werden zumeist nur für Wortzusammensetzungen verwendet, z. B. bei einLangerName.

```
a = 1
b = 'abc'
a = a+1
a = c+1                    # Fehler: An c wurde nie etwas
                           # zugewiesen.
einLangerName = 3          # OK
ein_langer_name = 4        # auch OK
länge=3                    # OK, aber unüblich
```

```
so gehts nicht = 5        # Fehler: Leerzeichen sind nicht
                          # erlaubt.
so-gehts-auch-nicht = 6   # Fehler: Als einziges Sonder-
                          # zeichen ist _ erlaubt.
```

2.2   Datentypen

Python kennt intern verschiedene vordefinierte Datentypen (siehe Tabelle 2.1). Außerdem können von Klassen, die im eigenen Code oder in externen Modulen definiert sind, Objekte erzeugt werden (siehe Kapitel 11, »Objektorientierte Programmierung«).

Datentyp	Funktion	Beispiel
int	ganze Zahlen	x=3
float	Fließkommazahlen	x=3.0
complex	komplexe Zahlen	x=3+4j
bool	boolesche Werte	x=bool(1)
str	Zeichenketten	x='abc'
tupel	Tupel	x=(1, 2, 3)
list	Listen	x=[1, 2, 3]
set	Sets	x={1, 2, 3}
dict	Dictionaries	x={1:'rot', 2:'blau'}
bytearray	Byte-Arrays	x=bytearray(...)
io.TextIOWrapper	Dateien	x=open('readme.txt')
...	sonstige Klassen	...

Tabelle 2.1 Wichtige Python-Datentypen und -Klassen

Erkennung des Datentyps

Die Eigenschaften der elementaren Datentypen (Zahlen, Zeichenketten, Listen usw.) stehen im Mittelpunkt der weiteren Kapitel. An dieser Stelle muss ich zuerst noch auf einige, zum Teil sehr Python-spezifische Interna eingehen. Die folgenden Seiten sind vielleicht ein wenig trocken – aber es ist wichtig, dass Sie diese Feinheiten schon jetzt kennen und nach und nach auch verstehen lernen!

Alle Daten gelten in Python als »Objekte« – einfache Zahlen, Zeichenketten, Listen, Tupel, Sets, Dateien und Funktionen (!) ebenso wie Instanzen vordefinierter oder eigener Klassen. Wenn Sie schon klassische objektorientierte Programmiersprachen wie Java, C# oder C++ kennen, müssen Sie in diesem Punkt umdenken. Python verzichtet auf die in vielen Sprachen übliche Unterscheidung zwischen elementaren Datentypen (z. B. Integer, Double, Boolean) und Klassen.

Dafür unterscheidet Python zwischen Variablen und Daten. Variablen sind eigentlich nur Namen, die auf Objekte verweisen, vergleichbar mit Zeigern in C oder mit Links in HTML. Wenn Variablen auf der linken Seite einer Zuweisung vorkommen (x=...), wird ein Verweis auf das Objekt gespeichert, das aus dem rechten Ausdruck resultiert. Wenn Variablen hingegen in Ausdrücken vorkommen, ersetzt Python den Namen durch das Objekt, auf das die Variable zeigt.

Aufgrund dieser Trennung von Variablen und Daten ist es unmöglich, den Datentyp einer *Variablen* festzustellen! Sie können nur den Typ der Daten ermitteln, auf die die Variable zeigt. Die Variable selbst hat keinen Typ! Den Typ von Objekten finden Sie mit type heraus. Probieren Sie die folgenden Beispiele im Python-Interpreter interaktiv aus:

```
x=3; type(x)
   <class 'int'>

x=3.1; type(x)
   <class 'float'>

x={1, 2, 3}; type(x)
   <class 'set'>
```

Wenn Sie den Datentyp einer Variablen oder eines Parameters im Programmcode überprüfen möchten, ist die Methode `isinstance` dazu besser geeignet als `type`:

```
s = 'abc'
isinstance(s, str)   # True
isinstance(s, int)   # False
```

Angabe des vorgesehen Datentyps (Type Annotation)

Die Python-Syntax erlaubt seit Version 3.6, dass Sie den vorgesehen Typ einer Variablen angeben, wahlweise mit oder ohne gleichzeitige Initialisierung der Variablen:

```
msg: str = 'Wichtige Nachricht'
s: str      # s soll später eine Zeichenkette aufnehmen
i: int = 3  # i ist eine Integer-Variable
```

Im Gegensatz zu anderen Programmiersprachen haben diese Typangaben aber *keinerlei* bindende Wirkung. Python hindert Sie nicht daran, ein paar Zeilen weiter Zuweisungen durchzuführen, die im Widerspruch zum vorgesehenen Typ stehen:

```
i = 'abc'
s = 123
```

Die Datentypangabe gibt also die Möglichkeit, eine Intention syntaktisch auszudrücken. Die Information wird von Python aber wie ein Kommentar betrachtet.

Mutable oder immutable

Was passiert bei `b=a`, also bei der Zuweisung einer Variablen an eine andere? Die Frage ist nicht so trivial, wie es den Anschein hat. Beginnen wir mit einem Beispiel mit ganzen Zahlen. Im folgenden Code wird zuerst in `a` der Wert 3 gespeichert. Bei der Zuweisung `b=a` wird `a` durch 3 ersetzt. Also wird auch in `b` die Zahl 3 gespeichert.

Um es exakter zu formulieren: a und b sind nun zwei Variablen, die beide auf ein Objekt mit der ganzen Zahl 3 verweisen. Durch a=4 wird a ein neuer Wert zugewiesen. Auf b hat dies keinen Einfluss. a und b sind unabhängig voneinander, a enthält nun den Wert 4, b den Wert 3. (Wiederum empfehle ich Ihnen, diese Beispiele im Python-Interpreter auszuprobieren!)

```
a=3              # a zeigt auf die Zahl 3
b=a              # b zeigt auch auf die Zahl 3
a=4              # a zeigt jetzt auf 4,
                 # b bleibt unverändert
print(a, b)  # Ausgabe 4, 3
```

Der Code für das zweite Beispiel sieht ganz ähnlich aus. Allerdings werden hier in a und b keine einfachen Zahlen gespeichert, sondern Listen. Nach der Zuweisung b=a verweisen beide Variablen auf dieselbe Liste. Durch a[0]=4 wird ein Element der Liste geändert. Wie der print-Aufruf beweist, gilt diese Änderung sowohl für a als auch für b. a und b sind also nicht wie im vorigen Beispiel unabhängig voneinander!

```
a=[1, 2, 3]
b=a              # b verweist auf dieselbe Liste wie a
a[0] = 4         # ändert das erste Listenelement
print(a, b)  # Ausgabe [4, 2, 3] [4, 2, 3]
```

Warum verhält sich Python bei zwei scheinbar ganz ähnlichen Programmen so unterschiedlich? Der Grund besteht darin, dass Python zwischen veränderlichen und unveränderlichen Datentypen unterscheidet – in der Fachsprache zwischen *mutable* und *immutable types* (siehe Tabelle 2.2). Zahlen, Zeichenketten und Tupel sind *immutable*, d. h., eine Änderung ist unmöglich. Stattdessen wird jedes Mal, wenn ein Ausdruck neue Daten ergibt, auch ein neues Objekt erzeugt.

Wenn Sie also zuerst x=10 und dann x=x+1 ausführen, dann erzeugt Python zuerst ein Objekt mit der Zahl 10; x verweist auf dieses Objekt. Die Berechnung x+1 liefert dann die Zahl 11. Für diese Zahl wird ein weiteres Objekt im Speicher angelegt. Die Variable x wird nun so geändert, dass sie auf das neue Objekt 11 zeigt.

Datentyp	Funktion	immutable (unveränderlich)
int	ganze Zahlen	ja
float	Fließkommazahlen	ja
complex	komplexe Zahlen	ja
bool	boolesche Werte	ja
str	Zeichenketten	ja
tupel	Tupel	ja
list	Listen	nein
set	Sets	nein
dict	Dictionaries	nein
bytearray	Byte-Arrays	nein
io.TextIOWrapper	Dateien	nein
...	sonstige Klassen	nein

Tabelle 2.2 Manche Datentypen sind »immutable«

Dasselbe ist vorhin im ersten Codebeispiel dieses Abschnitts in der Zeile a=4 passiert: Python hat ein neues Objekt für die Zahl 4 erzeugt. a verweist nun auf dieses Objekt. Das hat aber keinen Einfluss auf b; b verweist weiterhin auf das Objekt für die Zahl 3.

Viele andere Datentypen und insbesondere Listen sind hingegen *mutable*. Daher ist es möglich, die Elemente einer Liste zu verändern, *ohne* gleich ein neues Objekt zu erzeugen. Die Zuweisung a[0] ändert somit nicht die Liste als Ganzes, sondern nur ein Element der Liste. Im zweiten Beispiel verweisen a und b daher weiterhin auf dasselbe Objekt, dessen *Inhalt* sich geändert hat.

Veränderliche Daten kopieren

Wie gehen Sie vor, wenn Sie z. B. von einer Liste eine unabhängige Kopie benötigen, so dass zwei anfänglich gleichartige Listen über zwei Variablen unabhängig voneinander verändert werden können?

Für Fortgeschrittene …

Wenn Sie gerade begonnen haben, Python zu lernen, können Sie diesen Abschnitt getrost überblättern. Die hier aufgeworfene Fragestellung hat zwar unmittelbar mit der Unterscheidung zwischen *mutable* und *immutable* zu tun und gehört daher an diese Stelle; die Konsequenzen, die sich daraus ergeben, sind für Einsteiger aber (noch) nicht so wichtig.

Um eine unabhängige Kopie von veränderlichen Daten (*mutable types*) zu erstellen, importieren Sie das copy-Modul und wenden dann die Funktionen copy oder deepcopy an:

```
import copy
a=[1, 2, 3]
b=copy.copy(a)    # b verweist auf eine unabhängige Kopie
                  # von a.
a[0] = 4          # Ändert das erste Listenelement von a,
                  # b bleibt unverändert.
print(a, b)       # Ausgabe [4, 2, 3] [1, 2, 3]
```

Die copy-Funktion erstellt eine Kopie des angegebenen Objekts. Im obigen Beispiel wird also für b ein neues Listenobjekt erzeugt, das dann dieselben Objekte wie a enthält.

deepcopy geht noch einen Schritt weiter: Es erstellt auch Kopien aller veränderlichen Objekte, auf die das Ausgangsobjekt verweist. Im obigen Beispiel ist deepcopy überflüssig, weil die Liste nur drei ganze Zahlen enthält, also unveränderliche Objekte. Wenn die Liste aber selbst wieder veränderliche Objekte enthält, dupliziert deepcopy den gesamten Objektbaum, was in der Praxis oft aufwendig ist.

Das folgende Beispiel verdeutlicht den Unterschied zwischen copy und deepcopy. Die Variable a enthält eine verschachtelte Liste. (Das ist eine Liste innerhalb einer Liste – siehe auch Kapitel 7, »Listen, Tupel, Sets und Dictionaries«.) copy dupliziert zwar die Liste in ihrer ersten Ebene, das dritte Listenelement zeigt sowohl bei a als auch bei b auf ein weiteres Listenobjekt mit dem Inhalt [3, 4]. Jede Veränderung dieser Subliste gilt deswegen gleichermaßen für a und b, daran ändert auch copy nichts.

```
import copy
a=[1, 2, [3, 4]]
b=copy.copy(a)
a[2][0] = 7      # gilt trotz copy für a und b
print(a, b)
# Ausgabe [1, 2, [7, 4]] [1, 2, [7, 4]]
```

Das Objekt für d wird hingegen mit deepcopy aus c erzeugt. Hier wird auch das Listenobjekt [3, 4] dupliziert, so dass beide Listen (also c und d) als drittes Listenelement wieder zwei unabhängige Listen enthalten. Deswegen gilt nun die Veränderung c[2][0] wirklich nur für c, aber nicht für d.

```
c=[1, 2, [3, 4]]
d=copy.deepcopy(c)
c[2][0] = 7      # gilt wegen deepcopy nur für c
print(c, d)
# Ausgabe [1, 2, [7, 4]] [1, 2, [3, 4]]
```

Typumwandlung

Was passiert, wenn unterschiedliche Typen in einer Berechnung kombiniert werden oder wenn Sie beispielsweise Zahlen in Zeichenketten umwandeln möchten (oder umgekehrt)?

In wenigen Fällen kümmert sich Python selbständig um die Typumwandlung. Wenn Sie beispielsweise eine ganze Zahl mit einer Fließkommazahl multiplizieren, wird die ganze Zahl automatisch in eine Fließkommazahl umgewandelt, so dass danach eine Fließkommamultiplikation möglich ist. Das Ergebnis ist somit auch eine Fließkommazahl.

```
a = 2      # int
b = 2.4    # float
c = a*b    # auch float
  4.8
```

Von solchen Ausnahmen abgesehen, müssen Sie sich selbst um die Typumwandlung kümmern. Dazu verwenden Sie Funktionen, deren Namen mit dem jeweiligen Datentyp übereinstimmen (siehe Tabelle 2.1). Um beispielsweise eine Zeichenkette und eine Zahl zu einer neuen, längeren Zeichenkette zusammenzusetzen, verwenden Sie die Funktion str:

```
s = 'abc'         # str
x = 3             # int
s = s + str(x)    # str (Ergebnis 'abc3')
```

In die umgekehrte Richtung wandeln int und float eine Zeichenkette in eine Zahl um. Beachten Sie, dass dabei der Fehler *invalid literal* auftreten kann, z. B. wenn Sie versuchen, die Zeichenkette 'abc' in eine Zahl umzuwandeln.

```
int('123'), float('123.3')
  (123, 123.3)
```

2.3   Gültigkeitsbereich von Variablen

Innerhalb eines gewöhnlichen Scripts ohne die Definition eigener Funktionen oder Klassen unterscheidet Python nicht zwischen Gültigkeitsebenen. Sobald eine Variable einmal definiert ist, kann sie weiterverwendet werden. Ein Beispiel:

```
if 1:       # das ist immer erfüllt
  x = 1     # daher wird diese Zuweisung ausgeführt
print(x)    # ok, Ausgabe 1
```

Nur zum Vergleich: In Java würde ein vergleichbarer Code wie folgt aussehen und nicht funktionieren! Dieser Vergleich zeigt auch, wie kompakt und übersichtlich Python-Code im Vergleich zum Code vieler anderer Sprachen ist:

```
// nur zum Vergleich: Java-Code
if(1) {
  int x = 1;
}
System.out.println(x);    // Fehler, x ist hier nicht be-
                          // kannt (nur zwischen { und })
```

Kommen wir zu Python zurück. Das folgende Miniprogramm, das ganz ähnlich wie das vorige Beispiel aussieht, löst dagegen einen Fehler aus. Hier ist die if-Bedingung nicht erfüllt. Das Programm läuft bis print(x). Dort beanstandet Python, dass für x noch kein Wert bekannt ist (Fehlermeldung: *name x is not defined*). Es geht also nicht darum, dass Python die Variable x nicht kennt – das Problem ist, dass sie keinen Inhalt hat.

```
if 0:        # das ist nie erfüllt
    x = 1    # daher wird diese Zuweisung nicht ausgeführt
print(x)     # Fehler: name 'x' is not defined
```

Python sieht keine Möglichkeit vor, zu testen, ob eine Variable definiert ist. Sie können Variablen aber vorweg den Zustand None im Sinne von »noch nicht festgelegt« zuweisen. Der folgende Code wird daher ohne Fehler ausgeführt.

```
x = None
if 0:        # das ist nie erfüllt
    x=1      # wird nicht ausgeführt
if x != None:
    print(x) # wird ebenfalls nicht ausgeführt
```

Variablen, die Sie nicht mehr brauchen, können Sie sie mit del löschen:

```
x=3
del x
print(x)
  NameError: name 'x' is not defined
```

Ein Sonderfall sind Funktionen und Klassen. Dort definierte Variablen gelten nur *innerhalb* der Funktion bzw. nur für ein Objekt der Klasse. Das folgende Codefragment zeigt die Grundidee. Mehr Details und Besonderheiten werden in Kapitel 9, »Funktionen«, und in Kapitel 11, »Objektorientierte Programmierung«, behandelt.

```
def f():     # definiert die Funktion f
  x = 3      # lokale Variable, gilt nur innerhalb von f!
  print(x)


f()          # ruft f auf, Ausgabe 3
print(x)     # Fehler: name 'x' is not defined
```

2.4 Wiederholungsfragen

▶ **W1:** Der folgende Code löst einen Fehler aus. Warum?

```
x=1; y=2
print(x+y+z)
```

▶ **W2:** Welchen Typ hat die Variable i nach der Zuweisung i=3?

▶ **W3:** Wie werden in Python Konstanten gekennzeichnet?

▶ **W4:** Welche Werte gibt das folgende Programm aus?

```
a = 'abcde'
b = a
a = a+'fg'
print(b)
```

▶ **W5:** Was gibt das folgende Programm aus?

```
wordlist1 = ['Python', 'ist', 'cool']
wordlist2 = wordlist1
wordlist1.insert(2, 'total')
print(wordlist1)
print(wordlist2)
```

▶ **W6:** Der folgende Code ist fehlerhaft. Warum? Wie könnte eine Lösung aussehen?

```
n=22.7
msg='Die Temperatur beträgt ' + n + ' Grad.'
```

Kapitel 3

Operatoren

Im Ausdruck a = b + c gelten die Zeichen = und + als Operatoren. Dieses Kapitel stellt Ihnen alle Python-Operatoren vor – von den simplen Operatoren für die Grundrechenarten bis hin zu etwas diffizileren Operatoren zur Bitarithmetik.

3.1 Überblick

Python kennt Operatoren zur Zuweisung von Variablen, zum Vergleich von Werten, zur Berechnung mathematischer Ausdrücke etc. Zu einigen Operatoren folgen im Anschluss an die folgenden Tabellen noch genauere Informationen.

Operator	Funktion
+ -	Vorzeichen
+ - * /	Grundrechenarten; / liefert float-Ergebnisse!
//	ganzzahlige Division (20 // 6 ergibt 3.)
%	Rest der ganzzahligen Division (20 % 6 ergibt 2.)
&	Matrixmultiplikation (ab Python 3.5)
**	Exponentialfunktion bzw. Hochstellen (2**8 ergibt 256.)
+ *	Strings verbinden bzw. vervielfachen ('ab'*2 ergibt 'abab'.)
%	Zeichenkette formatieren (printf-Syntax)
=	Zuweisung (var=3)

Tabelle 3.1 Rechen-, String- und Vergleichsoperatoren

Operator	Funktion
+=	Zuweisung und Addition (`var+=3` entspricht `var=var+3`.)
-=	Zuweisung und Subtraktion
*=	Zuweisung und Multiplikation
/=	Zuweisung und Division
==	Gleichheit testen (`if a==3: ...`)
!=	Ungleichheit testen
< > <= >=	kleiner, größer, kleiner-gleich, größer-gleich
is	testen, ob zwei Variablen auf dasselbe Objekt zeigen
is not	testen, ob zwei Variablen auf verschiedene Objekte zeigen
in	testen, ob ein Element in einer Aufzählung ist
fmt % data	Daten formatieren (siehe Kapitel 5, »Zeichenketten«)

Tabelle 3.1 Rechen-, String- und Vergleichsoperatoren (Forts.)

Operator	Funktion
& |	binäres Und und binäres Oder
^	binäres Exklusiv-Oder
~	binäres Nicht
<<	binär nach links schieben (`2<<4` ergibt 32.)
>>	binär nach rechts schieben (`768>>2` ergibt 192.)
or	logisches Oder
and	logisches Und
not	logisches Nicht

Tabelle 3.2 Binäre und logische Operatoren

Operator	Funktion
|	Vereinigung: {1, 2} | {2, 3} ergibt {1, 2, 3}.
-	Differenz: {1, 2} - {2, 3} liefert {1}.
&	Schnittmenge: {1, 2} & {2, 3} liefert {2}.
^	Symmetrische Differenz: {1, 2} ^ {2, 3} liefert {1, 3}.

Tabelle 3.3 Operatoren für Sets

3.2 Details und Sonderfälle

Die folgenden Abschnitte erläutern den Einsatz einiger Operatoren und weisen auf Python-spezifische Sonderfälle hin.

Division

Der Operator / führt in Python 3 immer eine Fließkommadivision durch! 6 / 2 liefert also 3,0 und nicht die ganze Zahl 3. Wenn Sie explizit eine ganzzahlige Division wünschen, müssen Sie den Operator // verwenden.

Zuweisung und Berechnung verbinden

Zuweisungen können mit Grundrechenarten verbunden werden. Das heißt, a=a+7 kann auch in der Form a+=7 formuliert werden. Diese Kurzschreibweise ist nicht nur für die Grundrechenarten zulässig, sondern für fast alle Python-Operatoren.

Kein x++ oder x--

Im Gegensatz zu vielen anderen Programmiersprachen sind in Python Ausdrücke wie x++ und x-- im Sinne von x=x+1 und x=x-1 nicht vorgesehen.

»in«-Operator

Der Operator in testet, ob ein angegebenes Element in einer Aufzählung enthalten ist (z. B. in einer Liste, in einem Tupel oder in einem Set – siehe Kapitel 7, »Listen, Tupel, Sets und Dictionaries«). Sie können den Operator gut im Python-Interpreter ausprobieren:

```
lst = [1, 7, 15, 39]
7 in lst
   True

8 in lst
   False
```

Binäre versus logische Operatoren

In Tabelle 3.2 sind binäre und logische Operatoren zusammengefasst. Wo sind die Gemeinsamkeiten, wo liegt der Unterschied? Binäre Operatoren funktionieren wie Rechenoperatoren. Sie bilden aus zwei ganzen Zahlen eine neue ganze Zahl, wobei der jeweilige Operator auf die binäre Darstellung der Zahl angewendet wird.

Beispielsweise ergibt 27 & 7 den Wert 3. Dieses Ergebnis ergibt sich daraus, dass 27 in binärer Darstellung 11011 entspricht, 7 in Binärform 00111. Der binäre Und-Operator testet nun für jede Bitposition, ob beide Ausgangszahlen den Zustand 1 aufweisen. Nur dann lautet auch das Ergebnis an dieser Stelle 1.

```
27 entspricht 11011
 7 entspricht 00111
 3 entspricht 00011
```

Logische Operatoren dienen dagegen zur Verarbeitung von booleschen Zuständen, also true und false. Beispielsweise können Sie mit and testen, ob zwei Bedingungen gleichzeitig zutreffen. Die folgende if-Konstruktion testet, ob x größer als 10 ist und es sich bei x gleichzeitig um eine gerade Zahl handelt. (% berechnet den Rest bei einer Division durch 2. Wenn der Rest 0 ist, war der Dividend gerade.)

```
x=12
if x>10 and x%2==0:
    print('größer 10 und gerade')
```

Short-Circuit-Evaluation

Die logischen Operatoren and und or unterstützen die sogenannte *Short-Circuit-Evaluation*: Dabei wird die Auswertung abgebrochen, sobald das Ergebnis feststeht:

▶ Bei and endet die Auswertung beim ersten false-Teilergebnis. Das Gesamtergebnis ist dann zwingend false.

▶ Bei or endet die Auswertung beim ersten true-Teilergebnis. In diesem Fall ist das Gesamtergebnis zwingend true.

Beispielsweise spielt der Inhalt von b im folgenden Beispiel überhaupt keine Rolle. Da a nicht zutrifft, wird b gar nicht mehr ausgewertet.

```
a=False
b=True
if a and b: ...
```

Wenn a und b nicht einfach boolesche Variablen sind, sondern wenn an dieser Stelle komplexe Ausdrücke oder zeitaufwendige Funktionsaufrufe stehen, dann spart die *Short-Circuit-Evaluation* Rechenzeit. Gleichzeitig vermeidet sie die Auswertung von Teilausdrücken, die Fehler verursachen können. Im folgenden Beispiel wird die Division a/b nur durchgeführt, wenn b ungleich null ist:

```
a=3
b=5
if b!=0 and a/b > 3:  ...
```

Operatorhierarchie

Wenn in einem Ausdruck mehrere Operatoren vorkommen, entscheidet Python anhand einer Hierarchietabelle, in welcher Reihenfolge die Operatoren angewendet werden. Dabei gilt die aus der Schule bekannte Regel

Punkt vor Strich (d.h., bei 2 + 3 * 4 wird zuerst die Multiplikation und dann die Addition ausgeführt). Außerdem gibt es entsprechende Regeln für andere Operatoren (siehe Tabelle 3.4).

Operatoren	Funktion
**	Exponentialoperator
+,-,~	Vorzeichen und binäres Nicht
*,@,/,//,%	Multiplikation und Division
+,-	Addition und Subtraktion
>>,<<	Bit-Shift
&	binäres Und
^	binäres Exklusiv-Oder
|	binäres Oder
in, is, is not,<,>,==...	Vergleichsoperatoren
not	logisches Nicht
and	logisches Und
or	logisches Oder

Tabelle 3.4 Operatorhierarchie (höherwertige Operatoren stehen oben)

Noch mehr Hierarchie

Die obige Tabelle ist nur eine gekürzte Zusammenfassung der Python-Operatorhierarchie. Auf der folgenden Webseite sind weitere Python-Konstrukte enthalten, bei denen es sich nicht um klassische Operatoren handelt – z. B. Lambda-Ausdrücke, await-Konstruktionen und Tupel:

https://docs.python.org/3/reference/expressions.html#operator-precedence

> Beachten Sie, dass die Operatoren auf dieser Webseite in umgekehrter Reihenfolge angeordnet sind, d. h. die niederwertigsten Operatoren zuerst!

Variablen und Daten vergleichen

Um zu testen, ob zwei Variablen gleich sind, können Sie a==b oder a is b ausführen. In diesem Abschnitt geht es um den Unterschied zwischen diesen beiden Varianten und darum, was *Gleichheit* bedeutet.

Beginnen wir mit ==: Damit vergleichen Sie Daten bzw. den Inhalt von Objekten. Im folgenden Beispiel werden in a und in b dieselben Zeichenketten gespeichert. Erwartungsgemäß trifft der Vergleich a==b zu, und das Programm gibt an, dass die Zeichenketten in a und b übereinstimmen.

```
a='abc'
b='abc'
if a==b:
  print('Der Inhalt der Variablen a und b stimmt überein.')
```

Im zweiten Beispiel wird wieder in a eine Zeichenkette gespeichert. Anschließend wird b der Inhalt von a zugewiesen. Intern verweisen a und b auf dasselbe Objekt. Der Test a is b trifft daher zu.

```
a='abc'
b=a
if a is b:
  print('a und b verweisen auf dasselbe Objekt.')
```

Diffiziler ist das dritte Beispiel: Hier werden zwei Listen gebildet, die identisch sind. Der erste print-Aufruf gibt erwartungsgemäß zwei gleiche Listen aus. Durch a==b vergleicht Python die Listen. Sie stimmen überein, daher trifft a==b zu. Der Vergleich a is b trifft hier aber *nicht* zu! a und b verweisen auf zwei unterschiedliche Objekte. Die dort gespeicherten Listen wurden ganz unterschiedlich gebildet.

```
a=['a', 'b', 'c']
```

```
b=['a']
b.append('b')
b.append('c')

print(a, b) # Ausgabe ['a', 'b', 'c'] ['a', 'b', 'c']

if a==b:    # trifft zu
  print('Die Listen, auf die a und b zeigen,',
        'stimmen überein.')

if a is b:  # trifft nicht zu
  print('a und b verweisen auf dasselbe Objekt.')
```

Soll ich nun mit »==« oder mit »is« vergleichen?

Manche Einsteiger werden sich nach den obigen Ausführungen vielleicht fragen, womit sie nun die Gleichheit testen sollen: mit == oder mit is? In den meisten Fällen wird es Ihnen darum gehen, festzustellen, ob die Daten übereinstimmen. Dann ist == der richtige Operator. Nur in seltenen Fällen ist es wichtig, festzustellen, ob zwei Variablen auf dasselbe Objekt verweisen; dann ist is die richtige Wahl. Übrigens gibt es auch Operatoren für *nicht gleich*, und zwar != für die Daten und is not für Objektreferenzen.

Mehrfachvergleiche

Bei den Vergleichsoperatoren <, > etc. sind auch Mehrfachvergleiche möglich. Beispielsweise testet 10 <= x <= 20, ob x einen Wert zwischen 10 und 20 hat. Intern werden alle Vergleiche mit einem logischen Und verknüpft, d. h., 10 <= x <= 20 entspricht 10<=x and x<=20.

»operator«-Modul

Das Modul operator enthält zu allen Python-Operatoren entsprechende Funktionen:

```
import operator
operator.mul(operator.add(2, 3), 7)   # (2+3)*7
```

Diese Funktionen eignen sich gut zur Anwendung in der reduce-Funktion (siehe Abschnitt 7.2, »Funktionen zur Verarbeitung von Listen«).

Operatoren selbst implementieren

Für eigene Klassen können Sie die Python-Standardoperatoren neu implementieren. Dazu definieren Sie Funktionen, deren Namen mit zwei Unterstrichen beginnen und enden, z. B. __add__. Ein Beispiel für diese Vorgehensweise finden Sie in Abschnitt 11.5, »Operator Overloading«.

3.3   Wiederholungsfragen

▶ **W1:** Sie wollen den Rest der Division 225 / 17 ermitteln. Wie gehen Sie vor?

▶ **W2:** Was ist die *Short-Circuit-Evaluation*? Nennen Sie ein Beispiel!

▶ **W3:** Welchen Wert haben a und b?

```
a = 1 + 2 * 3 ** 4
b = 100 < a < 200
```

Kapitel 4
Zahlen

Im Mittelpunkt dieses Kapitels steht die Frage, wie Python mit ganzen Zahlen und mit Fließkommazahlen umgeht. Sie werden lernen, dass Python bei ganzen Zahlen eine nahezu unendlich großen Zahlenraum unterstützt, dass Sie bei Fließkommazahlen immer mit Rundungsfehlern rechnen müssen und wie Sie Zufallszahlen erzeugen.

Eine Besonderheit von Python besteht darin, dass es auch komplexe Zahlen unterstützt und alle grundlegenden Rechenoperationen ausführen kann. Zuletzt geht das Kapitel kurz auf boolesche Werte ein. Gewissermaßen sind das auch Zahlen, deren Wert aber durch ein einziges Bit bestimmt wird. Dementsprechend sind nur die Zustände `True` und `False` möglich.

Leseempfehlung

An dieser Stelle startet eine Reihe von Kapiteln, die sich mit elementaren Python-Datentypen und -Strukturen auseinandersetzen. Die Systematik der Reihenfolge ist vernünftig, weil die weiteren Kapitel dann darauf zurückgreifen. Andererseits sind die Kapitel aber auch relativ trocken, weil »echte« Programme erst möglich sind, wenn Sie in Kapitel 8, »Verzweigungen und Schleifen«, die Schlüsselwörter `if`, `for`, `while` etc. kennenlernen.

Wenn Sie also schon ganz gierig darauf sind, endlich loszuprogrammieren, dann können Sie die folgenden Kapitel vorerst im Schnelldurchgang überblättern und dann gleich in Kapitel 8 weiterlesen. Viele der dort präsentierten Beispiele sind auch ohne tiefgehendes Hintergrundwissen zu den Python-Datentypen verständlich.

4.1 Ganze Zahlen

Eine große Besonderheit von Python besteht aber darin, dass die Größe von ganzen Zahlen (Datentyp int) nur durch den Speicherplatz limitiert ist. Sie müssen also nie Angst haben, dass Sie den zulässigen Zahlenraum überschreiten.

```
x=2**100   # 2^100
print(x)
   1267650600228229401496703205376
type(x)
   <class 'int'>
```

Allerdings rechnet Python deutlich schneller, solange alle Zahlen eines Ausdrucks im 64-Bit-Zahlenraum liegen. Python kann dann die Rechenfunktionen der CPU unmittelbar nutzen. Die größte positive Zahl dieses Zahlenraums können Sie mit sys.maxsize ermitteln:

```
import sys
print(sys.maxsize)      # 2^63 - 1
   9223372036854775807
```

Python kennt keine vorzeichenlosen Zahlen (also uint oder unsigned int wie in manchen anderen Sprachen).

Division

Eine weitere Python-Eigenheit besteht darin, dass eine gewöhnliche Division immer eine Fließkommazahl als Ergebnis liefert:

```
print(2/3, 6/3)
   0.6666666666666666 2.0
```

Wenn Sie explizit eine ganzzahlige Division wünschen, müssen Sie den Operator // verwenden:

```
print(2//3, 6//3)
   0 2
```

Eine Division durch 0 löst in Python erwartungsgemäß einen Fehler aus, ganz egal, ob Sie mit / oder // arbeiten:

```
a=7;  b=0
a/b
  ZeroDivisionError: division by zero
a//b
  ZeroDivisionError: integer division or modulo by zero
```

Binäre und hexadezimale Darstellung

Zahlen, die mit 0x beginnen, interpretiert Python als hexadezimal. Umgekehrt können Sie eine vorhandene Zahl mit der Funktion hex in eine Zeichenkette in hexadezimaler Darstellung umwandeln:

```
print(0xa0)
  160

x=165
print(hex(x))
  0xa5
```

Analog werden mit 0b eingeleitete Zahlen binär interpretiert. Die bin-Funktion liefert von einer ganzen Zahl die entsprechende binäre Darstellung. Für oktale Zahlen verwenden Sie das Präfix 0o bzw. die Funktion oct.

```
print(0b10001)
  17

x=165
print(bin(x))
  0b10100101
print(oct(x))
  0o245
```

Zufallszahlen

Ganzzahlige Zufallswerte erzeugen Sie am einfachsten mit der Funktion randint aus dem random-Modul. randint(min, max) liefert ganze Zahlen, die die Grenzwerte min und max einschließen. Wird das folgende Beispiel wiederholt ausgeführt, wird randint früher oder später sowohl 0 als auch 7 als Ergebnis liefern.

```
from random import randint
print(randint(0, 7))   # Zufallszahl zwischen 0 (inklusive)
                       # und 7 (inklusive)
   6
```

4.2 Fließkommazahlen

Fließkommazahlen (Datentyp float) werden in Python im standardisierten 64-Bit-Format dargestellt. Die größte darstellbare Zahl ist damit ca. 2×10^{308}, die Anzahl der Kommastellen beträgt 16.

Gängige mathematische Funktionen befinden sich im math-Modul. Sie müssen es importieren, bevor Sie die Quadratwurzel, Sinus, Cosinus und andere Funktionen berechnen können. Die Kreisteilungszahl ist in der Form math.pi zugänglich.

```
import math
print(math.sqrt(2))
   1.4142135623730951
print(math.sin(0.4))
   0.3894183423086505
```

Rundungsfehler

Bei Berechnungen mit Fließkommazahlen kommt es zu Rundungsfehlern. Das ist kein Problem der Programmiersprache Python, sondern hat mit der binären Darstellung von Zahlen zu tun und ist unvermeidbar. Die folgende Berechnung mit den Variablen a bis d gibt dafür ein Beispiel.

Eigentlich müssten c und d jeweils exakt den Wert 0,8 enthalten. Aufgrund von Rundungsfehlern ist das aber nicht der Fall:

```
a=0.7
b=0.9
c=a+0.1
d=b-0.1
print(c==d)
  False
print(c-d)
  -1.1102230246251565e-16
```

Zufallszahlen

Das vorhin schon vorgestellte random-Modul enthält auch mehrere Funktionen zur Erzeugung pseudozufälliger Fließkommazahlen: random liefert Zahlen zwischen 0 (inklusive) und 1 (exklusive). uniform(min, max) produziert Zahlen zwischen min und max. Der untere Grenzwert kann auf jeden Fall ein Ergebnis der Funktion sein; beim oberen Grenzwert hängt dies aber von Rundungsfehlern ab.

```
from random import random, uniform
print(random())   # zwischen 0 und 1
  0.9399897956383795
print(uniform(2.0, 7.5)) # zwischen 2.0 und 7.5
  3.287799000324788
```

Mehr Funktionen zur Berechnung von Zufallszahlen

Das random-Modul kennt eine ganze Menge weiterer Funktionen, die zufällige Zahlen erzeugen, zufällige Elemente aus einer Liste auswählen etc. Eine vollständige Referenz finden Sie hier:

https://docs.python.org/3/library/random.html

4.3   Komplexe Zahlen, Brüche und Festkommazahlen

Python unterscheidet sich von vielen anderen Programmiersprachen dadurch, dass es auch auf etwas exotischere Wünsche von Mathematikern und Naturwissenschaftlern Rücksicht nimmt. So zählen komplexe Zahlen zu den elementaren Datentypen von Python. Erweiterungsmodule ermöglichen es, in Python auch mit Brüchen sowie mit Dezimalzahlen zu rechnen.

Komplexe Zahlen

Komplexe Zahlen bestehen aus Real- und Imaginärteil und erweitern den Zahlenraum dahingehend, dass beispielsweise auch die Quadratwurzel einer negativen Zahl abgebildet werden kann. In Python wird der Imaginärteil einer Zahl durch den Buchstaben j oder J dargestellt. Aus einer gegebenen komplexen Zahl können diese Bestandteile den Eigenschaften `real` und `imag` entnommen werden:

```
x=2+3j
y=1-4j
z=x*y
print(z)
  (14-5j)
print(type(z))
  <class 'complex'>
print(z.real, z.imag)
  14.0 -5.0
```

Komplexe Zahlen können auch mit `complex` aus zwei Fließkommazahlen gebildet werden, die den Real- und Imaginärteil angeben:

```
complex(0.5, -0.7)
  (0.5-0.7j)
```

Wie das obige Beispiel zeigt, funktionieren elementare Berechnungen auf Anhieb. Allerdings kommen die Funktionen aus dem math-Modul nicht mit komplexen Zahlen zurecht. Sie müssen stattdessen auf Funktionen aus dem cmath-Modul zurückgreifen:

```
import cmath
cmath.sqrt(-1)
  1j
cmath.phase(1j)
  1.5707963267948966  # Pi/2, also 90 Grad
```

Rationale Zahlen (Brüche)

Das Modul `fractions` stellt Funktionen zur Verfügung, die ohne Rundungs-fehler mit rationalen Zahlen bzw. Brüchen arbeiten:

```
from fractions import Fraction
x=Fraction('1/3')
y=Fraction('1/2')
x+y
  Fraction(5, 6)   # 1/3 + 1/2 ergibt 5/6
```

In diesem Buch fehlt der Platz, um ausführlich auf das `fractions`-Modul einzugehen. Eine Referenz weiterer Funktionen und Anwendungsfälle fin-den Sie hier:

https://docs.python.org/3/library/fractions.html

Dezimalzahlen

Das `decimal`-Modul bietet eine Alternative zu den üblichen Fließkomma-zahlen an. Solange 28 Stellen nicht überschritten werden, erfolgen `decimal`-Berechnungen exakt und ohne Rundungsfehler. Beachten Sie aber, dass Sie Zahlen als Zeichenketten an die `Decimal`-Funktion übergeben müssen, um zu verhindern, dass die Rundungsfehler schon bei der Umwandlung herkömmlicher Fließkommazahlen in Dezimalzahlen auftreten. Die fol-genden Zeilen zeigen nochmals das Rundungsfehlerbeispiel von vorhin, das nun aber zum korrekten Resultat führt.

```
from decimal import *
a = Decimal('0.7')
b = Decimal('0.9')
c = a + Decimal('0.1')
```

```
d = b - Decimal('0.1')
print(c==d)
  True
print(c-d)
  0.0
```

Standardmäßig sieht decimal 28 Stellen vor. Die Stellenanzahl kann aber mit getcontext().prec = n frei eingestellt werden:

```
getcontext().prec = 40
print(Decimal(1) / Decimal(7))
  0.1428571428571428571428571428571428571429
```

Beachten Sie, dass Berechnungen mit Dezimalzahlen *viel* langsamer als mit gewöhnlichen Fließkommazahlen erfolgen! Hintergrundinformationen und weitere Anwendungsbeispiele finden Sie hier:

https://docs.python.org/3/library/decimal.html

4.4 Boolesche Werte

Genau genommen sind boolesche Werte keine Zahlen. Vielmehr können nur die beiden Zustände True und False gespeichert bzw. verarbeitet werden. Genau das ist bei der Auswertung von Bedingungen aber häufig erforderlich und rechtfertigt den eigenen Datentyp bool. Mit der Tilde werden boolesche Werte invertiert.

```
a = True
b = 7==8
print(b)
  False
print(type(b))
  <class 'bool'>
print(~b)
  True
```

Boolesche Werte können mit `int` in Zahlen umgewandelt werden. `True` wird dann als 1 dargestellt, `False` als 0.

```
print(int(True), int(False))
  1 0
```

Wenn Zahlen wie boolesche Werte ausgewertet werden, gilt 0 als `False`, jeder andere Wert als `True`.

```
x = 7
if x:
    print("x hat einen Wert ungleich 0.")
```

4.5   Wiederholungsfragen

▶ **W1:** Wie führen Sie eine ganzzahlige Division durch?

▶ **W2:** Sie wollen den Oktalcode `750` in binärer Darstellung anzeigen. Wie gehen Sie vor?

▶ **W3:** Wie erzeugen Sie Zufallszahlen zwischen 1 und 49?

▶ **W4:** Sie brauchen zwei Zufallszahlen zwischen 0,0 und 10,0. Schreiben Sie geeigneten Python-Code!

▶ **W5:** Sie wollen Geldbeträge ohne Rundungsfehler verarbeiten. Welchen Datentyp verwenden Sie?

▶ **W6:** Welchem Zahlenwert ist `True` zugeordnet?

Kapitel 5

Zeichenketten

Auch wenn die mathematischen Features von Python beeindruckend sind – bei vielen Anwendungen haben Sie viel öfter mit Zeichenketten zu tun als mit Zahlen. Der Umgang mit Zeichenketten (Datentyp str) zählt zu den Grundfertigkeiten aller Programmierer.

Python macht Ihnen diesbezüglich das Leben relativ leicht: In wenigen Programmiersprachen gelingt der Zugriff auf (Teil-)Zeichenketten so unkompliziert wie in Python, in wenigen Sprachen gibt es eine derart reiche Auswahl an Verarbeitungs- und Analysefunktionen.

Eine vollständige Referenz aller Funktionen ist hier aus Platzgründen unmöglich. Ich werde aber versuchen, Ihnen auf den folgenden Seiten die wichtigsten Features zu erläutern.

5.1 Grundregeln

Zeichenketten werden wahlweise in einfache oder doppelte Apostrophe gestellt, also 'abc' oder "abc". Beide Varianten sind gleichwertig.

```
s='abc'
type(s)
  <class 'str'>
```

Sollen Zeichenketten im Code über mehrere Zeilen reichen, müssen sie in dreifache Apostrophe gestellt werden, also wahlweise ''' oder """. In eingerücktem Code enthalten derartige Zeichenketten leider eine Menge überflüssiger Leerzeichen:

```
s = """Das ist
       eine lange
       Zeichenkette."""
```

```
print(s)

Das ist
      eine lange
      Zeichenkette.
```

Natürlich können Sie die Leerzeichen vermeiden, in dem Sie die Zeichenkette einfach nicht einrücken. Innerhalb von Abfragen, Schleifen, Funktionen etc. sieht der Code dann allerdings grauenhaft aus und zerstört die optische Struktur:

```
if True:
    s = """Das ist
eine lange
Zeichenkette."""
    print(s)
```

Zeichenketten aneinanderfügen und vervielfältigen

Mit dem Operator + fügen Sie Zeichenketten aneinander. * vervielfacht Zeichenketten.

```
s1 = 'abc'
s2 = 'efg'
s3 = s1 + s2 + s1    # Ergebnis 'abcefgabc'
s4 = s1*3 + 'x'*2    # Ergebnis 'abcabcabcxx'
```

Sonderzeichen

Zeichenketten werden intern in Unicode dargestellt. Bei Codedateien nimmt der Python-Interpreter standardmäßig an, dass sie in UTF-8-Codierung vorliegen. Ist das nicht der Fall, kann die tatsächliche Codierung in der zweiten Zeile der Codedatei in der folgenden Form angegeben werden:

```
# -*- coding: <encoding name> -*-
```

Also beispielsweise:

```
# -*- coding: latin-1 -*-
```

In Zeichenketten können mit \ markierte Sonderzeichen eingebettet werden (sogenannte *Escape-Sequenzen*), z. B. \n für einen Zeilenumbruch (siehe Tabelle 5.1). Eine vollständige Referenz aller String-Literale finden Sie hier:

https://docs.python.org/3/reference/lexical_analysis.html#literals

Zeichensequenz	Bedeutung
\a	Bell (Signalton)
\f	Formfeed (neue Seite)
\n	Zeilenumbruch
\r	Wagenrücklauf (für Windows-Textdateien)
\t	Tabulatorzeichen
\unnnn	Unicode-Zeichen mit dem Hexcode &xnnnn
\'	das Zeichen '
\"	das Zeichen "
\\	das Zeichen \

Tabelle 5.1 Ausgewählte Escape-Sequenzen

```
s = "Erste\nzweite\ndritte Zeile."
print(s)

Erste
zweite
dritte Zeile.
```

Raw-Zeichenketten

Python interpretiert \-Sequenzen als Sonderzeichen (siehe Tabelle 5.1). Wenn Sie das nicht möchten und jedes \-Zeichen als solches gewertet werden soll, stellen Sie der gesamten Zeichenkette den Buchstaben r (*raw*) voran:

```
latexcode = r'\section{Überschrift}'
```

»chr«- und »ord«-Funktion

Die Funktion chr liefert ein Zeichen, das dem übergebenen ASCII-Code bzw. Unicode entspricht:

```
chr(65)      # 'A'
chr(8364)    # '€'
```

Die Umkehrfunktion ord liefert den ASCII-Code bzw. Unicode zu einem einzelnen Zeichen:

```
ord('A')     # 65
ord('€')     # 8364
ord('abc')   # TypeError, expected a character
```

5.2 Zugriff auf Teilzeichenketten

Für den Zugriff auf Teile einer Zeichenkette gilt die sogenannte *Slicing*-Syntax. s[n] gibt das n-te Zeichen zurück, wobei n=0 das erste Zeichen repräsentiert. s[start:ende] liefert die Zeichen von start (inklusive) bis ende (exklusive). Mit negativen Werten geben Sie den Offset vom Ende der Zeichenkette an. Verglichen mit vielen anderen Programmiersprachen ist diese Syntax genial einfach und praktisch. Probieren Sie die folgenden Beispiele im Python-Interpreter aus!

```
s='abcdefghijklmnopqrstuvwxyz'
s[3]  # das vierte Zeichen, weil die Zählung bei 0 beginnt
  'd'
```

```
s[3:6]
  'def'
s[:3] # alles bis einschließlich des dritten Zeichens
  'abc'
s[3:] # alles ab dem dritten Zeichen (exklusive)
  'defghijklmnopqrstuvwxyz'
s[-4] # das viertletzte Zeichen
  'w'
s[-4:] # alles ab dem viertletzten Zeichen
  'wxyz'
```

»IndexError«

Wenn Sie in der Slicing-Schreibweise Indizes angeben, die die Länge der Zeichenkette überschreiten, tritt ein Fehler auf:

```
s[25]     # ok, letztes Zeichen
  'z'
s[-1]     # auch ok, letztes Zeichen
  'z'
s[26]     # Fehler
  IndexError: string index out of range
s[-26]    # ok, erstes Zeichen
  'a'
s[-27]    # Fehler
  IndexError: string index out of range
```

Schrittweite (Stride)

Durch einen dritten Parameter (dem *Stride*-Parameter) kann eine Art Schrittweite angegeben werden (also s[start:ende:schrittweite]). Da alle Parameter optional sind, ergeben sich viele interessante Varianten:

```
s[::2]      # jedes zweite Zeichen
  'acegikmoqsuwy'
s[:10:2]    # von den ersten 10 Zeichen jedes zweite
  'acegi'
```

```
s[10::2]    # ab dem 10. Zeichen jedes zweite
 'kmoqsuwy'
```

Mit einer negativen Schrittweite kehren Sie die Reihenfolge einer Zeichenkette um:

```
s[::-1]     # alles in umgekehrter Reihenfolge
 'zyxwvutsrqponmlkjihgfedcba'
s[::-2]     # jedes 2. Zeichen in umgekehrter Reihenfolge
 'zxvtrpnljhfdb'
```

Unerwartete Ergebnisse erhalten Sie, wenn Sie einen negativen Stride-Parameter mit Start- und Endposition kombinieren:

```
s[0:10]
 'abcdefghij'
s[0:10:-1]  # leeres Ergebnis
 ''
s[10:0:-1]  # vom 11. zum 2. Zeichen
 'kjihgfedcb'
```

Die Ergebnisse haben damit zu tun, wie Python intern die Schleife ausführt, um auf die Elemente zuzugreifen. Wenn Sie einen Teil einer Zeichenkette in umgekehrter Reihenfolge brauchen, ist es zumeist einfacher, zwei []-Konstruktionen hintereinanderzustellen. Die erste wählt die Zeichen aus, die zweite dreht die Reihenfolge um:

```
s[:10][::-1]  # die ersten 10 Zeichen in inverser
              # Reihenfolge
 'jihgfedcba'
```

5.3   Zeichenkettenfunktionen

Zeichenketten können mit diversen Funktionen und Methoden bearbeitet werden (siehe Tabelle 5.2). Eine vollständige und detaillierte Beschreibung aller String-Methoden finden Sie hier:

https://docs.python.org/3/library/stdtypes.html#string-methods

Methode	Funktion
`len(s)`	Ermittelt die Anzahl der Zeichen.
`str(x)`	Wandelt `x` in eine Zeichenkette um.
`sub in s`	Testet, ob `sub` in `s` vorkommt.
`s.count(sub)`	Ermittelt, wie oft `sub` in `s` vorkommt.
`s.endswith(sub)`	Testet, ob `s` mit `sub` endet.
`s.expandtabs()`	Ersetzt Tabulatorzeichen durch Leerzeichen.
`s.find(sub)`	Sucht `sub` in `s` und liefert die Startposition oder -1 zurück.
`s.isxxx()`	Testet Eigenschaften von `s`: `islower()`, `isdigit()` etc.
`s.join(x)`	Verbindet die Zeichenketten in `x` (Liste, Set, Tupel).
`s.lower()`	Liefert `s` mit lauter Kleinbuchstaben zurück.
`s.partition(sub)`	Trennt `s` auf und liefert drei Teile als Tupel zurück.
`s.replace(old, new)`	Liefert `s` zurück, wobei `old` jeweils durch `new` ersetzt wird.
`s.rfind(sub)`	Wie `find`, aber beginnt die Suche am Ende der Zeichenkette.
`s.split(sub)`	Zerlegt `s` bei jedem Vorkommen von `sub`, liefert eine Liste.
`s.splitlines()`	Zerlegt `s` zeilenweise, liefert eine Liste.
`s.startswith(sub)`	Testet, ob `s` mit `sub` beginnt.
`s.strip()`	Entfernt Whitespace vom Beginn und Ende.
`s.upper()`	Liefert `s` mit lauter Großbuchstaben zurück.

Tabelle 5.2 Ausgewählte Methoden und Funktionen für Zeichenketten

Funktionen versus Methoden

Methoden sind so etwas Ähnliches wie Funktionen, sie werden aber direkt auf die zugrundeliegenden Daten (Objekte) angewendet. Das äußert sich in der Schreibweise:

```
funktion(daten)
daten.methode() bzw. daten.methode(weitere, daten)
```

Die Anwendung von Methoden ist also nicht schwierig. Da Python eine objektorientierte Programmiersprache ist, gibt es viel mehr Methoden als Funktionen. Hintergründe zu Objekten und Methoden sowie Wege, eigene Klassen samt Methoden selbst zu programmieren, werden Sie in Kapitel 11, »Objektorientierte Programmierung«, kennenlernen.

Die folgenden Zeilen zeigen einige Anwendungsbeispiele für diese Funktionen und Methoden:

```
s='abcdefghijklmnopqrstuvwxyz'

s.upper()          # in Großbuchstaben umwandeln
  'ABCDEFGHIJKLMNOPQRSTUVWXYZ'

'efg' in s       # ist 'efg' enthalten?
  True

s.count('efg')   # wie oft ist 'efg' enthalten?
  1

s.partition('e')  # beim Zeichen 'e' auftrennen (Tupel)
  ('abcd', 'e', 'fghijklmnopqrstuvwxyz')

s.split('e')      # beim Zeichen 'e' auftrennen (Liste)
  ['abcd', 'fghijklmnopqrstuvwxyz']
```

Eigenschaften von Zeichen(ketten) ermitteln

len ermittelt die Anzahl der Zeichen einer Zeichenkette. Mit diversen str.isxxx-Funktionen können Sie testen, ob ein Zeichen bzw. die gesamte Zeichenkette aus lauter Zeichen eines bestimmten Typs besteht:

▶ str.isalpha(s): Besteht s aus Buchstaben (inklusive 'äöüß')? Ein Leerzeichen gilt nicht als Buchstabe!

▶ str.isdigit(s): Enthält s ausschließlich Ziffern (0 bis 9)?

▶ str.isalnum(s): Enthält s ausschließlich Ziffern oder Buchstaben?

▶ str.isascii(s): Besteht s aus ASCII-Zeichen (Code zwischen 0 und 127, verfügbar erst ab Python 3.7)?

▶ str.islower(s): Enthält s keine Großbuchstaben? (Die Zeichenkette darf andere Zeichen enthalten, aber alle Buchstaben müssen klein sein.)

▶ str.isupper(s): Enthält s keine Kleinbuchstaben?

Alle obigen Funktionen liefern False, wenn die Zeichenkette leer ist.

```
len('abc')                # 3
str.isalpha('a')          # True
str.isalpha('abcäöü')     # True
str.isalpha('abc123')     # False
str.isalpha(' ')          # False
str.isdigit('123')        # True
str.isalnum('abc123')     # True
str.isalnum('!')          # False
str.isascii('abc123|$!')  # True
str.islower('abc')        # True
str.islower('abc123_')    # True
str.islower('abcD')       # False
```

Spezialfunktionen

Python kennt auch die str-Funktionen isnumeric und isdecimal. Diese unterscheiden sich von isdigit insofern, als sie auch Spezialzeichen wie [3] oder ½ erkennen. Details sind hier dokumentiert:

https://stackoverflow.com/questions/44891070

Suchen und ersetzen

find beginnt die Suche normalerweise am Beginn der Zeichenkette. Mit einem optionalen Parameter kann der Startpunkt der Suche angegeben werden, z. B. um in einer Schleife mehrere Vorkommen des Suchbegriffs zu finden.

```
s="abcdefghijklmnopqrstuvwxyz"
s.find('efg')     # 'efg' wird an der Position 4 gefunden
 4
s.find('efg', 4)  # auch dann, wenn die Suche an dieser
 4                # Position beginnt
s.find('efg', 5)  # aber nicht mehr, wenn die Suche eine
-1                # Stelle weiter startet
```

Anstelle von find können Sie auch die verwandte Methode index verwenden. Sollte der Suchbegriff nicht zu finden sein, löst index einen Fehler aus, anstatt den Wert -1 zurückzugeben.

replace ersetzt alle Vorkommen einer Suchzeichenkette (im folgenden Beispiel 'e') durch eine andere Zeichenkette (hier 'X'):

```
s.replace('e', 'X')
 'abcdXfghijklmnopqrstuvwxyz'
```

5.4   Zeichenketten formatieren und konvertieren

Häufig müssen Sie aus Zahlen, Datums- und Zeitangaben etc. Zeichenketten bilden. Im einfachsten Fall verwenden Sie dazu die Funktionen str(x) oder repr(x), die jedes beliebige Objekt als Zeichenkette darstellen. Die Funktion repr geht dabei so vor, dass die resultierende Zeichenkette mit eval wieder eingelesen werden kann. str bemüht sich hingegen, die Zeichenketten so zu formatieren, dass sie für Menschen gut leserlich sind.

```
from fractions import Fraction
x=Fraction('1/3')  # der Bruch 1/3 als Fraction-Objekt
```

```
print(str(x))          # gut lesbare Darstellung
  1/3
s=repr(x)              # maschinenlesbare Form
print(s)
  'Fraction(1, 3)'
y=eval(s)              # Rückumwandlung in ein Objekt
print(y)
  1/3
```

Daten formatieren

Allerdings haben Sie weder mit str noch mit repr Einfluss auf die Formatierung der resultierenden Zeichenkette. Wenn Sie Zahlen rechtsbündig formatieren oder mit Tausendertrennung darstellen möchten, dann benötigen Sie spezielle Formatierungsfunktionen. Unter Python haben Sie dabei die Wahl zwischen mehreren Verfahren:

▶ formatzeichenkette % (daten, daten, daten): Hier wird die formatzeichenkette in der Syntax der printf-Funktion der Programmiersprache C formuliert. Innerhalb dieser Zeichenkette geben %-Zeichen die Position der einzusetzenden Daten an.

▶ formatzeichenkette.format(daten, daten, daten): Bei dieser Variante hat der Aufbau der formatzeichenkette große Ähnlichkeiten mit dem Aufbau der gleichnamigen Methode des .NET-Frameworks von Microsoft. Innerhalb dieser Zeichenkette geben {}-Klammernpaare die Position der Parameter an.

Ab Python 3.6 gibt es dazu eine Kurzschreibweise, bei der der Formatzeichenkette f vorangestellt wird. In den {}-Klammernpaaren können dann direkt die Namen von Python-Variablen verwendet werden.

▶ locale.format_string(...): Diese Methode aus dem locale-Modul berücksichtigt bei der Formatierung landesspezifische Einstellungen und verwendet z. B. ein Komma anstelle des Dezimalpunkts.

Formatierung mit dem %-Operator

Zuerst drei Beispiele für das %-Verfahren, die Sie im Python-Interpreter ausprobieren können:

```
print('%s ist %d Jahre alt.' % ('Matthias', 11))
  'Matthias ist 11 Jahre alt.'
print('1/7 mit drei Nachkommastellen: %.3f' % (1/7))
  '1/7 mit drei Nachkommastellen: 0.143'
print('<img src="%s" alt="%s" width="%d">' %
      ('foto.jpg', 'Porträt', 200))
  '<img src="foto.jpg" alt="Porträt" width="200">'
```

Es gibt unzählige Codes zum Aufbau der Zeichenketten für die beiden Formatierungssysteme. Die wichtigsten sind in Tabelle 5.3 zusammengefasst, einige weitere auf der folgenden Webseite dokumentiert:

*https://docs.python.org/3/library/stdtypes.html#old-string-
   formatting-operations*

Code	Bedeutung
%d	ganze Zahl (dezimal)
%5d	ganze Zahl mit fünf Stellen, rechtsbündig
%-5d	ganze Zahl mit fünf Stellen, linksbündig
%f	Fließkommazahl (*float*)
%.2f	Fließkommazahl mit zwei Nachkommastellen
%r	Zeichenkette, Python verwendet repr.
%s	Zeichenkette, Python verwendet str.
%10s	Zeichenkette mit zehn Zeichen, rechtsbündig
%-10s	Zeichenkette mit zehn Zeichen, linksbündig
%x	ganze Zahl hexadezimal ausgeben

Tabelle 5.3 Ausgewählte Codes für die %-Formatierung (»printf«-Syntax)

Formatierung mit der »format«-Methode

Der größte Vorteil der neueren format-Methode besteht darin, dass die Platzhalterreihenfolge durch {n} frei gewählt werden kann und daher unabhängig von der Reihenfolge der Parameter ist. Für eine vollständige Referenz der vielen Formatierungscodes fehlt abermals der Platz. Die wichtigsten Codes sind in Tabelle 5.4 aufgelistet. Weitere Codes finden Sie hier:

https://docs.python.org/3/library/string.html#format-string-syntax

Code	Bedeutung
{}	Parameter, beliebiger Datentyp
{0}, {1}, ...	nummerierte Parameter
{eins}, {zwei}, ...	benannte Parameter
{:d}	ganze Zahl
{:<7d}	ganze Zahl mit sieben Stellen, linksbündig
{:>7d}	ganze Zahl mit sieben Stellen, rechtsbündig
{:^7d}	ganze Zahl mit sieben Stellen, zentriert
{:f}	Fließkommazahl
{:,f}	Fließkommazahl mit Tausendertrennung
{:.5f}	Fließkommazahl mit fünf Nachkommastellen
{:n}	Zahl mit Lokalisierung
{:s}	Zeichenkette

Tabelle 5.4 Ausgewählte Codes für die »format«-Methode

Beachten Sie in den folgenden Beispielen die eigenwillige Syntax in der Form fmtstr.format(daten, daten, daten)!

```
print('{} ist {} Jahre alt.'.format('Sebastian', 13))
  'Sebastian ist 13 Jahre alt.'
```

```
# umgekehrte Reihenfolge der Parameter!
print('{1} ist {0} Jahre alt.'.format(13, 'Sebastian'))
  'Sebastian ist 13 Jahre alt.'

# benannte Parameter
print('{name} ist {alter} Jahre alt.'.format(
      alter=13, name='Sebastian')
  'Sebastian ist 13 Jahre alt.'

print('1/7 mit drei Nachkommastellen: {:.3f}'.format(1/7))
  '1/7 mit drei Nachkommastellen: 0.143'

print('SELECT * FROM table WHERE id={:d}'.format(324))
  'SELECT * FROM table WHERE id=324'
```

»format«-Kurzschreibweise (ab Python 3.6)

Beginnend mit Python 3.6 gibt es eine noch kompaktere Variante zur
format-Methode: Wenn Sie in der Formatierungszeichenkette Variablennamen verwenden und der Zeichenkette den Buchstaben f voranstellen,
dann brauchen Sie weder format explizit aufzurufen noch irgendwelche
Parameter zu übergeben:

```
alter=13
name='Sebastian'
print(f'{name} ist {alter} Jahre alt.')
  Sebastian ist 13 Jahre alt.
```

Die Schreibweise lässt sich auch mit den vorhin zusammengefassten For-
matierungsparametern kombinieren:

```
x=1/7
print(f'{x:.2}')  # x mit zwei Nachkommastellen ausgeben
  0.14
```

Die Qual der Wahl

Was ist nun besser, das %-Verfahren oder die `format`-Methode, egal, ob in der herkömmlichen Form oder in der Kurzschreibweise?

In der Regel kommen Sie mit beiden Verfahren zum Ziel. Wenn Ihnen die `printf`-Syntax vertraut ist, spricht nichts dagegen, beim %-Verfahren zu bleiben. Sofern Sie Python 3.6 auf allen Zielsystemen voraussetzen können, führt die neue Schreibweise `f'...'` zu dem am besten lesbaren Code.

5.5 Lokalisierung

Die vorhin präsentierten Formatierungsverfahren mit % und mit `format` berücksichtigen die Spracheinstellungen des Systems leider nicht. Fließkommazahlen werden immer mit dem US-typischen Dezimalpunkt ausgegeben:

```
x=2.5
print("%f" % x)
  2.500000
print('{:f}'.format(x))
  2.500000
```

Zur Veränderung des Defaultverhaltens verwenden Sie die Methoden des `locale`-Moduls. Die darin enthaltenen Methoden helfen bei der Lokalisierung eines Programms, also bei der Anpassung an landestypische Gepflogenheiten.

Laut Dokumentation sollte es ausreichen, `setlocale` auszuführen und als ersten Parameter `LC_ALL` zu übergeben. Damit werden alle Lokalisierungseinstellungen geändert, wobei die Einstellungen des Betriebssystems übernommen werden. Leider funktioniert dies vielfach nicht. Abhilfe schafft dann eine explizite Einstellung, die aber je nach Plattform unterschiedlich erfolgen muss (siehe das folgende Listing). Unter macOS und Linux können Sie die zur Auswahl stehenden Lokalisierungszeichenketten in einem Terminal mit dem Kommando `locale -a` feststellen.

Zur formatierten Ausgabe verwenden Sie dann `format_string(fmt, val)`, wobei die gleichen Syntaxregeln gelten wie für `fmt % val`:

```
import locale

# Einstellungen des Betriebssystems übernehmen
# (funktioniert oft nicht)
locale.setlocale(locale.LC_ALL)

# Lokalisierung explizit einstellen (Linux)
locale.setlocale(locale.LC_ALL, 'de_DE.utf8')

# Lokalisierung explizit einstellen (macOS)
locale.setlocale(locale.LC_ALL, 'de_DE.UTF-8')

# Lokalisierung explizit einstellen (Windows)
locale.setlocale(locale.LC_ALL, 'german')

x=2.5
print(locale.format_string('%f', x))
  2,500000
```

Auch die »gewöhnliche« `format`-Methode liefert lokalisierte Zahlen, wenn Sie das Formatzeichen `n` für lokalisierte Zahlen verwenden:

```
print('{:n}'.format(x))
  2,5
```

Lokalisierte Zeichenketten in Zahlen umwandeln

Wenn Sie bei der Konvertierung von Zeichenketten in Zahlen die Lokalisierung berücksichtigen möchten, verwenden Sie die Methode `atof`:

```
s='2,5'
x=locale.atof(s)
print(x*2)
  5
```

Lokalisierung von Zeitangaben

Die Methoden des locale-Moduls sind auch erforderlich, um Zeitangaben (z. B. Wochentage, Monatsnamen) landestypisch auszugeben. Entsprechende Beispiele folgen in Kapitel 6, »Datum und Zeit«.

Lokalisierungsbeispiel

Das folgende Script erwartet die Eingabe von Länge und Breite eines Rechtecks, wobei das hierzulande übliche Komma verwendet werden darf. Das Programm berechnet den Flächeninhalt und gibt den Wert mit zwei Nachkommastellen ebenfalls in der bei uns üblichen Notation aus. Damit das Programm unter allen Betriebssystemen zufriedenstellend funktioniert, wird mit platform.system das Betriebssystem ermittelt und setlocale entsprechend ausgeführt. (if lernen Sie eigentlich erst in Kapitel 8, »Verzweigungen und Schleifen«, kennen, der Code sollte aber ohne weitere Erläuterungen verständlich sein.)

Beachten Sie, dass input in jedem Fall eine Zeichenkette zurückgibt. Für input ist daher keine Lokalisierung erforderlich. Wichtig ist aber, dass zur Konvertierung der Zeichenkette in eine Zahl die Methode atof verwendet wird.

```
# Beispielprogramm rechteck.py
import locale, platform
if platform.system() == 'Windows':
    locale.setlocale(locale.LC_ALL, 'german')
if platform.system() == 'Linux':
    locale.setlocale(locale.LC_ALL, 'de_DE.utf8')
else:
    locale.setlocale(locale.LC_ALL, 'de_DE.UTF8')

s = input("Länge des Rechtecks: ")        # str
laenge = locale.atof(s)                    # float
s = input("Breite des Rechtecks: ")        # str
breite = locale.atof(s)                    # float
```

```
flaeche = laenge * breite                # float
s = locale.format_string('%.2f', flaeche) # str
print("Flächeninhalt: ", s)
```

Ein Probelauf des Programms sieht z. B. so aus:

```
./rechteck.py
  Länge des Rechtecks: 12,5
  Breite des Rechtecks: 7,8
  Flächeninhalt:  97,50
```

5.6 Reguläre Ausdrücke

Reguläre Ausdrücke bzw. *regular expressions* sind eine eigene Art von Sprache, die Suchmuster für Zeichenketten beschreibt. Sie können damit z. B. alle Links aus einem HTML-Dokument extrahieren oder komplexe Suchen-und-Ersetzen-Vorgänge durchführen. In Python sind die entsprechenden Funktionen im Modul re gebündelt (siehe Tabelle 5.5).

Funktion	Bedeutung
match(pattern, s)	Testet, ob s dem Muster pattern entspricht.
search(pattern, s)	Liefert die Position, an der das Muster vorkommt.
split(pattern, s)	Zerlegt s bei jedem Vorkommen des Suchmusters
sub(pattern, r, s)	Ersetzt das erste gefundene Muster in s durch r.

Tabelle 5.5 Ausgewählte Funktionen des »re«-Moduls

Die folgenden Zeilen zeigen eine einfache Anwendung: Das Programm erwartet mit input die Eingabe einer E-Mail-Adresse. pattern enthält einen regulären Ausdruck zum Testen, ob die Adresse formalen Kriterien entspricht. Dazu muss der erste Teil der Adresse aus den Buchstaben a–z, den Ziffern 0–9 sowie einigen Sonderzeichen bestehen. Danach folgt ein @-Zeichen, dann ein weiterer Block aus Buchstaben, Ziffern und Zeichen, schließlich ein Punkt und zuletzt ein reiner Buchstabenblock für die Top-

Level-Domain (z.B. `info`). Damit die Zeichenkette korrekt interpretiert wird, muss sie als Raw-Zeichenkette angegeben werden (also `r'...'`).

```
import re
pattern =
  r'^[A-Za-z0-9\.\+_-]+@[A-Za-z0-9\._-]+\.[a-zA-Z]+$'
email = input("Geben Sie eine E-Mail-Adresse ein: ")

if re.match(pattern, email):
  print("Die E-Mail-Adresse ist OK.")
else:
  print("Die E-Mail-Adresse sieht fehlerhaft aus.")
```

Das Beispiel macht auch gleich klar, dass das Zusammenstellen regulärer Ausdrücke alles andere als einfach ist. Für gängige Problemstellungen finden Sie oft im Internet passende Lösungen. Der obige Code folgt z.B. einem Vorschlag von der folgenden Webseite:

http://stackoverflow.com/questions/8022530

Andernfalls müssen Sie den regulären Ausdruck selbst zusammenbasteln (siehe Tabelle 5.6). Das Muster `[a-z]+` trifft beispielsweise auf beliebige aus Kleinbuchstaben zusammengesetzte Zeichenketten zu, z.B. auf `abc` oder `x` oder `xxx`, nicht aber auf `a b` (Leerzeichen), `Abc` (Großbuchstabe), `a1` (Ziffer) oder `äöü` (internationale Buchstaben).

Code	Bedeutung
`^`	Beginn der Zeichenkette
`$`	Ende der Zeichenkette
`.`	ein beliebiges Zeichen
`[a-z]`	ein Kleinbuchstabe zwischen a und z
`[a,b,f-h]`	ein Buchstabe aus a, b, f, g und h
`[^0-9]`	ein beliebiges Zeichen außer 0 bis 9

Tabelle 5.6 Aufbau regulärer Ausdrücke

Code	Bedeutung
`<muster>*`	Das Muster darf beliebig oft vorkommen (auch 0-mal).
`<muster>+`	Das Muster darf beliebig oft vorkommen (mindestens einmal).
`\x`	Spezialzeichen angeben (\$ steht also für ein $-Zeichen.)

Tabelle 5.6 Aufbau regulärer Ausdrücke (Forts.)

Weitere Details und Beispiele können Sie in der Dokumentation zum `re`-Modul nachlesen:

https://docs.python.org/3/library/re.html

5.7 Wiederholungsfragen und Übungen

▶ **W1:** Wie bilden Sie eine Zeichenkette, die selbst ein Anführungszeichen enthält?

▶ **W2:** Wie bilden Sie Zeichenketten, die das Zeichen \ enthalten?

▶ **W3:** Extrahieren Sie aus der folgenden Zeichenkette das Tag zwischen den eckigen Klammern:

```
bla [wichtig] mehr bla
```

▶ **W4:** Zerlegen Sie den folgenden Dateinamen in Linux-Notation in die Verzeichnisangabe (bis zum letzten /-Zeichen) und den eigentlichen Dateinamen (ab dieser Position):

```
/home/kofler/Bilder/foto1.jpg
```

▶ **W5:** Fordern Sie den Anwender eines Scripts auf, seinen Namen einzugeben, und entfernen Sie dann alle Leerzeichen am Beginn und Ende der Eingabe.

▶ **W6:** Geben Sie drei maximal fünfstellige Zahlen rechtsbündig aus.

▶ **W7:** Geben Sie *Hello, World!* in umgekehrter Reihenfolge aus.

Kapitel 6
Datum und Zeit

Der Umgang mit Daten und Zeiten ist in allen Programmiersprachen schwierig. Das liegt an der riesigen Anzahl von Sonderfällen: Zeitzonen, Schaltjahre und -sekunden, Sommer- und Winterzeit, unterschiedliche Darstellung (Formatierung) je nach Landessprache etc. Wie in den anderen Kapiteln mache ich auch hier nicht den Versuch, die Möglichkeiten Pythons vollständig zu beschreiben. Vielmehr beschränke ich mich auf wichtige Anwendungsfälle der Module `datetime` und `time`.

Python unterscheidet generell zwischen zwei Arten von Zeitobjekten:

▶ *naive*: »Naive« Objekte geben einen Zeitpunkt an, ihnen fehlt aber die Kontextinformation, in welcher Zeitzone die Zeit gilt, ob gerade Sommer- oder Winterzeit gilt etc. Für viele Anwendungsfälle sind diese Zusatzinformationen nicht erforderlich; dann vereinfachen naive Objekte die Programmierung.

▶ *aware*: Zeitobjekte, die diese Kontextinformationen haben, werden *aware* genannt. Bei solchen Objekten ist eine Feststellung möglich, welcher Zeitpunkt absolut gesehen früher oder später ist.

Die meisten Zeitobjekte sind unveränderliche Typen (*immutable*). Ein einmal erzeugtes Zeitobjekt kann sich also nicht mehr ändern. Wenn Sie Zeitberechnungen durchführen, erzeugen Sie dabei neue Zeitobjekte.

6.1 Zeit ermitteln und darstellen

Die gerade aktuelle Zeit liefert die `now`-Methode der `datetime`-Klasse, die wiederum Teil des `datetime`-Moduls ist. Was hier ein wenig umständlich klingt, sieht als Python-Code so aus:

```
from datetime import datetime
now = datetime.now()
print(now)
  2018-06-26 13:53:54.297110
```

»datetime« ist sowohl ein Modul- als auch ein Klassenname

Die obige `import`-Anweisung sieht verwirrend aus. Das liegt daran, dass das `datetime`-Modul diverse Klassen enthält. Eine davon ist die `datetime`-Klasse, und genau die soll hier mit minimalem Tippaufwand eingesetzt werden. Würden Sie nur `import datetime` ausführen, dann wäre bei jedem Zugriff auf diese Klasse eine Verdoppelung erforderlich, z. B. `datetime.datetime.now()`. Mehr Details zur Funktionsweise von `import` sowie zum Modulsystem von Python finden Sie in Kapitel 12, »Module«.

Die einzelnen Zeitkomponenten können Sie nun mit den Eigenschaften `year`, `month`, `day`, `hour`, `minute`, `second` und `microsecond` auswerten:

```
print(now.year)
  2018
print(now.month)
  6
```

Um Datum und Zeit formatiert auszugeben, können Sie auf die Methoden `isoformat` und `strftime` zurückgreifen.

```
print(now.isoformat())
  2018-06-26T13:53:54.297110
print(now.strftime('%d.%m.%Y %H:%M'))
  26.06.2018 13:53
```

Wie aus dem vorigen Beispiel hervorgeht, müssen Sie an `strftime` diverse Formatierungscodes für Jahr, Monat usw. übergeben. Eine Referenz dieser Codes finden Sie hier im Internet:

https://docs.python.org/3/library/time.html#time.strftime

Ein wenig aufwendiger wird die Sache, wenn Sie Monatstage, Wochentage etc. in der jeweiligen Sprache darstellen wollen. Standardmäßig verwendet Python englische Bezeichnungen:

```
print(now.strftime('%A, %d. %B %Y'))
  Tuesday, 26. June 2018
```

Abhilfe schafft das `locale`-Module und seine Methode `setlocale`, die ich Ihnen in Abschnitt 5.5, »Lokalisierung«, bereits vorgestellt habe.

```
import locale
locale.setlocale(locale.LC_ALL, 'de_DE.utf8')  # Linux
locale.setlocale(locale.LC_ALL, 'de_DE.UTF-8') # macOS
locale.setlocale(locale.LC_ALL, 'german')       # Windows
print(now.strftime('%A, %d. %B %Y'))
  Dienstag, 26. Juni 2018
```

Datum aus Zeichenkette einlesen (»parsen«)

Die Umkehrmethode zu `strftime` ist `strptime`, wobei das `p` für *parse* steht. Sie erzeugen damit aus einer Zeichenkette, deren Format Sie kennen, ein `datetime`-Objekt. Dabei gelten die gleichen Formatierungscodes wie bei `strftime`.

```
s = '2018-08-01 18:47'
dt = datetime.strptime(s, '%Y-%m-%d %H:%M')
```

Datum ohne Zeit

Falls Sie nur am Datum interessiert sind (nicht an der Uhrzeit), arbeiten Sie mit `date`-Objekten. Das aktuelle Datum entnehmen Sie dann `today`:

```
from datetime import date
today = date.today()
print(today)
  2018-06-27
```

Alternativ können Sie aus einem schon vorhandenen datetime-Objekt durch das Anhängen von date() den Datumsteil extrahieren:

```
now = datetime.now()
print(now.date())
   2018-06-27
```

Zeit ohne Datum

Eine mit today vergleichbare Methode gibt es nicht. Der einfachste Weg, die aktuelle Uhrzeit ohne Datum zu erzeugen, sieht so aus:

```
print(datetime.now().time())
   17:10:09.331895
```

Falls Sie ein date- und ein time-Objekt zu einem datetime-Objekt kombinieren möchten, verwenden Sie combine:

```
from datetime import date, datetime
today = date.today()
clock = datetime.now().time()
together = datetime.combine(today, clock)
```

Objekte für einen beliebigen Zeitpunkt

Wenn es Ihnen nicht um den aktuellen Zeitpunkt geht, können Sie ein beliebiges datetime-Objekte auch erstellen, indem Sie Jahr, Monat, Tag, Stunde, Minute und Sekunde als Parameter an datetime übergeben:

```
from datetime import datetime
somedate = datetime(2018, 12, 31, 12, 0, 0)
print(somedate.isoformat())
   2018-12-31T12:00:00
```

Wenn Sie ein Datum ohne Uhrzeit erzeugen möchten, verwenden Sie date:

```
from datetime import date
otherdate = date(2018, 12, 31)
```

```
print(otherdate.isoformat())
  2018-12-31
```

Analog funktioniert dies auch für reine Zeitpunkte ohne Datum bis maximal 23:59:59:

```
from datetime import time
sometime = time(23, 59, 0)
print(sometime.isoformat())
  23:59:00
```

Zeiten mit Zeitzone

Alle bisherigen Zeitobjekte waren *naive*. Um Zeitobjekte zu erstellen, die einer Zeitzone zugeordnet sind (*aware*), installieren Sie am besten zuerst das Paket pytz (siehe Abschnitt 12.3, »Module installieren (pip)«). Damit steht Ihnen nun das Modul pytz zur Verfügung. Die folgenden Zeilen initialisieren die Variable utc mit der sogenannten »Weltzeit« (*Universal Time, Coordinated*). Bei der Ausgabe geht die Zeitzone aus +00:00 hervor:

```
from datetime import datetime
import pytz
utc = datetime.now(pytz.utc)
print(utc)
  2018-06-27 06:22:30.353862+00:00
```

Wenn Sie in Ihrem Programm absolute Zeiten benötigen, empfiehlt die Dokumentation zu pytz, generell mit UTC-Zeiten zu arbeiten. Um daraus (z. B. für eine Ausgabe) die lokale Zeit für die in Ihrem Betriebssystem eingestellte Zeitzone zu machen, rufen Sie die Methode astimezone ohne Parameter auf:

```
localtime = utc.astimezone()
print(localtime)
  2018-06-27 08:22:30.353862+02:00
```

Alternativ können Sie auch ein beliebiges Zeitzonenobjekt einrichten und dieses an astimezone übergeben:

```
berlin = pytz.timezone('Europe/Berlin')
print(utc.astimezone(berlin))
   2018-06-27 08:22:30.353862+02:00
```

Wenn Ihr Ausgangspunkt dagegen ein naives Zeitobjekt (datetime.now()) ist, können Sie es mit der Methode localize einer Zeitzone zuordnen. (Ich habe die Kommandos des folgenden Beispiels ein paar Minuten später ausgeführt, deswegen springt die Zeit von 8:22 auf 8:45.)

```
berlin = pytz.timezone('Europe/Berlin')
berlintime = berlin.localize(datetime.now())
print(berlintime)
   2018-06-27 08:45:13.920797+02:00
```

6.2   Mit Zeiten rechnen

Ausgehend von einem Zeitpunkt können Sie die Zeit bzw. das Datum errechnen, indem Sie dazu eine Zeitspanne addieren. Dazu greifen Sie auf timedelta-Objekte zurück, die ebenfalls im datetime-Modul definiert sind. Das folgende Beispiel zeigt zwei leicht verständliche Anwendungen:

```
from datetime import date, datetime, timedelta
today = datetime.now().date()    # date
week = timedelta(weeks=1)        # date
print(today, today + week, today + 3 * week)
   2018-06-27  2018-07-04  2018-07-18
```

```
now = datetime.now()             # datetime
soon = now + 10 * minute         # datetime
print(now.time(), soon.time())
   17:23:43.116115 17:33:43.116115
```

Beachten Sie bitte, dass Sie Zeitspannen zwar zu datetime- und zu date-Objekten addieren können, aber nicht zu time-Objekten. (Da könnte es schnell zu Überlaufproblemen kommen.) Deswegen bin ich beim zweiten

Beispiel bei `datetime`-Objekten geblieben und habe erst die Ergebnisse in `time`-Objekte umgewandelt.

Beim Initialisieren von `timedelta`-Objekten sind die Parameter `microseconds`, `seconds`, `minutes`, `hours`, `days` und `weeks` erlaubt. `months` ist dagegen nicht zulässig, weil die Länge eines Monats bekanntlich variiert.

Zeiten subtrahieren

Wenn Sie zwei `date`-, zwei `datetime`- oder zwei `time`-Objekte voneinander subtrahieren, erhalten Sie ebenfalls ein `timedelta`-Objekt. Im nächsten Schritt können Sie dessen Eigenschaften auswerten. Das folgende Beispiel rechnet aus, wie viele Tage es noch bis Weihnachten sind. (Das Beispiel funktioniert allerdings nicht vom 25.12. bis zum 31.12. Da liefert es eine negative Zahl als Ergebnis.)

```
from datetime import date, timedelta
today = date.today()
christmas = date(today.year, 12, 24)
wait = christmas - today
print('Noch', wait.days, 'Tage bis Weihnachten.')
   Noch 180 Tage bis Weihnachten.
```

Laufzeit von Code messen

Mitunter wollen Sie feststellen, wie lange es dauert, eine bestimmte Aufgabe in Python zu erledigen. Das folgende Verfahren greift auf die Methode `process_time` aus dem `time`-Modul zurück. Diese Methode liefert die CPU-Laufzeit des Prozesses abzüglich eventueller Schlafphasen der CPU. In der `for`-Schleife wird eine Million Sinuswerte berechnet, um so einen rechenaufwendigen Prozess zu simulieren.

```
#!/usr/bin/env python3
# Beispielprogramm measure.py
import time, math
start = time.process_time()
```

109

```
# sinnlos Zeit totschlagen
for i in range(1, 1000000):
  x=math.sin(i)

end = time.process_time()
print(end - start, 'Sekunden')
```

Laufzeitmessungen sind nicht so trivial, wie sie auf den ersten Blick aussehen. Das bemerken Sie sofort, wenn Sie das Beispielprogramm mehrfach ausführen. Die Laufzeit ist jedes Mal ein wenig anders. Eine Diskussion über Vor- und Nachteile diverser anderer Verfahren finden Sie auf der folgenden Stackoverflow-Webseite:

https://stackoverflow.com/questions/7370801

6.3   Wiederholungsfragen und Übungen

▶ **W1**: Geben Sie das heutige Datum in der Form *Montag, 31.12.* aus, also mit Wochentag, aber ohne Jahreszahl.

▶ **W2**: Ein Kinofilm beginnt um 19:30 Uhr und dauert 132 Minuten. Wann ist die Vorstellung zu Ende?

▶ **W3**: Ermitteln Sie, wie viele Sekunden seit Mitternacht vergangen sind.

Kapitel 7

Listen, Tupel, Sets und Dictionaries

In den vorausgegangenen Kapiteln habe ich Ihnen gezeigt, wie Sie *eine* Zahl, *eine* Zeichenkette, *ein* Datum in einer Variablen speichern. Was aber, wenn Sie mehrere gleichartige Daten verarbeiten möchten, z. B. 100 Messdaten oder 10.000 E-Mail-Adressen?

Python enthält im Sprachkern diverse Datentypen, die zur Verwaltung von Aufzählungen dienen:

- ▶ **Listen:** Der wichtigste Datentyp zur Speicherung einer variablen Anzahl von Elementen sind Listen. Die Ordnung der darin enthaltenen Elemente bleibt erhalten, es können jederzeit und an jeder beliebigen Stelle Elemente hinzugefügt werden.

- ▶ **Tupel (Sequenzen):** Ein Tupel ist (stark vereinfacht) eine unveränderliche Liste mit wenigen Elementen. Tupel sind von ihren Möglichkeiten wesentlich simpler als Listen, intern aber auch mit weniger Overhead verbunden. Sie werden oft verwendet, um mehrere zusammengehörende Daten an Funktionen zu übergeben oder als Ergebnis zurückzugeben.

- ▶ **Sets (Mengen):** Ein Set ist eine Menge von ungeordneten Elementen ohne Doppelgänger.

- ▶ **Dictionaries:** In Dictionaries können Sie Wertpaare (Key-Value-Paare) speichern. Der wesentliche Unterschied im Vergleich zu Listen besteht darin, dass der Zugriff auf einzelne Werte über einen Schlüssel erfolgt, nicht über einen durchlaufenden Index.

- ▶ **Arrays:** Die aus anderen Programmiersprachen vertrauten Arrays spielen in Python zumeist eine untergeordnete Rolle. Arrays können Sie als Alternative zu Listen einsetzen, wenn die Elementanzahl von vornherein bekannt ist. Arrays sind weniger flexibel als Listen, dafür aber bei vielen Elementen effizienter.

Dieses Kapitel setzt den Schwerpunkt auf Listen. Das ist die Datenstruktur, mit der Sie in Python am häufigsten zu tun haben. Das Kapitel stellt aber auch die anderen vier Aufzählungstypen kurz vor.

7.1   Listen

Listen können Elemente beliebigen Datentyps aufnehmen und werden in eckigen Klammern formuliert. Der Zugriff auf die Listenelemente erfolgt wie auf die Zeichen einer Zeichenkette, also in der Form liste[start:ende] (Slicing-Syntax, siehe Abschnitt 5.2, »Zugriff auf Teilzeichenketten«). Vergessen Sie nicht, dass Python die Nummerierung mit 0 beginnt und dass die Startposition inklusive, die Endposition aber exklusive ist!

```
lst = [1, 2.3, 'abc', 'efg', 12]
lst[2]              # das dritte Element
  'abc'

lst[2:4]            # vom dritten bis zum vierten Element
  ['abc', 'efg']

lst[::-1]           # umgekehrte Reihenfolge
  [12, 'efg', 'abc', 2.3, 1]

lst[0] = 3          # ändert das erste Listenelement
print(lst)
  [3, 2.3, 'abc', 'efg', 12]
```

Vorsicht

Der Versuch, auf nicht vorhandene Elemente zuzugreifen, endet mit dem Fehler *list index out of range*. Das wäre z. B. der Fall, wenn Sie für die obige Liste lst[5] ausführen. Die Liste hat zwar fünf Elemente, aber da die Zählung mit 0 beginnt, erfolgt der korrekte Zugriff auf das letzte Element mit lst[4] oder mit lst[-1].

Da als Listenelement jedes beliebige Python-Objekt erlaubt ist, sind auch verschachtelte Listen zulässig. Entsprechend sind beim Auslesen der Elemente oft mehrere hinterandergestellte Klammernpaare erforderlich.

```
lst = [[1, 2],    # verschachtelte Liste
       [3, 4]]
lst[0]            # das erste Element ist selbst eine Liste
  [1, 2]
lst[0][1]         # das zweite Element der ersten Teilliste
  1
```

»range«-Funktion

Mit der Funktion list(range(start, ende, schrittweite)) erzeugen Sie unkompliziert Listen, die Zahlen in einem bestimmten Wertebereich enthalten. Wie bei der Slicing-Syntax für den Zugriff auf Listenelemente und Zeichenkette ist auch bei range der Endwert exklusive, wird also nicht erreicht. Damit die Liste 10, 20 … mit dem Wert 100 endet, müssen Sie also einen Endwert *größer* als 100 angeben! Im folgenden Beispiel wird die Liste wieder in einer Variablen gespeichert:

```
lst = list(range(10, 101, 10))    # erzeugt eine Liste
lst                               # und zeigt sie an
  [10, 20, 30, 40, 50, 60, 70, 80, 90, 100]
```

Listen und Zeichenketten

Die Zeichen einer Zeichenkette wandeln Sie mit list in eine Liste um:

```
hwlst = list('Hello, World!')
print(hwlst)
  ['H', 'e', 'l', 'l', 'o', ',', ' ', 'W', 'o', 'r',
   'l', 'd', '!']
```

Nicht ganz so offensichtlich ist das Zusammenfügen der Listenelemente zu einer neuen Zeichenkette. Dazu wenden Sie die join-Methode auf eine leere Zeichenkette an:

```
''.join(hwlst)
 'Hello, World!'
```

Die Zeichenkette vor join gibt das oder die Trennzeichen zwischen den Listenelementen an. Die Funktion wird mit dem folgenden Beispiel klar:

```
'->'.join(hwlst)
 'H->e->l->l->o->,-> ->W->o->r->l->d->!'
```

List Comprehension

Python bietet viele Möglichkeiten, Listenelemente zu verarbeiten. Am elegantesten ist zumeist das Konzept der sogenannten *List Comprehension*: Dabei wird eine Anweisung in der Form [ausdruck for x in liste] gebildet. Python setzt nun der Reihe nach jedes Element der Liste in die Variable x ein und wertet dann den Ausdruck aus. Die Ergebnisse ergeben eine neue Liste. Im zweiten Beispiel ist jedes Ergebnis selbst eine aus zwei Elementen bestehende Liste, so dass die resultierende Liste verschachtelt ist.

```
lst = list(range(10, 101, 10))
[x*2+1 for x in lst]
 [21, 41, 61, 81, 101, 121, 141, 181, 201]

[ [x, x*x] for x in lst]
 [[10, 100], [20, 400], [30, 900], [40, 1600], [50, 2500],
  [60, 3600], [70, 4900], [90, 8100], [100, 10000]]
```

Erfahrene Programmierer mögen erleichtert sein, dass die Verarbeitung der Liste natürlich auch in traditionellen Schleifen zulässig ist (siehe auch Kapitel 8, »Verzweigungen und Schleifen«). Dies ist aber selten der effizienteste Weg.

Die folgende Schleife zeigt zu allen Listenelementen das Quadrat und die dritte Potenz an. Dabei bildet for eine Schleife, während der jedes Listenelement in die Variable x eingesetzt wird. print gibt die Daten aus, wobei die drei Zahlen jeweils durch ein Tabulatorzeichen getrennt werden.

Wenn Sie dieses Beispiel im Python-Interpreter ausprobieren, müssen Sie die Eingabe durch ein zweimaliges [↵] abschließen. Das ist notwendig, weil es möglich ist, mit jedem Durchlauf der for-Schleife mehrere Anweisungen auszuführen.

```
for x in lst:
    print(x, x*x, x**3, sep='\t')
```

```
10      100     1000
20      400     8000
30      900     27000
40      1600    64000
50      2500    125000
60      3600    216000
70      4900    343000
90      8100    729000
100     10000   1000000
```

Weitere Beispiele für *List Comprehension* folgen in Abschnitt 8.3.

7.2 Funktionen zur Verarbeitung von Listen

Python kennt eine ganze Menge Funktionen und Methoden zur Manipulation von Listen (siehe Tabelle 7.1). Das folgende Listing gibt ein paar Anwendungsbeispiele. len ermittelt die Anzahl der Elemente. extend bzw. += fügt eine zweite Liste am Ende der ersten Liste hinzu. insert fügt ein Element an einer beliebigen Position ein, pop entfernt es wieder. del löscht die in der [start:ende]-Notation angegebenen Elemente. remove entfernt das erste passende Objekt.

```
len(lst)            # ermittelt die Anzahl der Elemente
  10

lst.extend([110])   # fügt ein Element am Ende hinzu
lst.insert(5, 55)   # fügt ein Element in der Mitte hinzu
```

```
lst
  [10, 20, 30, 40, 50, 55, 60, 70, 80, 90, 100, 110]

lst.pop(5)          # entfernt das Element an der Position 5
  55
lst
  [10, 20, 30, 40, 50, 60, 70, 80, 90, 100, 110]

lst += [120, 130]  # fügt eine zweite Liste hinzu
lst
  [10, 20, 30, 40, 50, 60, 70, 80, 90, 100, 110, 120, 130]

del lst[-3:]        # entfernt die letzten drei Elemente
lst
  [10, 20, 30, 40, 50, 60, 70, 80, 90, 100]
lst.remove(80)      # entfernt die Zahl 80 aus der Liste
lst
  [10, 20, 30, 40, 50, 60, 70, 90, 100]
```

Funktion/Methode	Bedeutung
del l[start:ende]	Entfernt die angegebenen Listenelemente.
n = len(l)	Liefert die Anzahl der Elemente.
l.append(x)	Fügt das Element x am Ende der Liste hinzu.
l.clear()	Löscht die Liste (entspricht l=[]).
n = l.count(x)	Ermittelt, wie oft das Element x in der Liste vorkommt.
l1.extend(l2)	Fügt die Liste l2 am Ende von l1 hinzu (also l1 += l2).
iterator = filter(f, l)	Liefert die Elemente zurück, für die f(element)==true gilt.

Tabelle 7.1 Wichtige Funktionen und Methoden zur Bearbeitung von Listen

Funktion/Methode	Bedeutung
n = l.index(x)	Ermittelt die erste Position von x in der Liste.
l.insert(n, x)	Fügt das Element x an der Position n in die Liste ein.
iterator = map(f, l)	Wendet die Funktion f auf alle Elemente an.
min(l) und max(l)	Ermittelt das kleinste bzw. größte Element.
x = l.pop(n)	Liest das Element an der Position n und entfernt es.
l.remove(x)	Entfernt das Element x aus der Liste.
l.reverse()	Dreht die Liste um (das erste Element zuletzt etc.).
l.sort()	Sortiert die Liste.
sum(l)	Berechnet die Summe der Listenelemente.
iterator = zip(l1, l2)	Verbindet die Listenelemente paarweise zu Tupeln.

Tabelle 7.1 Wichtige Funktionen und Methoden zur Bearbeitung von Listen (Forts.)

Eine Referenz mit weiteren Methoden finden Sie hier:

https://docs.python.org/3/tutorial/datastructures.html

»map«-Funktion

Die in diesem und den beiden folgenden Abschnitten vorgestellten Funktionen map, reduce und filter sind keine ausgesprochenen Listenfunktionen. Sie können auf jedes Objekt angewendet werden, das *iterable* ist, d. h. das mehrere Elemente enthält, über die eine Schleife gebildet werden kann. Außer auf Listen trifft dies unter anderem auf Sets, Tupel und Dictionaries zu. Der sprachlichen Einfachheit halber ist hier aber dennoch nur von

Listen die Rede. (Ein Beispiel zu der in Tabelle 7.1 ebenfalls genannten `zip`-Funktion folgt in Abschnitt 7.3, »Tupel (Sequenzen)«.)

`map` wendet eine Funktion auf alle Elemente einer Liste an. `map` liefert aus Effizienzgründen nicht unmittelbar eine Ergebnisliste, sondern einen *Iterator*. Dieses Objekt können Sie z. B. in einer Schleife auswerten oder mit `list` in eine Liste umwandeln. Im folgenden Beispiel wird erst die Funktion `quad` definiert, die eine Zahl quadriert. Diese wird dann mit `map` auf eine Liste angewendet.

```
def quad(x):
  return x*x

lst=[1, 2, 3, 4, 5]
iterator = map(quad, lst) # map liefert einen Iterator
list(iterator)            # list(...) liefert eine Liste
  [1, 4, 9, 16, 25]
```

Funktionen

Im obigen Beispiel wurde mit `quad` eine einfache Funktion definiert, die den übergebenen Parameter quadriert und das Ergebnis zurückgibt. Der Code sollte ohne Weiteres verständlich sein. Im Detail stelle ich Funktionen in Kapitel 9, »Funktionen«, vor. Auch die im folgenden Beispiel angewendete Lambda-Syntax werde ich dort genau erläutern.

Es ist nicht notwendig, die Funktion, die Sie an `map` übergeben wollen, zuerst mit `def` zu definieren. Sie können die Funktion auch ad hoc als Lambda-Funktion angeben. Dabei verwenden Sie das Schlüsselwort `lambda`, um zuerst einen Variablennamen und dann die Funktion für diese Variable anzugeben.

```
list(map(lambda x: x*x, lst))
  [1, 4, 9, 16, 25]
```

Die gewünschte Aufgabe lässt sich syntaktisch noch kürzer und eleganter formulieren: Anstelle von `map` können Sie auch die bereits erwähnte *List*

Comprehension einsetzen. Dazu platzieren Sie die `for`-Schleife in den eckigen Klammern einer Liste:

```
[ x*x for x in l ]
  [1, 4, 9, 16, 25]
```

`map` kann auch *mehrere* Listen verarbeiten. Im folgenden Beispiel wird aus jeder Liste das jeweils n-te Element an eine Funktion übergeben, die so viele Parameter erwartet, wie Sie Listen an `map` übergeben. Wenn die Listen unterschiedlich lang sind, liefert `map` so viele Elemente wie die kürzeste Liste.

```
def f(x, y):     # Funktion, die zwei Parameter addiert
  return x+y

lst1 = [ 7,  1,  4]
lst2 = [10, 11, 12]
# map wendet f auf die Daten von lst1 und lst2 an,
# list wertet den resultierenden Iterator aus
lst3 = list(map(f, lst1, lst2))
print(lst3)
  [17, 12, 16]
```

»reduce«-Funktion

Auch bei `reduce` wird eine Funktion auf die Listenelemente angewendet. Die Funktion muss diesmal aber *zwei* Parameter verarbeiten. Die Funktion wird von links nach rechts paarweise angewendet, zuerst auf die beiden ersten Listenelemente, dann auf das vorherige Ergebnis und das dritte Element, dann auf das vorige Ergebnis und das vierte Element etc.

Wenn die Listenelemente x1, x2, x3 etc. lauten, dann entspricht `reduce(f, l)` dem Ausdruck `f(f(f(f(x1, x2), x3), x4), ...)`. `reduce` macht aus einer Liste also ein singuläres Ergebnis. Das erklärt auch den Namen: Die Funktion *reduziert* die Liste zu einem Wert.

Während `reduce` in Python 2 zu den Standardfunktionen zählte, ist sie in Python 3 im Modul `functools` enthalten, das importiert werden muss. Im folgenden Beispiel wird mit `lambda` eine Funktion definiert, die die Summe der beiden Parameter ausrechnet. `reduce(...)` bildet dann die Summe über alle Elemente.

```
from functools import reduce
lst=list(range(1,11))
  [1, 2, 3, 4, 5, 6, 7, 8, 9, 10]
reduce(lambda x,y: x+y, lst)
  55
```

Operatoren als Funktionen

Das Modul `operator` enthält für alle Python-Operatoren entsprechende Funktionen. Wenn Sie `import operator` in den Code einbauen, dann können Sie die obige Lambda-Funktion einfach durch `operator.add` ersetzen.

»filter«-Funktion

`filter` wendet ähnlich wie `map` eine Funktion auf jedes Listenelement an. Das Ziel ist es diesmal aber nicht, die Funktionsergebnisse zurückzugeben, sondern vielmehr alle Listenelemente, bei denen die Filterfunktion `true` liefert. Es geht also darum, alle Elemente aus einer Liste herauszufiltern, die einer Bedingung genügen. Das Ergebnis ist wie bei `map` ein Iterator, den Sie bei Bedarf mit `list` zu einer Liste auswerten können.

Das folgende Beispiel filtert aus einer Liste alle geraden Zahlen heraus. Der Lambda-Ausdruck ergibt `true`, wenn bei einer Division durch 2 kein Rest bleibt.

```
lst=list(range(1,11)) # [1, 2, 3, ..., 9, 10]
ergebnis = filter(lambda x: x%2==0, lst)
list(ergebnis)
  [2, 4, 6, 8, 10]
```

Das gleiche Ergebnis können Sie wiederum auch mit *List Comprehension* erzielen:

```
[ x for x in lst if x%2==0 ]
 [2, 4, 6, 8, 10]
```

Listen sortieren

Die sort-Methode sortiert Listen. Das setzt voraus, dass alle Listenele-mente den gleichen Typ aufweisen und vergleichbar sind. sort kann also keine Liste sortieren, die sowohl Zahlen als auch Zeichenketten enthält.

```
lst = list('Hello, World!')
lst.sort()
print(lst)
 [' ', '!', ',', 'H', 'W', 'd', 'e', 'l', 'l', ..., 'r']
```

sort verändert die zugrundeliegende Liste. Wenn Sie das nicht wollen, kön-nen Sie die Funktion sorted verwenden. sorted hat zudem den Vorteil, dass es auch mit anderen Aufzählungstypen zurechtkommt. Tupel und Sets lie-fert sorted in Form von sortierten Listen zurück.

```
lst = list('Hello, World!')
hwsorted = sorted(lst)       # lst bleibt unverändert
```

An sort und sorted können Sie zwei Parameter übergeben: Mit reverse= True wird abfallend statt aufsteigend sortiert. Und mit key können Sie eine Funktion übergeben, die auf die Elemente vor dem Sortieren angewendet wird. Das Resultat dieser Funktion gilt dann als Sortierkriterium. (Ein wei-teres Beispiel für die Anwendung des key-Parameters folgt in Kapitel 11, »Objektorientierte Programmierung«. Dort zeige ich Ihnen, wie Sie Ele-mente einer selbst definierten Klasse nach einem beliebigen Kriterium sortieren.)

```
mysort = sorted(lst, key=str.lower, reverse=True)
print(mysort)
 ['W', 'r', 'o', 'o', 'l', 'l', 'l', 'H', 'e', 'd',
  ',', '!', ' ']
```

Zeichenketten mit deutschen Buchstaben sortieren

Etwas schwieriger wird die Sache, wenn Sie Zeichenketten mit äöüß richtig sortieren möchten. Relativ schnell zum Ziel kommen Sie unter Linux und Windows: Dort stellen Sie mit `setlocale` die Lokalisierung ein und verwenden als Sortierschlüssel die Methode `strxfrm`. Diese Methode erzeugt einen Vergleichswert, der die jeweilige Sortierordnung berücksichtigt:

```
import locale
locale.setlocale(locale.LC_ALL, 'de_DE.utf8')  # Linux
locale.setlocale(locale.LC_ALL, 'german')       # Windows
sorted(['a', 'b', 'ä', 'c'], key=locale.strxfrm)
  ['a', 'ä', 'b', 'c']
```

Grundsätzlich sollte das unter macOS mit der Lokalisierung de_DE.UTF-8 ebenfalls funktionieren – doch leider ist das nicht der Fall:

https://bugs.python.org/issue23195

Der empfohlene Lösungsweg besteht darin, zuerst Homebrew (siehe *https://brew.sh*), dann das Brew-Paket icu4c und schließlich das Python-Modul icu zu installieren. Das ist aber alles andere als einfach und führt in die Untiefen von macOS und zu weit weg vom Thema dieses Grundkurses. Tipps zur Installation und Anwendung von icu finden Sie hier:

https://tobywf.com/2017/05/installing-pyicu-on-macos
https://stackoverflow.com/questions/50203597
https://stackoverflow.com/questions/50217214
https://stackoverflow.com/a/1098160/4387996

7.3 Tupel (Sequenzen)

Kurz gesagt ist ein Tupel eine unveränderliche Liste. Während Sie bei Listen Elemente hinzufügen, ersetzen und entfernen können, ist ein einmal definiertes Tupel nicht mehr veränderlich. Dafür ist die interne Verwaltung mit minimalem Overhead verbunden.

Tupel werden in runden Klammern formuliert. Wenn es zu keinen syntaktischen Mehrdeutigkeiten kommen kann, ist es sogar erlaubt, auf die Klammern zu verzichten.

```
t = (12, 73, 3)
print(t)
  (12, 73, 3)
t = 12, 73, 3   # gleichwertig, liefert Tupel (12, 73, 3)
```

Der Zugriff auf Tupelelemente erfolgt wie bei Listen in der Slicing-Syntax. Ergebnisse mit mehr als einem Element sind wieder Tupel.

```
t[0]     # einzelner Wert (hier int)
  12
t[1:3]   # Tupel
  (73, 3)
```

Anwendungsfälle

Tupel werden oft für Ad-hoc-Tests verwendet. Im folgenden Beispiel wird eine Zufallszahl zwischen 1 und 20 erzeugt. in testet, ob es sich dabei um eine Primzahl handelt.

```
from random import randint
n=randint(1,20)
print(n)
  7
n in (2, 3, 5, 7, 11, 13, 17, 19)
  True
```

Tupel eignen sich auch gut, um zusammengehörige Daten zu speichern, ohne gleich eine eigene Klasse zu definieren (siehe Kapitel 11, »Objektorientierte Programmierung«):

```
darkblue = (0.1, 0.0, 0.3)   # Farbanteile RGB
rectangle = (12.5, 7.34)     # Maße eines Rechtecks
point = (-2.4, 4.3, 1.5)     # x-, y- und z-Koordinate
```

Tupel sind praktisch, um eine Zuweisung an mehrere Variablen auf einmal durchzuführen oder um mehrere Variablen auf einmal zu vergleichen:

```
(a, b, c) = (1, 2, 3)
if (a, b, c) == (1, 2, 3):
    print('Vollständige Übereinstimmung')
```

Auch Vergleiche mit <, > etc. sind erlaubt. Dabei vergleicht Python zuerst die jeweils ersten Elemente der beiden Tupel. Sind die Elemente gleich, werden die jeweils zweiten Elemente verglichen usw.

```
(1, 2, 3) < (1, 2, 3)   # False
(1, 2, 3) < (2, 2)      # True
(1, 2, 3) < (1, 2, 4)   # True
```

Sie können Tupel schließlich dazu verwenden, zwei (oder mehr) Variablen zu vertauschen:

```
a = 17
b = 23
(a, b) = (b, a)   # Inhalt von a und b vertauschen
print(a, b)       # Ausgabe 23 17
```

Dabei dürfen die runden Klammern entfallen:

```
# Inhalt von a und b nochmals vertauschen
a, b = b, a
```

»zip«-Funktion

zip verbindet zusammengehörige Elemente mehrerer Listen zu Tupeln. Wenn Sie also an zip zwei Listen übergeben, besteht das Ergebnis aus Tupeln, die die jeweils ersten, zweiten, dritten Elemente der beiden Listen enthalten. Wie map und filter liefert auch zip einen Iterator, den Sie mit list zu einer Liste oder mit set zu einer Menge auswerten können. zip kann bei Bedarf auch mehr als zwei Listen verarbeiten. Wenn die Listen unterschiedlich viele Elemente haben, hat das Ergebnis soviel Elemente wie die kleinste Liste.

```
lst1 = list(range(1,11))    # [1, 2, 3, ..., 8, 9, 10]
lst2 = list('abcdefghij')   # ['a', 'b', ..., 'i', 'j']
list(zip(lst1, lst2))
  [(1, 'a'), (2, 'b'), (3, 'c'), (4, 'd'), (5, 'e'),
   (6, 'f'), (7, 'g'), (8, 'h'), (9, 'i'), (10, 'j')]
```

7.4   Sets (Mengen)

Ein *Set* ist eine ungeordnete Menge von Elementen ohne Doppelgänger. Anders als bei Listen garantiert Python nicht, dass die Reihenfolge der Elemente erhalten bleibt. Insbesondere dürfen Sie sich nicht darauf verlassen, dass die Elemente in derselben Reihenfolge verarbeitet werden, in der Sie sie eingefügt haben! Es ist unmöglich, dass ein Set mehrfach dasselbe Objekt enthält.

Sets werden in geschwungenen Klammern formuliert. Zeichenketten können Sie mit set in ein Zeichen-Set umwandeln, wobei Doppelgänger automatisch eliminiert werden.

```
s = {1, 2, 3}
s = set('Hello, World!')
print(s)
  {'r', 'W', '!', ' ', 'e', 'd', ',', 'H', 'l', 'o'}
```

Für Fortgeschrittene

In Sets können nur Elemente gespeichert werden, die *hashable* sind, d. h., wenn intern ein eindeutiger Code zur Kennzeichnung des Objekts generiert werden kann und wenn zwei Objekte miteinander vergleichbar sind. Für die meisten elementaren Python-Datentypen ist dies automatisch der Fall, für selbst entwickelte Klassen hingegen nicht immer. Mit der Frage, was *hashable* bedeutet und wie die Methode __hash__ selbst programmiert werden kann, beschäftigt sich Kapitel 11, »Objektorientierte Programmierung«.

»set«-Methoden

Mit add fügen Sie einem Set ein weiteres Element hinzu. Sollte das Element bereits enthalten sein, ändert sich das Set nicht; es tritt kein Fehler auf. Mit dem Operator in können Sie unkompliziert testen, ob ein Element enthalten ist.

```
s.add('x')        # Element hinzufügen
'H' in s          # testen, ob Element enthalten ist
  True
```

remove entfernt ein Element. Vorsicht: Sollte das Element gar nicht enthalten sein, tritt ein Fehler auf. Wollen Sie diese Art von Fehler vermeiden, verwenden Sie discard: Die Methode hat dieselbe Wirkung wie remove, meckert aber nicht über nicht vorhandene Elemente. clear löscht einfach alle Elemente. Die Datenstruktur bleibt dabei erhalten. Im folgenden Beispiel zeigt s weiterhin auf ein Set, das jetzt eben leer ist.

```
s.remove('H')     # Element entfernen
print(s)
  {'l', 'o', ' ', 'W', 'd', 'e', ',', 'r', 'x', '!'}
s.remove('H')     # nochmals, Fehler, weil nicht vorhanden
  KeyError: 'H'
s.discard('H')    # Element entfernen (kein Fehler)
s.clear()         # alle Elemente entfernen
print(s)          # leeres Set
  set()
```

Alternativ können Sie zum Auslesen von Elementen die Methode get verwenden. Wenn der angegebene Schlüssel nicht existiert, liefert get den Wert None:

```
print(d.get('Gelb'))
  None
```

Sie können an get in einem zweiten Parameter auch einen Defaultwert übergeben, der anstelle von None zum Einsatz kommt, wenn der Schlüssel nicht existiert:

```
print(d.get('Gelb', 0))
  0
```

Mengenlehre

Sets bieten sich besonders zum Finden und Löschen von Doppelgängern sowie zum Durchführen von Mengenoperationen an, also z. B., wenn Sie herausfinden möchten, welche Objekte aus Set 1 auch in Set 2 enthalten sind. Rufen die folgenden Beispiele Erinnerungen an die Mengenlehre aus dem Mathematikunterricht wach?

```
x = set('abcdef')
y = set('efgh')
x | y    # Vereinigung
  {'a', 'c', 'b', 'e', 'd', 'g', 'f', 'h'}
x - y    # Differenz
  {'a', 'c', 'b', 'd'}
x & y    # Schnittmenge (gemeinsame Elemente)
  {'e', 'f'}
x ^ y    # unterschiedliche Elemente (XOR)
  {'a', 'c', 'b', 'd', 'g', 'h'}
```

7.5   Dictionaries

Dictionaries (assoziative Arrays)

Bei Listen und Tupeln erfolgt der Zugriff auf einzelne Elemente durch einen numerischen Index, also in der Form `liste[n]` oder `tupel[n]`. Python-Dictionaries ermöglichen es hingegen, Elementaufzählungen mit einem beliebigen Schlüssel zu verwalten. In anderen Programmiersprachen werden derartige Datenstrukturen mitunter als *assoziative Arrays* bezeichnet.

Dictionaries werden wie Sets in geschwungenen Klammern formuliert. Im Unterschied zu Sets werden aber immer Schlüssel-Wert-Paare gespeichert. Das folgende Beispiel speichert einige HTML-Farbcodes, wobei als Schlüssel der Name der Farbe verwendet wird:

```
d = {'Rot' : 0xff0000, 'Grün' : 0xff00, 'Blau' : 0xff,
     'Weiß' : 0xffffff}
print(d)
  {'Blau': 255, 'Rot': 16711680, 'Weiß': 16777215,
   'Grün': 65280}
```

Die Ausgabe von d zeigt bereits, dass Dictionaries nicht nur syntaktisch, sondern auch funktionell mit Sets verwandt sind: Die Reihenfolge der Elemente bleibt nicht erhalten. Zum Zugriff auf die Elemente des Dictionarys können Sie nun den Schlüssel verwenden. hex wandelt die dezimal gespeicherten Zahlen in die hexadezimale Schreibweise um:

```
d['Rot']        # Zugriff auf ein Element
  16711680
hex(d['Rot'])
  '0xff0000'
```

Der Versuch, auf ein nicht vorhandenes Element zuzugreifen, führt zu einem *KeyError*. Um das zu vermeiden, können Sie vorweg mit schlüssel in d testen, ob das Dictionary ein Element für einen bestimmten Schlüssel enthält:

```
d['Gelb']
  KeyError: 'Gelb'
'Gelb' in d
  False
```

len liefert wie bei Listen, Sets und Tupeln die Anzahl der Elemente. Mit der Anweisung d[neuerSchlüssel]=neuerWert können Sie das Dictionary erweitern:

```
len(d)
  4
d['Schwarz']=0  # fügt ein Element hinzu
```

del d[schlüssel] entfernt ein Element:

```
del d['Rot']      # löscht ein Element
print(d)
```

```
{'Schwarz': 0, 'Blau': 255, 'Weiß': 16777215,
 'Grün': 65280}
```

Die Methoden `keys` und `values` liefern alle Schlüssel bzw. alle Werte des Dictionarys. Gegebenenfalls können Sie diese Daten mit `list` oder `set` in Listen oder Sets umwandeln:

```
d.values()
  dict_values([0, 255, 16777215, 65280])
d.keys()
  dict_keys(['Schwarz', 'Blau', 'Weiß', 'Grün'])
set(d.keys())
  {'Schwarz', 'Blau', 'Weiß', 'Grün'}
list(d.keys())
  ['Schwarz', 'Blau', 'Weiß', 'Grün']
```

Verarbeitung von Dictionary-Elementen

Wenn Sie eine `for`-Schleife über ein Dictionary bilden, setzt Python in die Schleifenvariable alle Schlüssel ein. (Wie Schleifen funktionieren, erfahren Sie in Kapitel 8, »Verzweigungen und Schleifen«.)

```
for f in d:
    print('Die Farbe', f, ' hat den Farbcode', hex(d[f]))

  Die Farbe Schwarz  hat den Farbcode 0x0
  Die Farbe Blau  hat den Farbcode 0xff
  Die Farbe Weiß  hat den Farbcode 0xffffff
  Die Farbe Grün  hat den Farbcode 0xff00
```

Auch Dictionaries können Sie durch Comprehension-Ausdrücke verarbeiten. Hier erzeugen wir eine Liste aller Farben, bei denen der Farbcode ungleich 0 ist:

```
[ color for (color, code) in d.items() if code!=0 ]
  ['Blau', 'Weiß', 'Grün']
```

In den obigen Beispielen wurden immer Zeichenketten als Schlüssel verwendet. Grundsätzlich sind aber die meisten Python-Objekte als Schlüssel geeignet. Die einzige Voraussetzung besteht darin, dass die Schlüssel eindeutig und die Typen *hashable* sind. (Das sind dieselben Voraussetzungen wie für Set-Elemente.)

»zip«-Funktion

Die in Abschnitt 7.1, »Listen«, schon vorgestellte zip-Funktion können Sie auch zur Bildung von Dictionaries verwenden. Dazu übergeben Sie in der Form dict(zip(keylist, valuelist)) zwei Listen mit Schlüsseln und Werten:

```
lst1 = list(range(1,11))    # [1, 2, 3, ..., 8, 9, 10]
lst2 = list('abcdefghij')   # ['a', 'b', ..., 'i', 'j']
dict(zip(lst1, lst2))
   {1: 'a', 2: 'b', 3: 'c', 4: 'd', 5: 'e',
    6: 'f', 7: 'g', 8: 'h', 9: 'i', 10: 'j'}
```

7.6   Type Annotations

Wie in Abschnitt 2.1, »Grundregeln«, erläutert, können Sie Variablen, wenn diese erstmals im Code auftauchen, eine Typangabe (*Type Annotation*) nachstellen. Diese Information ist für Python unverbindlich, verdeutlicht aber Ihre Intentionen und macht den Code besser lesbar.

```
i: int = 3
```

Wenn Sie Type Annotations für Listen, Sets, Tupel und Dictionaries verwenden möchten, müssen Sie das entsprechende Attribut aus dem typing-Modul importieren. Anschließend gilt die folgende Syntax:

```
from typing import List, Set, Dict, Tuple
lst:   List[int]
set:   Set[str]
dict:  Dict[str, int]
```

```
tuple: Tuple[int, ...]
```

Optional können Sie auch gleich eine Initialisierung durchführen, also beispielsweise lst: List[int] = [1, 2, 3]. Beachten Sie, dass der angegebene Typ mit einem Großbuchstaben beginnt, obwohl der Typ von Listen, Sets etc. intern kleingeschrieben wird. (class(lst) liefert weiterhin <class 'list'>.)

7.7 Arrays

Bei vielen Programmiersprachen sind Arrays die zentrale Datenstruktur, um mehrere gleichartige Elemente zu speichern. Python bietet mit Listen, Sets und Dictionaries wesentlich flexiblere Aufzählungstypen. Wenn Sie doch vergleichsweise primitive Arrays nutzen möchten, können Sie auf das Modul array zurückgreifen. Im Prinzip verpackt dieses Modul die Funktionalität von Arrays, die wie in der Programmiersprache C funktionieren.

Arrays versus Listen

Normalerweise sollten Sie gar nicht lange nachdenken. Verwenden Sie Listen! Der einzig wesentliche Vorteil, den Arrays bieten, ist der wesentlich sparsamere Umgang mit dem Speicherplatz. Wenn Sie also Millionen von Messdaten gleichzeitig verarbeiten müssen, dann sollten Sie ein Auge auf Arrays werfen. Einen ausgezeichneten Vergleich zwischen Arrays und Listen in Python gibt dieser Stackoverflow-Beitrag:

https://stackoverflow.com/a/176589/4387996

Ein neues Array erzeugen Sie, indem Sie an die array-Methode den gewünschten Datentyp in Form eines Zeichens angeben. Optional können Sie das Array auch gleich mit einigen Elementen aus einer Liste initialisieren. Die Typangabe bezieht sich auf C-Datentypen (siehe Tabelle 7.2). Wenn Sie wie im folgenden Beispiel 'h' verwenden, können Sie in dem Array nur Zahlen im Bereich von −32.768 bis +32.767 speichern.

```
from array import array
a = array('i', [7, 12, 8, -4])
a[2]            # Zugriff auf das 3. Element
  8
a.append(13)    # Element am Ende hinzufügen
print(a)        # ganzes Array ausgeben
  array('i', [7, 12, 8, -4, 13])
```

Formatcode	Datentyp
'b'	ganze Zahl mit Vorzeichen (1 Byte, C-Datentyp char)
'h'	ganze Zahl mit Vorzeichen (2 Byte, short)
'l'	ganze Zahl mit Vorzeichen (4 Byte, long)
'q'	ganze Zahl mit Vorzeichen (8 Byte, long long)
'B', 'H' usw.	wie oben, aber ohne Vorzeichen (unsigned)
'f'	Fließkommazahl (4 Byte, float)
'd'	Fließkommazahl (8 Byte, double)

Tabelle 7.2 Die wichtigsten Array-Datentypen

Der Zugriff auf einzelne Array-Elemente erfolgt wie bei Listen, wobei auch die Slicing-Syntax erlaubt ist, um ein Teil-Array zu lesen. Auch viele Funktionen und Methoden funktionieren gleichartig, z. B. append, insert, len oder remove. Eine vollständige Referenz aller Array-Methoden finden Sie hier:

https://docs.python.org/3/library/array.html

NumPy

Das kleine Modul array stellt nur grundlegende Funktionen zur Verwaltung von Arrays zur Verfügung.

Wenn Sie Arrays im mathematischen Sinne als Vektoren und Matrizen betrachten und damit rechnen möchten, sollten Sie besser das sehr viel größere Modul numpy einsetzen. Es stellt die im wissenschaftlichen Bereich viel genutzte NumPy-Bibliothek mit unzähligen mathematischen Spezialfunktionen zur Verfügung. Eine kurze Einführung in den Umgang mit NumPy gebe ich in Abschnitt 20.2, »NumPy«.

7.8 Wiederholungsfragen und Übungen

▶ **W1:** Versuchen Sie, drei unterschiedliche Wege zu finden, eine Liste mit den Vielfachen von 7 zu bilden, die kleiner als 100 sind (also [7, 14, ..., 98]).

▶ **W2:** Extrahieren Sie aus der Zeichenkette Hello, World! alle Vokale und verbinden Sie diese zu einer neuen Zeichenkette.

▶ **W3:** Welchen Datentyp verwenden Sie, um Lottozahlen zu speichern?

▶ **W4:** Welches sind die gemeinsamen Buchstaben der Wörter *Python* und *Programmierung*?

▶ **W5:** Entfernen Sie die Doppelgänger aus einer Liste von Zahlen, z. B. aus [1, 2, 3, 2, 7, 3, 9]. Die Ergebnisliste soll aufsteigend sortiert sein.

▶ **W6:** Erstellen Sie ein kleines Deutsch-Englisch-Wörterbuch für Zahlen. Beispielsweise soll woerter['eins'] die englische Bezeichnung 'one' liefern.

▶ **W7:** Ermitteln Sie die maximale Wortlänge in der folgenden Zeichenkette (siehe *http://www.loremipsum.de*):

```
Lorem ipsum dolor sit amet, consetetur sadipscing elitr, ...
```

Kapitel 8

Verzweigungen und Schleifen

Bis zu dieser Stelle im Buch haben Sie eine Menge Grundlagen kennengelernt. Diese sind unverzichtbar, aber zugegebenermaßen nicht so spannend. Sie wollen ja endlich »richtig« programmieren, oder? In diesem Kapitel geht es damit endlich los:

▶ **Verzweigungen** ermöglichen es, abhängig von Bedingungen unterschiedliche Codeteile auszuführen. Verzweigungen werden mit if formuliert.

▶ **Schleifen** führen Code mehrfach aus, z. B. solange eine Bedingung erfüllt ist. In Python werden Schleifen oft mit for, seltener mit while gebildet.

Sie werden sehen, dass Verzweigungen und Schleifen syntaktisch ganz einfach zu handhaben sind. Daraus ergeben sich aber schier endlose Anwendungsmöglichkeiten, wie die vielen Beispiele und Übungsaufgabe zeigen werden.

8.1 »if«-Verzweigung

Die Syntax von if-Verzweigungen ist leicht verständlich und lässt sich so zusammenfassen:

```
if bedingung1:
    block1
elif bedingung2:
    block2
elif bedingung3:
    block3
else:
    block4
```

Es sind beliebig viele elif-Bedingungen erlaubt, auch null. Der else-Block ist optional. Python durchläuft die gesamte Konstruktion bis zur ersten zutreffenden Bedingung. Dann werden die Anweisungen ausgeführt, die dieser Bedingung zugeordnet sind. Anschließend wird der Code nach dem letzten elif- oder else-Block fortgesetzt.

Syntaxfeinheiten

Achten Sie auf zwei Python-spezifische Eigenheiten:

▸ Nach den Bedingungen sowie nach else müssen Sie einen Doppelpunkt angeben.

▸ Python verzichtet auf eine Menge Klammern, die in anderen Programmiersprachen erforderlich sind. Aber dafür *müssen* Sie die Codeblöcke einrücken.

Bedingungen werden in der Regel mit Vergleichsoperatoren gebildet, z. B. in der Form if x==3 oder if a is b. Mehrere Bedingungen können mit and oder or logisch verknüpft werden (siehe Kapitel 3, »Operatoren«). Bedingungen können Sie aber auch ohne Vergleichsoperator formulieren, beispielsweise in dieser Form:

```
if x:
    ...
```

Diese Bedingung ist erfüllt, wenn:

▸ x eine Zahl ungleich 0 ist,

▸ x eine nicht leere Zeichenkette ist,

▸ x der boolesche Zustand True ist,

▸ x eine Liste, ein Tupel oder ein Set mit mindestens einem Element ist ,

▸ x ein initialisiertes Objekt ist (nicht None).

»pass«-Schlüsselwort

Jeder if-, elif- und else-Block *muss* mit Code gefüllt werden. Es reicht nicht aus, dort vorübergehend nur einen Kommentar anzugeben. Python meldet dann an dieser Stelle einen IndentationError.

```
if x==42:
    print('Hurra!')
else:
    # Todo, Code fehlt noch
    # Fehler: 'IndentationError expected an indented block'
```

Für solche Fälle sieht Python das Schlüsselwort pass vor. Wenn Sie also an einer bestimmten Stelle im Code vorerst einfach nichts tun und den Code erst später vervollständigen möchten, dann geben Sie an dieser Stelle pass an:

```
if x==42:
    print('Hurra!')
else:
    pass #  Todo, Code später hinzufügen
```

pass können Sie an jeder Stelle angeben, wo Python eingerückten Code erwartet, also z. B. auch in Schleifen oder in Funktionsdefinitionen.

»if«-Kurzschreibweise

Mitunter benötigen Sie if-Konstruktionen nur für eine Zuweisung:

```
if bedingung:
    x=wert1
else
    x=wert2
```

Für derartige Konstruktionen gibt es in manchen Programmiersprachen den schwer zu lesenden *Ternary Operator*. In Python können Sie stattdessen die folgende platzsparende, aber immer noch gut verständliche Kurzschreibweise verwenden:

```
x = wert1 if bedingung else wert2
```

Dazu ein Beispiel: In s soll eine Zeichenkette gespeichert werden, je nachdem, ob die Zahl n gerade oder ungerade ist:

```
n = 3
s = 'gerade' if n%2==0 else 'ungerade'
```

Kein »switch«

Viele Programmiersprachen kennen mit switch eine zweite Möglichkeit, Verzweigungen zu formulieren. In Python fehlt dieses Konstrukt. Wirklich tragisch ist das aber nicht. if-Konstruktionen sind ohnedies oft leichter zu lesen und lassen sich mit dem in-Operator selbst dann elegant formulieren, wenn mehrere Fälle einheitlich verarbeitet werden sollen:

```
tag = 3    # 1 = Montag, ..., 7 = Sonntag
if tag in (1, 2, 3, 4, 5):
    print('arbeiten ...')
elif tag in (6, 7):
    print('Wochenende')
else:
    print('ungültig')
```

Mitunter können Sie auch Dictionaries anstelle von komplizierten if-Konstruktionen einsetzen. Nehmen wir an, Sie wollen je nach Wert der obigen Variablen tag eine Zeichenkette initialisieren. Die naheliegende if-Konstruktion sieht dann wie folgt aus und beansprucht 14 Zeilen (bzw. 16, wenn Sie auch ungültige Wochentage erkennen möchten).

```
if tag==1:
  s = 'Montag'
elif tag==2:
  s = 'Dienstag'
...
```

Es ist erlaubt, den Code wie im folgenden Listing kompakter zu formulieren. Das reduziert die Zeilenanzahl, nicht aber die Codemenge.

```
if tag==1:   s = 'Montag'
elif tag==2: s = 'Dienstag'
...
```

Eine elegantere Lösung besteht mitunter darin, vorweg ein Dictionary zu initialisieren, das alle möglichen Werte als Schlüssel enthält; diese Vorgehensweise wird auch *Dictionary Mapping* genannt:

```
# Beispieldatei wochentage.py
alletage = { 1: 'Montag', 2: 'Dienstag', 3: 'Mittwoch',
  4: 'Donnerstag', 5: 'Freitag', 6: 'Samstag',
  7: 'Sonntag'}
if tag in alletage:
  s = alletage[tag]
else:
  s = 'ungültig'
print('Wochentag:', s)
```

8.2   Beispiel: Schaltjahrtest

Stellen Sie sich vor, Sie sollen ein Programm entwickeln, das ermittelt, ob ein Jahr ein Schaltjahr ist oder nicht. In der Wikipedia sind die für den Test anzuwendenden Regeln detailliert beschrieben. Die Kurzfassung:

▶ Durch vier ohne Rest teilbare Jahre sind normalerweise Schaltjahre.

▶ Durch 100 ohne Rest teilbare Jahre sind *keine* Schaltjahre.

▶ Durch 400 ohne Rest teilbare Jahre sind *doch* Schaltjahre.

https://de.wikipedia.org/wiki/Schaltjahr

Im folgenden Script befindet sich die Jahreszahl in der Variablen jahr. Nun geht es darum, aus den obigen deutschen Sätzen für Python verständliche if-Anweisungen zu machen. Es gibt viele Lösungen zu diesem Problem, aber am einfachsten ist es, die Reihenfolge der Regeln einfach auf den Kopf zu stellen und mit der wirksamsten Regel zu beginnen. Die resultierende Lösung sieht dann so aus:

```
# Beispieldatei schaltjahr.py
jahr = 2018    # Ist dieses Jahr ein Schaltjahr?

if jahr % 400 == 0:
    schaltjahr = True
elif jahr % 100 == 0:
    schaltjahr = False
elif jahr % 4 == 0:
    schaltjahr = True
else:
    schaltjahr = False

if schaltjahr:
    print(jahr, 'ist ein Schaltjahr.')
else:
    print(jahr, 'ist kein Schaltjahr.')
```

Der Test, ob eine Jahreszahl ohne Rest teilbar ist, erfolgt mit dem Restwertoperator %. Der Ausdruck jahr % 4 ermittelt den Rest einer Division durch 4. Ist dieser Wert 0, dann ist die Zahl durch 4 teilbar.

8.3 »for«-Schleife

Schleifen werden in Python zumeist mit for var in elemente gebildet. Die Schleifenvariable nimmt dabei der Reihe nach jedes der angegebenen Elemente an.

```
for var in elemente:
    anweisungen
```

Die Schleifenvariable var kann auch im Code nach dem Ende der Schleife verwendet werden und enthält dann den zuletzt zugewiesenen Wert:

```
for i in [7, 12, 3]:
    print(i)    # Ausgabe: 7, 12, 3
print(i)        # Ausgabe: nochmals 3
```

Schleifen über Zahlenbereiche (»range«)

Für Schleifen über einen vorgegebenen Zahlenraum werden die Elemente in der Regel durch range(start, ende) erzeugt, wobei der Endwert exklusiv ist. Die folgende Schleife durchläuft daher die Werte von 1 bis 9 (nicht 10!). Die Option end=' ' in print bewirkt, dass jeder Ausgabe ein Leerzeichen folgt (kein Zeilenumbruch).

```
for i in range(1, 10):
    print(i, end=' ')
# Ausgabe: 1 2 3 4 5 6 7 8 9
```

Die Kurzschreibweise range(n) entspricht range(0, n):

```
for i in range(10):
    print(i, end=' ')
# Ausgabe 0 1 2 3 4 5 6 7 8 9
```

Bei range können Sie im optionalen dritten Parameter die Schrittweite angeben:

```
for i in range(0, 20, 3):
    print(i, end=' ')
# Ausgabe: 0 3 6 9 12 15 18
```

```
for i in range(100, 0, -10):
    print(i, end=' ')
# Ausgabe: 100 90 80 70 60 50 40 30 20 10
```

Interna

In Python 3 ist range ein sogenannter *Generator*, der die Elemente erst bei Bedarf erzeugt. Vor allem bei Schleifen über eine große Anzahl von Elementen spart das Speicherplatz.

range kann nur für ganze Zahlen verwendet werden, nicht für Fließkommazahlen. Wenn Sie eine Schleife von 0 bis 1 mit einer Schrittweite von 0,1 bilden möchten, können Sie z. B. so vorgehen:

```
for i in range(0, 11):
    x = i / 10.0
    print(x, end=' ')
# Ausgabe 0.0 0.1 0.2 0.3 0.4 0.5 0.6 0.7 0.8 0.9 1.0
```

Schleifen über die Zeichen einer Zeichenkette

So können Sie eine Zeichenkette Zeichen für Zeichen verarbeiten:

```
for c in 'abc':
    print(c)
# Ausgabe: a
#          b
#          c
```

Tipp

Unter Umständen ist es zweckmäßiger, die Zeichenkette mit list in eine Liste umzuwandeln, deren Elemente jeweils ein Zeichen enthalten. Dann können Sie in der Folge alle Listenfunktionen verwenden oder die im Folgenden illustrierte *List-Comprehension*-Syntax anwenden.

Schleifen über Listen, Tupel und Sets

Die Elemente von Listen, Tupeln und Sets können Sie mühelos mit for verarbeiten:

```
for i in (17, 87, 4):
    print(i, end=' ')
# Ausgabe: 17 87 4

for s in ['Python', 'macht', 'Spaß!']:
    print(s)
# Ausgabe: Python
#          macht
#          Spaß!
```

»enumerate«-Funktion

Relativ oft brauchen Sie, wenn Sie alle Elemente einer Liste durchlaufen, parallel eine Variable mit einem Zähler. Eine naheliegende Vorgehensweise sieht so aus:

```
lst = ['a', 'b', 'c']
cnt = 0
for itm in lst:
    print(cnt, itm)
    cnt += 1
```

Damit derartiger Code eleganter formuliert werden kann, stellt Python die enumerate-Funktion zur Verfügung. Sie durchläuft alle Elemente einer Liste und gibt den Zähler und das Listenelement jeweils als Tupel zurück. Die obige Schleife vereinfacht sich damit wie folgt:

```
for cnt, itm in enumerate(lst):
    print(cnt, itm)
```

List/Set/Tupel Comprehension

Oft ist das Ziel solcher Schleifen, eine neue Liste, ein neues Tupel oder ein neues Set zu bilden. Dann ist es zumeist eleganter und effizienter, *List/Tupel/Set Comprehension* zu verwenden (siehe Abschnitt 7.1, »Listen«). Dieser besondere Variante einer for-Schleife wird *in* einer Liste, einem Tupel oder einem Set gebildet. Die folgenden Beispiele beziehen sich alle auf Listen, können aber analog auch für Tupel oder Sets formuliert werden.

In der einfachsten Form lautet die Syntax [ausdruck for var in liste]. Dabei werden alle Listenelemente in die Variable eingesetzt. Die ausgewerteten Ausdrücke ergeben eine neue Liste. Optional hängen Sie mit if eine Bedingung für die Schleifenvariable an: Dann werden nur die Listenelemente berücksichtigt, für die die Bedingung zutrifft.

```
lst = [1, 2, 3, 10]           # Quadrat aller Listen-
result = [ x*x for x in lst ] # elemente bilden
print(result)
  [1, 4, 9, 100]
```

```
# nur gerade Zahlen berücksichtigen
result2 = [ x*x for x in lst if x%2==0 ]
print(result2)
  [4, 100]
```

Der Ausdruck darf selbst eine Liste, ein Set oder ein Tupel sein – dann ist das Ergebnis ein verschachtelter Ausdruck:

```
result3 = [ [x, x*x] for x in lst ]
# Ergebnis [[1, 1], [2, 4], [3, 9], [10, 100]]
```

Um aus einer Liste, einem Tupel oder einem Set ein Dictionary zu bilden, verwenden Sie die Schreibweise { k:v for x in liste }, wobei k und v Ausdrücke für den Schlüssel (Key) und den Wert (Value) jedes Dictionary-Elements sind.

```
dict = { x:x*x for x in lst }
print(dict)
  {1: 1, 2: 4, 3: 9, 10: 100}
```

»map«, »filter« und »reduce« machen viele Schleifen überflüssig!

Mitunter können Sie auf Schleifen ganz verzichten und stattdessen mit map, filter und reduce arbeiten. Entsprechende Beispiele finden Sie in Abschnitt 7.1, »Listen«.

Schleifen über Dictionaries, Dictionary Comprehension

Die vorhin beschriebene Comprehension-Syntax können Sie auch für Dictionaries verwenden. In der einfachsten Form bilden Sie dabei eine Schleife über die Schlüssel der Dictionary-Elemente. Je nachdem, ob Sie den Ausdruck in eckige oder geschwungene Klammern stellen, ist das Ergebnis eine Liste oder ein Set.

```
dict = {'a':12, 'c':78, 'b':3, 'd':43}
resultset = { x for x in dict }
```

```
print(resultset)
  {'a', 'c', 'b', 'd'}

resultlst = [ x for x in dict ]
print(resultlst)
  ['a', 'c', 'b', 'd']
```

Wenn Sie in der Schleife zwei Variablen für das Schlüssel-Wert-Paar benötigen, verwenden Sie die `items`-Methode:

```
{ k for k,v in dict.items() }
# Ergebnis {'a', 'c', 'b', 'd'}

{ v for k,v in dict.items() }
# Ergebnis {43, 3, 12, 78}
```

Damit das Ergebnis des Ausdrucks selbst wieder ein Dictionary wird, bilden Sie den Ergebnisausdruck in der Form `schlüssel:wert`. Dann spricht man analog zur *List Comprehension* von *Dictionary Comprehension*:

```
{ k: v*2 for k, v in dict.items() }
# Ergebnis {'a': 24, 'c': 156, 'b': 6, 'd': 86}
```

Generator Expressions

Durch die List Comprehension wird im Arbeitsspeicher eine Liste eingerichtet. Wenn diese Liste im nächsten Schritt verarbeitet und danach ohnedies nie wieder benötigt wird, können Sie in manchen Fällen eine sogenannte *Generator Expression* verwenden. Die Syntax ist fast dieselbe wie bei der List Comprehension, nur die eckigen Klammern entfallen.

Generator Expressions sind eine Kurzschreibweise zur Formulierung eines *Generators*. Hintergrundinformationen zu diesem Thema folgen in Abschnitt 9.7, »Generatoren«.

Nehmen wir an, Sie wollen die Quadrate der Zahlen von 0 bis 99 summieren. Mit List Comprehension können Sie das so machen:

```
# List Comprehension
sum([x*x for x in range(100)])  # Ergebnis 328350
```

Effizienter ist es hier, eine Generator Expression zu erzeugen, die sum wie eine Liste verarbeiten kann. Der Vorteil: sum ruft den Generator immer wieder auf, um das jeweils nächste Element zu erzeugen; es ist aber nicht notwendig, *alle* Elemente gleichzeitig im Speicher zu behalten.

```
# Generator Expression (schneller)
sum(x*x for x in range(100))    # gleiches Ergebnis 328350
```

Generator Expressions eignen sich gut zur Weiterverarbeitung durch sum, min und max. Sie können sie aber auch verwenden, um Zeichenketten mit join aneinanderzufügen. Der folgende Ausdruck liefert die Zeichen A bis Z mit den ASCII-Codes von 65 bis 90.

```
''.join(chr(i) for i in range(65, 91))
# Ergebnis 'ABCDEFGHIJKLMNOPQRSTUVWXYZ'
```

»break«, »continue« und »else«

break beendet for-Schleifen vorzeitig:

```
for var in elemente:
    anweisung1
    if bedingung:
        break        # die Schleife abbrechen
    anweisung2
```

continue überspringt die restlichen Anweisungen für den aktuellen Schleifendurchgang, setzt die Schleife aber fort:

```
for var in elemente:
    anweisung1
    if bedingung:
        continue     # anweisung2 überspringen
    anweisung2
```

»break« und »continue« in verschachtelten Schleifen

Wenn Schleifen ineinander verschachtelt werden, gelten break und continue nur für die innerste Schleife. Um unkompliziert eine verschachtelte Schleife abzubrechen, verpacken Sie sie in eine Funktion und verlassen diese mit return (siehe Kapitel 9, »Funktionen«). Eine andere Möglichkeit besteht darin, sämtliche Schleifen durch try abzusichern und zum Abbruch der Schleifen eine Exception auszulösen (siehe Kapitel 10, »Umgang mit Fehlern (Exceptions)«).

Python kennt auch einen else-Block für Schleifen und unterscheidet sich damit von den meisten anderen Programmiersprachen. Der else-Block wird ausgeführt, nachdem bei einer for-Schleife alle Elemente durchlaufen wurden. Selbst wenn die Liste der Elemente leer ist und der eigentliche Schleifenblock daher gar nicht durchlaufen wird, wird auf jeden Fall der Code im else-Block ausgeführt.

```
for var in elemente:
    anweisung1
    anweisung2
else:
    anweisung3
```

»_« als Schleifenvariable

Manchmal wollen Sie einen bestimmten Vorgang *n* Mal ausführen, sind aber an der Schleifenvariablen gar nicht interessiert. Natürlich können Sie in der Schleife dennoch eine Variable verwenden, also z. B. so:

```
for i in range(10):    # 10 x 'bla' ausgeben
    print('bla')
```

Aber um zu verdeutlichen, dass Sie die Schleifenvariable (hier i) gar nicht benötigen, können Sie in Python das Zeichen _ verwenden. Wird der Unterstrich als Variablenname verwendet, dann hat das die Funktion von *interessiert mich nicht, einfach ignorieren*. Die neue Schleife sieht dann so aus:

```
for _ in range(10):   # 10 x 'bla' ausgeben
    print('bla')
```

Das Zeichen _ können Sie natürlich auch in der Comprehension-Syntax verwenden.

```
['x' for _ in range(8) ]
# Ergebnis  ['x', 'x', 'x', 'x', 'x', 'x', 'x', 'x']

''.join(['abc' for _ in range(3)])
# Ergebnis 'abcabcabc'
```

Noch effizienter ist es hier, auf die eckigen Klammern zu verzichten und an join stattdessen eine *Generator Expression* zu übergeben.

```
''.join('abc' for _ in range(3))
# ebenfalls Ergebnis 'abcabcabc'
```

Wie so oft wollte ich mit den obigen Beispielen Syntaxfeinheiten illustrieren. Es ging mir aber nicht darum, Zeichenketten zu vervielfachen. Das gelingt viel schneller mit dem Operator *:

```
s = 'abc' * 3   # 'abcabcabc'
```

Interna

Eigentlich ist _ die Bezeichnung für eine ganz normale Variable – aber eben mit einem besonderen Namen. Wenn Sie beispielsweise for _ in range(3): print(_) ausführen, werden die Zahlen 0, 1 und 2 ausgegeben.

8.4 »while«-Schleife

Als Alternative zu for können Sie Schleifen mit while formulieren. Die eingerückten Anweisungen werden dann so lange ausgeführt, wie die Bedingung erfüllt ist. Die Schlüsselwörter break, continue und else funktionieren wie bei der for-Schleife.

```
while bedingung:
    anweisungen
```

Im folgenden Beispiel durchläuft die Schleifenvariable die Werte von 1 bis 4. Am Ende hat i den Wert 5. Dieser Wert wird aber nicht mehr ausgegeben, weil die Schleife dann beendet wird.

```
i=1
while i<5:
    print(i)
    i+=1
# Ausgabe 1 2 3 4
```

Vorsicht, Endlosschleife!

Bei der Programmierung von Schleifen passiert es leicht, dass diese endlos laufen. Das wäre z. B. der Fall, wenn Sie im obigen Code die Anweisung i+=1 vergessen oder die Schleifenbedingung falsch formulieren.

Beim Test eines derart fehlerhaften Scripts endet dieses nicht mehr. Abhilfe schafft in solchen Fällen die Tastenkombination `Strg`+`C`.

while-Schleifen sind insbesondere dann vorteilhaft, wenn die Zahlen unregelmäßige Abstände aufweisen sollen und eine Konstruktion mit for und range daher nicht zielführend ist:

```
i=1
while i<100000:
    print(i, end=' ')
    i += i*i
# Ausgabe: 1 2 6 42 1806
```

8.5   Beispiele für Schleifen

Beispiele für Schleifen, sowohl in der »klassischen« Syntax als auch in der Comprehension-Form, werden Sie in nahezu allen weiteren Kapiteln finden. Dennoch möchte ich Ihnen schon an dieser Stelle einige Anwendungsmöglichkeiten zeigen, bevor Sie Ihr Wissen im nächsten Abschnitt anhand einiger Übungen überprüfen können.

Summe der Zahlen von 1 bis 1.000

Der Mathematiker Carl Friedrich Gauß entdeckte schon im Alter von neun Jahren, dass die Summe der Zahlen von 1 bis n mit dem folgenden Ausdruck berechnet werden kann:

$summe = n \times (n+1) / 2$

Aber wenn Sie diese Formel nicht kennen, können Sie natürlich auch den Computer rechnen lassen. In Python gibt es dafür viele Möglichkeiten. Am naheliegendsten ist vermutlich eine »gewöhnliche« for-Schleife, wobei der zu durchlaufende Zahlenraum mit range formuliert wird.

Die Summe wird schrittweise in der Variablen sum errechnet. Dabei ist sum += i die Kurzschreibweise für den Ausdruck sum = sum + i (siehe Kapitel 3, »Operatoren«).

```
# Beispieldatei summe.py
sum = 0
for i in range(1, 1001):
  sum += i
print('Summe der Zahlen von 1 bis 1000:', sum)
# Ergebnis: 500500
```

Wenn Sie mit while arbeiten, benötigen Sie *zwei* Variablen: Eine Schleifenvariable (hier i) und eine zur Berechnung der Summe:

```
sum = 0
i = 1
while i<=1000:
  sum += i
  i += 1
```

Es geht aber auch ganz ohne (sichtbare) Schleife: Mit list(range(...)) bilden Sie eine Liste mit den Zahlen von 1 bis 1.000. reduce wendet nun die Formel x + y auf die ersten beiden Listenelemente an, dann auf das Zwischenergebnis und das dritte Listenelement usw. (Intern arbeitet reduce also ebenfalls wie eine Schleife.)

```
from functools import reduce
sum = reduce(lambda x, y: x + y, list(range(1, 1001)))
```

Zurück zur Schleife: Sie wissen, dass Python die Funktion sum zur Verfügung stellt, die Elemente einer Liste oder eines Generators addiert; es gibt eine weitere Variante:

```
sum = sum(i for i in range(1, 1001))
```

Einmaleins-Tabelle

Stellen Sie sich vor, Sie wollten mit einem Python-Script eine Tabelle mit allen Multiplikationen der Zahlen zwischen 1 und 10 ausgeben, die wie folgt aussieht:

```
1x1=1    2x1=2    3x1=3    4x1=4    ...  10x1=10
1x2=2    2x2=4    3x2=6    4x2=8    ...  10x2=20
1x3=3    2x3=6    3x3=9    4x3=12   ...  10x3=30
...
1x10=10  2x10=20  3x10=30  4x10=40  ...  10x10=100
```

Für derartige Aufgabenstellungen benötigen Sie *zwei* Schleifen, die ineinander angeordnet sind:

```
# Beispieldatei einmaleins.py
for i in range(1, 11):
    for j in range(1, 11):
        print('%dx%d=%d\t' % (j, i, i*j), end='')
    print()
```

Dabei beginnt die äußere Schleife mit i=1. In der inneren Schleife durchläuft jetzt j alle Werte von 1 bis 10. Dabei wird die erste Zeile der Multiplikationstabelle ausgegeben. Wenn die j-Schleife fertig ist, geht es in der i-Schleife weiter, und es gilt i=2. Die j-Schleife wird nun erneut ausgeführt, wieder von 1 bis 10. So entsteht die zweite Zeile usw.

Noch eine kurze Begründung zur Formatierungszeichenkette in print. An der Stelle von %d werden die drei Werte i, j und i*j eingesetzt. \t fügt der Ausgabe ein Tabulatorzeichen hinzu. end='' verhindert, dass nach jeder Ausgabe eine neue Zeile beginnt. Eine neue Zeile soll erst beginnen, wenn die j-Schleife fertig ist. Die Anweisung print() ist deswegen so eingerückt, damit sie Teil der i-Schleife ist, also mit jedem Durchlauf der i-Schleife ausgeführt wird.

Parameter verarbeiten

Beim Aufruf eines Python-Scripts können Sie Parameter übergeben. Im Script enthält sys.argv aus dem sys-Modul zuerst den Programmnamen und dann die Parameter in Form einer Liste.

argv ist eine Liste, deren erstes Element der Dateiname des Scripts ist. Die weiteren Listenelemente enthalten die übergebenen Parameter. Da der Script-Name selten benötigt wird, wird er mit dem Ausdruck [1:] eliminiert.

```
import sys
if(len(sys.argv)<=1):
    print('Es wurden keine Parameter übergeben.')
else:
    for x in sys.argv[1:]:
        print('Parameter:', x)
```

Ein möglicher Aufruf des Scripts sieht nun so aus:

```
./parameter.py -x -y readme.txt
  Parameter: -x
  Parameter: -y
  Parameter: readme.txt
```

Unter macOS oder Linux können Sie an parameter.py auch Dateinamen mit Jokerzeichen übergeben, z. B. *.txt. Da im Terminal die bash oder eine andere Shell läuft, wertet diese den Ausdruck sofort aus und übergibt an das aufgerufene Kommando dann die Liste der gefundenen Dateien. Wenn

151

im aktuellen Verzeichnis also die drei Dateien readme.txt, copyright.txt und gpl.txt gespeichert sind, dann werden mit ./parameter.py *.txt die Namen aller drei Dateien übergeben:

```
./parameter.py *.txt
  Parameter: copyright.txt
  Parameter: gpl.txt
  Parameter: readme.txt
```

Unter Windows funktioniert das nicht. Dort müssen Sie die glob-Funktion aus dem gleichnamigen Modul einsetzen: glob('*.txt') liefert eine Liste mit allen Textdateien im gerade aktuellen Verzeichnis. (Beachten Sie, dass diese Liste leer ist, wenn es keine passenden Dateien gibt! Unter macOS oder Linux bleibt in solchen Fällen *.txt als Parameter erhalten.)

Mit der Berücksichtigung dieses Sonderfalls bekommen wir plötzlich ein schönes Beispiel für die Verschachtelung von Bedingungen und Schleifen und für die Konstruktion komplexer Bedingungen: Die erste if-Abfrage testet, ob überhaupt Parameter übergeben wurden. Ist das der Fall, verarbeitet die for-Schleife alle Parameter. Wenn in einem Parameter die Zeichen ? oder * auftauchen *und* das Script unter Windows läuft, wird die glob-Funktion ausgeführt, andernfalls einfach der Parameter angezeigt.

```python
# Beispieldatei parameter.py
import platform, sys
from glob import glob
iswin = platform.system() == 'Windows'
if len(sys.argv) <= 1:
    print('Es wurden keine Parameter übergeben.')
else:
    for para in sys.argv[1:]:
        if iswin and ('?' in para or '*' in para):
            print('Parameter:', glob(para))
        else:
            print('Parameter:', para)
```

Parameter effizient verarbeiten

Wenn Sie ein Python-Script entwickeln möchten, an das Sie diverse Parameter, Optionen usw. übergeben, helfen die Klassen und Methoden des `argparse`-Moduls bei der effizienten Auswertung dieser Parameter:

https://docs.python.org/3/library/argparse.html

8.6   Wiederholungsfragen und Übungen

► **W1:** Erweitern Sie das Script aus Abschnitt 8.2, »Beispiel: Schaltjahrtest«, dahingehend, dass auch die Tage des Monats bestimmt werden. Die Struktur des Codes könnte so aussehen:

```
jahr = 2020
monat = 2  # 1 = Januar, 2 = Februar usw.
...        # todo: Ihr Code
print('Der %d. Monat im Jahr %d hat %d Tage.'
      % (monat, jahr, tage))
```

► **W2:** Berechnen Sie die Fakultät der Zahlen von 1 bis 20. (Die Fakultät ist als das Produkt aller Zahlen bis n definiert. Die Fakultät von 6 ist also $1 \times 2 \times 3 \times 4 \times 5 \times 6 = 720$.)

► **W3:** Berechnen Sie die Summe der Funktion $1/x^2$, wenn Sie für x alle Zahlen zwischen 2 und 30 einsetzen.

► **W4:** Was wird bei der Ausführung des folgenden Codes ausgegeben?

```
for i in range(1, 3):
    for j in range(i):
        print(i+j)
```

► **W5:** Welche Zahlen werden durch das folgende Programm ausgegeben?

```
i=0
j=9
```

```
while i<j:
    print(i, j)
    if i>=3:
        break
    i+=1
    j-=1
```

▶ **W6:** Schreiben Sie eine `while`-Schleife, die in 5er-Schritten von 100 bis 0 zählt.

▶ **W7:** Formulieren Sie eine Schleife, um den Wertebereich zwischen 125 und 160 in elf Schritten zu durchlaufen. Das Programm soll alle elf Zahlen ausgeben, beginnend mit 125,0 und endend mit 160,0.

▶ **W8:** Initialisieren Sie eine Liste mit 50 Zufallszahlen zwischen 0 (inklusive) und 10 (inklusive). Berechnen Sie dann die Summe aller Elemente. Zählen Sie, wie oft der Wert 0 vorkommt. Ermitteln Sie, an welcher Position die erste 0 erscheint. (Es kann passieren, dass die Zahl gar nicht vorkommt.) Formulieren Sie zur Auswertung der Liste eigenen Code mit Schleifen und Bedingungen. Vermeiden Sie den Einsatz fertiger Listenfunktionen wie `count` und `index`.

▶ **W9:** Was ist der Unterschied zwischen *List Comprehension* und einer *Generator Expression*? Geben Sie jeweils ein Beispiel an.

Kapitel 9

Funktionen

Python stellt diverse vordefinierte Funktionen zur Verfügung. Kennengelernt haben Sie beispielsweise schon `len`: Die Funktion ermittelt die Anzahl der Elemente einer Liste bzw. die Anzahl der Zeichen einer Zeichenkette. Vertraut ist Ihnen natürlich auch `print`: Damit werden die in den Parametern übergebene Daten ausgegeben. Daneben gibt es unzählige weitere Funktionen, die in Modulen definiert sind, z.B. `sin` oder `sqrt` im Modul `math`, `randint` oder `random` im Modul `random` sowie `sleep` im Modul `sys`.

In diesem Kapitel geht es darum, wie Sie selbst *eigene Funktionen* definieren. Damit können Sie Ihren Code besser und übersichtlicher strukturieren. In vielen Fällen können Funktionen auch Redundanz im Code vermeiden – z.B. wenn Sie bestimmte Aufgaben an mehreren Stellen in Ihrem Code durchführen müssen.

Python bietet zur Definition von Funktionen gleich zwei Möglichkeiten: Den Code für gewöhnliche Funktionen leiten Sie mit `def` ein. Außerdem können Sie mit minimalem Overhead sogenannte Lambda-Funktionen definieren und sofort anwenden. Das bietet sich insbesondere dann an, wenn Sie einfache Funktionen nur an einer Stelle in Ihrem Programm benötigen.

Quasi noch eine Ebene höher auf dem Weg zum Profiprogrammier bzw. zur Profiprogrammiererin steigen Sie dann in Kapitel 11, »Objektorientiertes Programmieren«: Dort zeige ich Ihnen, wie Sie größere Projekte in mehrere Klassen unterteilen. Klassen bieten die Möglichkeit, den Code zur Verwaltung und Verarbeitung einer bestimmten Art von Daten zu bündeln. Sie werden sehen, dass in Klassen definierte Methoden große Ähnlichkeiten mit den in diesem Kapitel vorgestellten Funktionen haben.

9.1 Eigene Funktionen definieren

Die Definition eigener Funktionen beginnt mit dem Schlüsselwort `def`. Dem folgt der Funktionsname, für den dieselben Regeln wie für Variablennamen gelten. Mit Parametern übergeben Sie Daten an die Funktion. Die Parameter müssen in runde Klammern gestellt werden.

```
def funktionsname(para1, para2, para3):
    code
    mehr code
    noch mehr code
```

Für die Programmierung und Anwendung von Funktionen gelten einige Regeln:

▶ Funktionen müssen definiert werden, bevor sie verwendet werden können. Deswegen ist es üblich, zuerst alle Funktionen zu definieren und erst im Anschluss daran den restlichen Code anzugeben. Die Codeausführung beginnt somit in der ersten Zeile, die *nicht* zu einer Funktionsdefinition gehört.

▶ Funktionen ohne Parameter sind zulässig, die runden Klammern sind aber immer erforderlich.

▶ Funktionen können vorzeitig mit `return` verlassen werden. Die Verwendung von `return` ist optional.

▶ Mit `return` kann die Funktion ein Ergebnis zurückgeben. Hierfür ist jeder Python-Datentyp erlaubt, also auch Listen, Tupel etc. Auf diese Weise kann eine Funktion ganz einfach *mehrere* Werte zurückgeben.

▶ Funktionen dürfen verschachtelt werden. Es ist also zulässig, in einer Funktion f1 eine weitere Funktion f2 zu definieren. f2 kann dann allerdings nur innerhalb von f1 genutzt werden, weswegen die verschachtelte Definition von Funktionen in der Praxis recht selten vorkommt. Eine mögliche Anwendung zeigen wir später in Abschnitt 9.6, »Funktionale Programmierung«, wo eine neue Funktion gebildet und das Ergebnis mit `return` zurückgegeben wird.

▶ Es ist nicht erlaubt, dass mehrere Funktionen denselben Namen haben. Diese Regel klingt selbstverständlich; tatsächlich unterstützen aber viele Programmiersprachen gleichnamige Funktionen, wenn diese sich in ihrer Parameterliste unterscheiden (Stichwort *Overloading*).

»Hello, Function!«

Im folgenden Miniprogramm werden zuerst zwei Funktionen definiert und dann aufgerufen, um den prinzipiellen Umgang mit Funktionen zu zeigen:

```python
# Beispieldatei hellofunc.py

# Funktion ohne Ergebnis
def f1(x, y):
  print('Parameter 1:', x)
  print('Parameter 2:', y)

# Funktion mit Ergebnis
def f2(x, y):
  return x+y

# hier beginnt die Programmausführung
f1(2, 3)       # gibt die Parameter aus
# Ausgabe: Parameter 1: 2
#          Parameter 2: 3

n = f2(4, 5)
print(n)
# Ausgabe: 9
```

Beispiel: Zufällige Zeichenkette

Das zweite Beispiel ist insofern etwas praxisnäher, als die Funktion tatsächlich eine einfache Aufgabe erfüllt. Das Ziel besteht darin, eine Zeichenkette zu bilden, die aus n zufälligen Kleinbuchstaben zusammengesetzt ist.

Die Funktion speichert dazu die in Frage kommenden Buchstaben in der Zeichenkette letters, erzeugt mit *List Comprehension* eine Liste von Buchstaben, wobei jedes Zeichen zufällig aus letters ausgewählt wird, verbindet die Buchstaben der Liste schließlich mit join zu einer Zeichenkette und gibt diese als Ergebnis zurück. Alle hier eingesetzten Sprachelemente, also len, randint, range, join und die List-Comprehension-Syntax, habe ich Ihnen in den vorangegangenen Kapiteln bereits vorgestellt.

```
# Beispieldatei randomstring.py
from random import randint

def randomstr(n):
    letters = 'abcdefghijklmnopqrstuvwxyz'
    max = len(letters)
    lst = [letters[randint(0, max-1)] for _ in range(n)]
    return ''.join(lst)

print(randomstr(4))  # Ausgabe z. B. ameu
print(randomstr(8))  # Ausgabe z. B. imyhlsuz
```

Dieses Beispiel hat rein didaktischen Charakter. Wenn es Ihnen nur um die Sache an sich geht, finden Sie im random-Modul mit choices eine Funktion, die genau diese Aufgabe erfüllt (verfügbar ab Python 3.6). Dabei ist k der Parameter, der die gewünschte Anzahl der Elemente angibt.

Das string-Modul enthält außerdem die Variable ascii_lowercase, so dass Sie sich auch die Variable letters sparen können. Die Funktionsdefinition reduziert sich damit auf zwei Zeilen.

```
from string import ascii_lowercase
from random import choices

def randomstr2(n):
    return ''.join(choices(ascii_lowercase, k=n))
```

Beispiel: Passwortgenerator

Eine aus zufälligen Kleinbuchstaben generierte Zeichenkette würde sich grundsätzlich als Passwort eignen. Aus sicherheitstechnischen Überlegungen wäre es aber besser, wenn das Passwort auch einen Großbuchstaben, eine Ziffer und ein Sonderzeichen enthielte. Das letzte Einführungsbeispiel erfüllt genau diesen Zweck. Der Code sieht so aus:

```python
# Beispieldatei passwordgen.py
from random import randint
from random import choices
from random import shuffle
import string

def passwordgen(n):
    if n<8:
        n=8
    lower = string.ascii_lowercase
    upper = string.ascii_uppercase
    digits = string.digits
    other = '.,;:-_!$%&()='
    pwlst = choices(lower, k=n-3)
    pwlst += [upper[randint(0, len(upper)-1)]]
    pwlst += [digits[randint(0, len(digits)-1)]]
    pwlst += [other[randint(0, len(other)-1)]]
    shuffle(pwlst)
    return ''.join(pwlst)

# Anwendung/Test
for _ in range(3):
    print(passwordgen(10))
# Ausgabe z. B. km6vKkqr;w
#               f6_qsxlgsS
#               Q-4iuhrljq
```

Nun zur Erklärung: Die vier import-Anweisungen betreffen drei random-Funktionen sowie alle string-Funktionen und -Variablen. In der Funktion passwordgen wird zuerst der Parameter n überprüft. Ist er kleiner als 8, wird er auf 8 hochgesetzt. (Kürzere Passwörter sind immer unsicher.)

pwlst wird nun mit einer Liste aus n-3 zufällig ausgewählten Kleinbuchstaben initialisiert. Die Funktionsweise von random.choices habe ich im vorigen Abschnitt erläutert. Wenn Sie mit Python 3.5 oder einer älteren Version arbeiten, müssen Sie anstelle von choices wie im vorigen Abschnitt vorgehen.

```
pwlist = \
  [ lower[randint(0, len(lower)-1)] for _ in range(n-3) ]
```

Die nächsten drei Zeilen fügen der Liste einen zufälligen Großbuchstaben, eine zufällige Ziffer und ein zufälliges Sonderzeichen hinzu. random.shuffle vermischt nun alle Elemente, damit sich die drei Spezialzeichen nicht immer am Schluss befinden. join macht aus der Liste schließlich die gewünschte Zeichenkette.

Hinweis

Wenn Sie kryptografisch sichere Passwörter benötigen, verwenden Sie anstelle eigenen Codes besser die Methode choice aus dem secret-Modul. Ein entsprechendes Beispiel finden Sie in Abschnitt 16.2, »Linux-Accounts einrichten«.

9.2 Lokale und globale Variablen

Die vorangegangenen Beispiele haben bewiesen, dass Sie ohne viel Theorie und nur mit dem Wissen aus den vorherigen Kapiteln bereits sinnvolle Funktionen programmieren können. Die folgenden Abschnitte gehen nun etwas detaillierter auf Hintergründe und Sonderfälle bei der Definition von Funktionen ein.

Variablenverwaltung

Funktionen können Variablen lesen, die außerhalb der Funktion definiert sind:

```
def f1():
  print(x)


x = 3
f1()   # Ausgabe 3
```

Umgekehrt gelten Variablen, die in einer Funktion initialisiert werden – die also auf der linken Seite einer Zuweisung stehen –, als *lokal*: Sie können nur innerhalb der Funktion verwendet werden. Intern verwendet Python zur Speicherung lokaler Variablen einen sogenannten *Namensraum*. Was das ist, beschreibe ich näher in Kapitel 11, »Objektorientierte Programmierung«, unter dem Stichwort »Klassenvariablen und Namensräume«.

```
def f1():
  y = 5
  print(y)   # Ausgabe 5


f1()
print(y)     # Fehler, y ist nicht definiert!
```

Diese Regel gilt auch dann, wenn eine Variable in einer Funktion denselben Namen hat wie eine Variable außerhalb der Funktion oder in einer anderen Funktion. Im folgenden Beispiel gibt es also zwei Variablen z: eine innerhalb von f1, die andere außerhalb. Die Variablen sind vollkommen unabhängig voneinander und beeinflussen sich nicht!

```
def f1():
  z = 5
  print(z)


z = 3
f1()         # Ausgabe 5
print(z)     # Ausgabe 3!
```

161

Im folgenden Miniprogramm kommt es zu einem Fehler. z gilt als lokale Variable innerhalb der Funktion f1. Deswegen kann z=z+3 nicht funktionieren, weil z auf der rechten Seite des Zeichens = verwendet wird, bevor die Variable innerhalb der Funktion definiert wurde.

```
def f1():
  z=z+3   # Fehler, z ist nicht definiert
  print(z)

z=3
f1()
```

Dieser Fehler tritt auch dann auf, wenn z oberhalb der Funktionsdefinition initialisiert wird. Entscheidend ist hier nur, dass z eine lokale Variable innerhalb der Funktion f1 ist.

```
z=3

def f1():
  z=z+3     # Fehler, z ist nicht definiert
  print(z)

f1()
```

Globale Variablen

Wenn Sie in einer Funktion eine Variable verändern möchten, die außerhalb der Funktion initialisiert wurde, dann können Sie diese Variable in der Funktion als global kennzeichnen. Genau genommen sagen Sie damit, dass die Funktion z nicht als lokale Variable betrachten soll, sondern als eine Variable aus dem globalen Gültigkeitsbereich (*Global Scope*) des Programms.

```
def f1():
  global z
  z=z+3
  print(z) # Ausgabe 6
```

```
z = 3
f1()
print(z)    # Ausgabe 6
```

Vermeiden Sie globale Variablen in Funktionen!

In der Praxis wird das Schlüsselwort `global` jedoch meist vermieden, weil es oft zu unübersichtlichem Code führt. Stattdessen ist es in der Regel besser, das Funktionsergebnis mit `return` zurückzugeben und dann zu speichern.

Das folgende Listing liefert Ihnen hierfür ein Beispiel. Hintergrundinformationen zum Umgang mit Parametern folgen im nächsten Abschnitt.

```
def f1(x):
  return x+3

z = 3
z = f1(z)
print(z)    # Ausgabe 6
```

Lokale Variablen sind für jeden Funktionsaufruf lokal!

Funktionen dürfen sich selbst oder andere Funktionen aufrufen. Dabei sind lokale Variablen ebenso wie die im nächsten Abschnitt beschriebenen Parameter für *jeden* Funktionsaufruf lokal und beeinflussen einander nicht.

Nur so ist die Programmierung rekursiver Algorithmen möglich, bei der eine Funktion immer wieder sich selbst aufruft, etwa um eine hierarchische Datenstruktur Ebene für Ebene abzuarbeiten. Beispiele für rekursive Funktionen folgen in Abschnitt 9.4, »Rekursion«.

9.3 Parameter

Parameter dienen dazu, Daten an eine Funktion zu übergeben. Grundsätzlich ist die Funktionsweise leicht zu verstehen. Es gibt aber eine Menge Varianten und Sonderfälle, die einerseits viel Gestaltungsspielraum geben, die aber andererseits das Leben für Python-Einsteiger nicht gerade leichter machen.

Parameter für unveränderliche Typen (immutable)

Intern verhalten sich die Parameter wie lokale Variablen. Ein Parameter mit dem Namen x ist somit vollkommen unabhängig von einer gleichnamigen Variablen, die außerhalb der Funktion definiert ist:

```
def f1(x):
  print(x)
  x=6          # die Veränderung gilt nur für den
  print(x)     # Parameter innerhalb der Funktion

x=3
f1(x)          # Ausgabe: zuerst 3, dann 6
print(x)       # Ausgabe 3, die Variable x ist unverändert
```

Ein wenig diffizil ist aber die Frage, ob eine Funktion den Parameter verändern kann oder nicht. Für die Übergabe von Daten in den Parametern einer Funktion gelten dieselben Regeln wie bei Variablenzuweisungen (siehe Abschnitt 2.2, Stichwort »Mutable oder immutable«). Das bedeutet, dass bei unveränderlichen Datentypen eine Änderung der Daten durch die Funktion ausgeschlossen ist, wie auch das obige Beispiel beweist.

Parameter für veränderliche Typen (mutable)

Deutlich komplizierter ist die Lage bei veränderlichen Datentypen, z. B. bei Listen oder allgemein bei Objekten. Auch in diesem Fall führt eine direkte Zuweisung dazu, dass die Daten nur innerhalb der Funktion, aber nicht außerhalb verändert werden:

```
def f1(x):
  x=[4, 5]      # die Neuzuweisung von x
  print(x)      # gilt nur innerhalb der Funktion

x=[1, 2]
f1(x)           # Ausgabe [4, 5]
print(x)        # Ausgabe [1, 2]
```

Sehr wohl möglich ist hingegen eine Veränderung am *Inhalt* eines Objekts, einer Liste, eines Sets etc., also beispielsweise das Hinzufügen eines weiteren Elements!

```
def f1(x):
  x.append(3)   # die Veränderung von x gilt auch nach dem
  print(x)      # Ende der Funktion (Listen sind mutable)

x=[1, 2]
f1(x)           # Ausgabe [1, 2, 3]
print(x)        # Ausgabe [1, 2, 3]!
```

Optionale Parameter

Mit para=default definieren Sie für einen Parameter einen Defaultwert. Dieser Parameter ist damit gleichzeitig optional. Alle optionalen Parameter müssen am Ende der Parameterliste angegeben werden.

Damit der Aufruf von Funktionen mit vielen optionalen Parametern übersichtlicher ist, können Sie die Funktionsparameter auch in der Schreibweise name=wert übergeben. Der Funktionsaufruf mit benannten Parametern hat zudem den Vorteil, dass Sie sich nicht an die Reihenfolge der Parameter halten müssen und der Code unter Umständen besser lesbar wird.

```
def f(a, b, c=-1, d=0):
  print(a, b, c, d)

f(6, 7, 8, 9)      # Ausgabe 6 7  8 9
```

165

```
f(6, 7, 8)           # Ausgabe 6 7  8 0
f(a=6, b=7, d=9)     # Ausgabe 6 7 -1 9
f(d=9, b=7, a=6)     # Ausgabe 6 7 -1 9
f(6, 7)              # Ausgabe 6 7 -1 0
f(6, 7, d=3)         # Ausgabe 6 7 -1 3

f(6)                 # Fehler, b fehlt
f(b=6, c=7)          # Fehler, a fehlt
```

Variable Parameteranzahl

Wenn Sie einen Parameter in der Form *para oder **para definieren, nimmt dieser Parameter beliebig viele Werte entgegen. Bei *para stehen diese Parameter anschließend als Tupel zur Verfügung, bei **para als Dictionary. **para-Argumente *müssen* als benannte Parameter übergeben werden.

```
def f(a, b, *c):
  print(a, b, c)

f(1, 2, 3)           # Ausgabe 1 2 (3)
f(1, 2, 3, 4)        # Ausgabe 1 2 (3, 4)
f(1, 2, 3, 4, 5, 6)  # Ausgabe 1 2 (3, 4, 5, 6)
```

Wenn die Daten, die Sie an eine Funktion übergeben wollen, in einer Liste, einem Tupel oder einer anderen aufzählbaren Datenstruktur vorliegen, ist beim Funktionsaufruf auch die Schreibweise function(*liste) erlaubt. Damit werden die Elemente der Liste automatisch auf die Parameter verteilt:

```
def f(a, b, *c):
  print(a, b, c)

l = [1, 2, 3, 4, 5, 6]
f(*l)                # Ausgabe 1 2 (3, 4, 5, 6)
```

Die Schreibweise *liste können Sie in den Parametern *jeder* Funktion verwenden, z. B. auch in print:

```
l = [1, 2, 3]
print(l)    # ganze Liste ausgeben, Ausgabe '[1, 2, 3]'
print(*l)   # Listenelemente werden zu Parametern,
            # Ausgabe '1 2 3'
```

In Kombination mit der *List Comprehension* können sich Ausdrücke ergeben, die auf den ersten Blick merkwürdig aussehen. Im folgenden Beispiel bildet [x*x for ...] Quadrate aller Listenelemente. * bewirkt, dass die Ergebnisse als print-Parameter verwendet werden:

```
l = [1, 2, 3]
print(*[x*x for x in l])   # Ausgabe 1 4 9
```

Innerhalb der Funktion können Sie mit len(c) feststellen, wie viele Parameter übergeben wurden. Das folgende Beispiel demonstriert den Umgang mit einem **-Parameter:

```
def f(a, b, **c):
  print(a, b, c)


f(1, 2)              # Ausgabe 1 2 {}
f(1, 2, x=4, y=7)    # Ausgabe 1 2 {'y': 7, 'x': 4}
```

Benannte Parameter können auch mit der Schreibweise **dict aus einem Dictionary in die Parameterliste übertragen werden:

```
def f(a, b, **c):
  print(a, b, c)


dict = {'a': 1, 'b': 2, 'x': 3, 'y': 4, 'z': 5}
f(**dict)            # Ausgabe 1 2 {'y': 4, 'x': 3, 'z': 5}
```

In der Parameterliste darf es maximal einen *- oder **-Parameter geben. Einem **-Parameter dürfen keine weiteren Parameter mehr folgen. Bei *-Parametern sind weitere einfache Parameter erlaubt. Diese müssen aber immer benannt werden, wie das folgende Beispiel zeigt:

```
def f(a, b, *c, x):
  print(a, b, c, x)
```

```
f(1, 2, x=3)
# Ausgabe 1 2 () 3

f(1, 2, 3, 4, x=5)
# Ausgabe 1 2 (3, 4) 5
```

Keep it simple, stupid!

Python erlaubt also sowohl den Aufbau von ziemlich komplexen Parameterlisten als auch die Übergabe von Parametern in vielen erdenklichen Syntaxvarianten. Ihr Ziel sollte es aber immer sein, dass der Code gut lesbar und verständlich bleibt. Übertreiben Sie es also nicht!

Parametertyp überprüfen

Im Gegensatz zu anderen Sprachen ist es in Python nicht möglich, den Typ eines Parameters zu limitieren. Beispielsweise könnte es sein, dass Sie eine Funktion programmieren möchten, die als Parameter nur eine ganze Zahl akzeptiert. In solchen Fällen können Sie im Code Ihrer Funktion mit der Funktion isinstance überprüfen, ob der Typ korrekt ist:

```
def f(n):
    if isinstance(n, int):
        return 2*n
    else:
        print('ungültiger Parameter')
        return -1

print(f(3))     # Ausgabe 6
print(f('abc')) # Ausgabe 'ungültiger Parameter' sowie -1
```

In Kapitel 10, »Umgang mit Fehlern (Exceptions)«, werden Sie lernen, dass die beste Reaktion nach dem Erkennen eines nicht korrekten Datentyps darin besteht, einen Fehler auszulösen.

Type Annotations

Wie bei Variablen erlaubt Python seit Version 3.6 auch bei Funktionen die optionale Angabe des vorgesehenen Datentyps für alle Parameter und für den Rückgabewert (Syntax -> typ). Derartige *Type Annotations* haben aber nur Dokumentations-Charakter. Sie sollen zeigen, wie die beabsichtigte Anwendung einer Funktion aussieht. Wie das folgende Beispiel beweist, kümmert sich der Python-Interpreter aber in keiner Weise um die Einhaltung der Typen:

```
def f(n: int) -> int:
    return 2*n

print(f(3))     # 6 (vorgesehene Nutzung der Funktion)
print(f('abc')) # 'abcabc' (nicht vorgesehen, aber auch OK)
```

9.4 Rekursion

Wenn sich Funktionen selbst aufrufen, spricht man von *Rekursion*. Das klingt ganz einfach, und tatsächlich zeichnen sich viele rekursive Funktionen durch verblüffend knappen Code aus. Dennoch ist die Programmierung rekursiver Funktionen gerade für Einsteiger eine große Herausforderung. Das Hauptproblem ist dabei, sich den Ablauf des Codes in den verschiedenen Ebenen der Funktion richtig vorzustellen.

Rekursive Algorithmen eignen sich besonders gut, um hierarchische Datenstrukturen zu verarbeiten, also z. B. um alle Verzeichnisse der Festplatte oder Baumstrukturen zu durchsuchen. Eine gute Einführung in die Denkweise der Rekursion gibt die Wikipedia:

https://de.wikipedia.org/wiki/Rekursion

Fakultät rekursiv berechnen

Die Funktion f errechnet die Fakultät einer ganzen Zahl. Die Fakultät von n ist das Produkt aller Zahlen zwischen 1 und n. Demzufolge gibt das Programm 1*2*3*4*5=120 aus.

Wie aber funktioniert das Programm? Die Programmausführung beginnt mit der Zeile `result = f(5)`. Dort wird die Funktion f mit dem Parameter 5 ausgeführt. Innerhalb dieser Funktion wird nun `return 5 * f(4)` aufgerufen. Bevor die Funktion mit `return` verlassen werden kann, muss also schnell noch die Fakultät von 4 ermittelt werden.

An dieser Stelle findet die Rekursion statt: Die f-Funktion ruft sich selbst auf. Und – Sie haben es sicher schon erraten – zur Berechnung von f(4) muss wiederum f(3) aufgerufen werden etc. Der rekursive Aufruf endet erst mit f(1), wo ohne weitere Aufrufe direkt das Ergebnis 1 zurückgegeben wird.

```
# Beispieldatei faculty.py
def f(n):
    if n<=1:
        return 1
    else:
        return n * f(n-1)

result = f(5)
print(result)  # 120
```

Unkontrollierte Rekursion

Wenn Sie einen Fehler in Ihre rekursive Funktion einbauen oder wenn das zu lösende Problem tatsächlich äußerst komplex ist, kann es passieren, dass die maximale Verschachtelungstiefe überschritten wird. Python bricht die Programmausführung dann mit einer Fehlermeldung ab, wie das folgende Beispiel zeigt.

```
# Beispieldatei recursiondepth.py
def f(n):
    # Vorsicht, unkontrollierte Rekursion
    return 1 + f(n)

f(2)  # RecursionError: maximum recursion depth exceeded
```

Die maximale Rekursionstiefe können Sie mit der sys-Funktion getrecursionlimit ermitteln und mit setrecursionlimit verändern.

```
import sys
sys.getrecursionlimit()       # üblicherweise 1000
sys.setrecursionlimit(2000)   # auf 2000 anheben
```

Bei meinen Tests änderte setrecursionlimit allerdings unter Linux und macOS nichts daran, dass der RecursionError weiterhin nach 1.000 ineinander verschachtelten Funktionsaufrufen auftrat. Unter Windows stürzte das Programm nun ohne Fehlermeldung ab – auch nicht besser.

Ein Beitrag in Stackoverflow weist darauf hin, dass häufig auch die Größe des Stacks verändert werden muss:

https://stackoverflow.com/questions/2917210

Im obigen Beispiel half das aber nicht. Ganz generell empfiehlt die Python-Dokumentation, stark rekursive Algorithmen zu vermeiden. Python ist (im Gegensatz zu manchen anderen Programmiersprachen) nicht dafür optimiert.

9.5 Lambda-Funktionen

Eigene Funktionen verwenden Sie oft aus zwei Gründen: einerseits, um komplexen Code in überschaubare Teile zu zerlegen, oder andererseits, weil Sie eine bestimmte Aufgabe an verschiedenen Stellen im Code erledigen möchten, um redundanten Code zu vermeiden. Mitunter gibt es aber eine dritte Variante: Sie brauchen an *einer* Stelle im Code – z. B. in map, filter oder zur Formulierung einer einfachen Callback-Funktion – eine oft recht einfache Funktion. Der herkömmliche Weg ist dann recht umständlich: Sie müssen eine oft nur einzeilige Funktion explizit mit def definieren, um sie dann nur ein einziges Mal zu verwenden.

Für solche Fälle bieten sich Lambda-Funktionen als platzsparende Alternative an: Dabei handelt es sich um Funktionen, die ad hoc definiert *und* gleichzeitig an dieser Stelle im Code sofort verwendet werden. Aus diesem Grund besteht auch keine Notwendigkeit, der Funktion einen Namen zu geben, weswegen Lambda-Funktionen korrekt als *anonyme Funktionen* bezeichnet werden. Etwas salopper könnte man auch von »Wegwerf-Funktionen« sprechen, die nur für den einmaligen Einsatz definiert werden.

Die folgende Zeile zeigt die Syntax zur Definition einer Lambda-Funktion. Die größte Einschränkung von Lambda-Funktionen im Vergleich zu anderen Funktionen besteht übrigens darin, dass Lambda-Funktionen nur aus einem einzigen Ausdruck bestehen dürfen!

```
lambda var1, var2, var3, ...: ausdruck
```

Die folgenden Zeilen zeigen den Einsatz von gleich zwei Lambda-Funktionen: Der erste Lambda-Ausdruck erkennt durch 3 teilbare Zahlen und verwendet dieses Kriterium, um Elemente in lst2 aufzunehmen. Der zweite Lambda-Ausdruck wird auf alle Elemente von lst2 angewandt, um sie ganzzahlig durch 3 zu dividieren. Die resultierende Liste landet in lst3:

```
lst1 = [1, 2, 3, 9, 345, 36, 33]

# lst2 enthält alle durch 3 teilbaren Elemente von l1
lst2 = list(filter(lambda x: x%3==0, lst1))
print(lst2)  # Ausgabe [3, 9, 345, 36, 33]

# alle Elemente von l2 durch 3 dividieren
lst3 = list(map(lambda x: x//3, lst2))
print(lst3)  # Ausgabe [1, 3, 115, 12, 11]
```

Unüblich, aber syntaktisch erlaubt ist es, eine Lambda-Funktion einer Variablen zuzuweisen. Diese Variable können Sie dann wie eine gewöhnliche Funktion verwenden. Die beiden Funktionen f1 und f2 im folgenden Code sind daher gleichwertig:

```
# gewöhnliche Funktion
def f1(x, y):
  return (x+1) * (y+1)
```

```
# gleichwertige Lambda-Funktion
f2 = lambda x, y: (x+1) * (y+1)

print(f1(2, 3))  # Ausgabe 12
print(f2(2, 3))  # Ausgabe 12
```

9.6 Funktionale Programmierung

Python kann mit Funktionen ungemein flexibel umgehen. Das vorige Lambda-Beispiel hat bereits gezeigt, dass Sie Funktionen so wie Zahlen, Listen oder Objekte ohne Weiteres in einer Variablen speichern können – um diese Variable dann wie eine Funktion einzusetzen.

Beispiel: Funktionsgenerator

Ebenso können Funktionen selbst an die Parameter einer anderen Funktion übergeben werden. Funktionen können auch mit return eine Funktion als Ergebnis zurückgeben. Betrachten Sie das folgende Beispiel:

```
# Beispieldatei funcbuilder1.py
import math

def funcbuilder(f, n):
  def newfunc(x):
      return f(n*x)  # Ergebnis von newfunc
  return newfunc      # Ergebnis von funcbuilder

# bildet die Funktion sin(2*x)
f1 = funcbuilder(math.sin, 2)
print(f1(0.4), math.sin(0.4*2))
# Ausgabe 0.7173560908995228 0.7173560908995228

# bildet die Funktion cos(4*x)
f2 = funcbuilder(math.cos, 4)
print(f2(0.07), math.cos(0.07*4))
# Ausgabe 0.9610554383107709 0.9610554383107709
```

funcbuilder erwartet als Parameter eine Funktion und eine Zahl. Damit wird die neue Funktion neu(x)=f(n*x) gebildet. return gibt die Funktion zurück. Die restlichen Zeilen zeigen die Anwendung von funcbuilder samt der Berechnung eines Vergleichwerts zur Kontrolle.

Wenn Sie in funcbuilder einen Lambda-Ausdruck verwenden, können Sie den Code weiter verkürzen. Es gibt nur wenige Programmiersprachen, die solche Konstrukte derart elegant unterstützen.

```
def funcbuilder(f, n):
  return lambda x: f(n*x)
```

Beispiel: verschachtelter Funktionsgenerator

Das nächste Beispiel verfolgt eine ähnliche Idee, liefert allerdings keine Funktion, sondern gleich ein Ergebnis zurück. Die Funktion erwartet drei Parameter: f, g und x. Dabei müssen f und g Funktionen sein. Das Resultat ist f(g(x)).

```
# Beispieldatei funcbuilder2.py
import math
def verschachteln(f, g, x):
  return f(g(x))

# Anwendung
verschachteln(print, math.sin, 0.2) # 0.19866933079506122
print(math.sin(0.2))                # 0.19866933079506122

ergebnis = verschachteln(math.sin, math.sqrt, 0.5)
print(ergebnis == math.sin(math.sqrt(0.5)))  # True
```

Beispiel: Listengenerator

Im dritten Beispiel erzeugt die Funktion buildlist eine Liste. An die Funktion werden vier Parameter übergeben: n legt die Anzahl der Listen-elemente an. start und end geben den gewünschten Wertebereich fest. fn ist schließlich selbst eine Funktion, die einen Parameter erwartet.

Ein Aufruf in der Form buildlist(5, 0.0, 4.0, math.sqrt) liefert eine Liste mit fünf Elementen, wobei das erste Element die Quadratwurzel von 0, das letzte die Quadratwurzel von 4 und die dazwischenliegenden Elemente entsprechend Wurzeln im Wertebereich zwischen 0 und 4 liefern.

Im zweiten Anwendungsbeispiel wird als Funktion lambda x: x übergeben – also eine Funktion, die den Parameter unverändert zurückgibt. Aus Platzgründen sind die Ergebnisse im Listing mit wenigen Nachkommastellen dargestellt. Tatsächlich treten kleine Rundungsfehler auf, so dass z. B. anstelle von 0,6 der Wert 0,6000000000000001 ausgegeben wird.

```
# Beispieldatei buildlist
def buildlist(n, start, end, fn):
    if n<=1:
       return []  # leeres Ergebnis
    delta = (end - start) / (n-1)
    return [ fn(start + i*delta) for i in range(n)]


# Anwendung
lst1 = buildlist(5, 0.0, 4.0, math.sqrt)
print(lst1)
# Ausgabe [0.0, 1.0, 1.41, 1.73, 2.0]

lst2 = buildlist(11, 0.0, 2.0, lambda x: x)
print(lst2)
# Ausgabe [0.0, 0.2, 0.4, 0.6, 0.8, 1.0, ..., 1.8, 2.0]
```

Über den praktischen Nutzen dieser Spielereien kann man geteilter Meinung sein. Vor allem mathematisch ausgebildete Programmierer werden Freude an ihnen haben. Viele mathematische Konzepte lassen sich in Python einfacher realisieren als in anderen Programmiersprachen. Es ist kein Zufall, dass Guido van Rossum, der Erfinder der Programmiersprache Python, selbst Mathematik studiert hat. Einen guten Einführungsartikel in die funktionale Programmierung finden Sie z. B. hier:

https://maryrosecook.com/blog/post/a-practical-introduction-to-functional-programming

9.7 Generatoren

Als *Generator* gilt in Python eine Funktion, die mehrteilige Ergebnisse erst bei Bedarf liefert. In der Fachsprache nennt man solche Funktionen auch *lazy*. Sie sind insofern *faul*, als sie nicht vorausschauend möglichst viel Arbeit vorweg erledigen, sondern immer abwarten, bis die Daten tatsächlich benötigt werden.

Während eine klassische Funktion beispielsweise eine Ergebnisliste mit 100 Elementen zuerst vollständig erzeugt und dann komplett zurückgibt, liefert ein Generator immer nur so viele Elemente, wie gerade verarbeitet werden können. Das hat zwei Vorteile: Zum einen spart der Generator Speicherplatz, weil eine (vielleicht riesige) Liste nicht vollständig im Speicher gehalten werden muss, sondern Element für Element verarbeitet werden kann. Zum anderen kann ein Generator auch Zeit sparen – nämlich dann, wenn nach der Verarbeitung der ersten 100 Ergebnisse klar wird, dass die weiteren 9.900 Ergebnisse ohnehin nicht mehr benötigt werden.

Die Programmierung eines Generators ist in Python denkbar einfach. Anstatt das gesamte Ergebnis mit `return` zurückzugeben, liefern Sie nur ein Teilergebnis mit `yield` zurück. `yield` beendet die Ausführung des Funktionscodes nur vorübergehend. Beim Abruf eines weiteren Elements wird der Code fortgesetzt. Wenn Sie die Ausführung eines Generators endgültig beenden wollen, verwenden Sie innerhalb der Funktion wie bisher `return`.

Beispiel: Fibonacci-Zahlen

Das Konzept eines Generators wird mit einem Beispiel gleich besser verständlich. Ihr Ziel ist es, eine vordefinierte Anzahl von Fibonacci-Zahlen zu erzeugen. Bei dieser Zahlenserie lauten die beiden ersten Werte 0 und 1. Alle weiteren Zahlen ergeben sich jeweils aus der Summe der beiden vorigen Zahlen. Damit ergibt sich diese Serie:

0, 1, 1, 2, 3, 5, 8, 13 …

Hintergründe zu diesen Zahlen können Sie in der Wikipedia nachlesen:

https://de.wikipedia.org/wiki/Fibonacci-Folge

fiblst zeigt eine gewöhnliche Implementierung einer Funktion, die die ersten n Fibonacci-Zahlen liefert:

```
# Beispieldatei fibonacci.py
# die ersten n Fibonacci-Zahlen als Liste erzeugen
# (Idee: https://stackoverflow.com/questions/494594)
def fiblst(n):
    a, b = 0, 1
    result = []
    for _ in range(n):
        result += [a]
        a, b = b, a+b
    return result
```

```
print(fiblst(10))
# Ausgabe [0, 1, 1, 2, 3, 5, 8, 13, 21, 34]
```

Kurz eine Erklärung zum Algorithmus: a und b sind Variablen, die die letzten zwei Zahlen der Fibonacci-Folge enthalten. Sie werden zu Beginn mit 0 und 1 initialisiert, also mit den Startwerten der Folge. Bei jedem Schleifendurchgang wird a zur Ergebnisliste hinzugefügt. Dann wird in a der aktuelle Wert von b gespeichert, in b die Summe aus a und b.

Mit wenig Aufwand können Sie den Code als Generator formulieren. Dabei geben Sie einfach jedes Zwischenergebnis mit yield zurück und ersparen sich die Zusammensetzung einer Ergebnisliste:

```
# die ersten n Fibonacci-Zahlen mit Generator erzeugen
def fibgen(n):
    cnt = 0
    a, b = 0, 1
    for _ in range(n):
        yield a
        a, b = b, a+b
        cnt += 1
        if cnt > n:
            return
```

Ein direkter Aufruf von fibgen liefert ein unausgewertetes Generatorobjekt zurück. Damit Sie die erzeugten Fibonacci-Zahlen tatsächlich sehen, müssen Sie die Auswertung erzwingen – z. B. indem Sie mit list eine Liste erzeugen:

```
# Verwendung des Generators
print(fibgen(10))
# Ausgabe <generator object fibgen at 0x109569af0>

print(list(fibgen(10)))
# Ausgabe [0, 1, 1, 2, 3, 5, 8, 13, 21, 34]
```

Wenn Sie einen Generator selbst Element für Element auswerten möchten, verwenden Sie dazu die Funktion next. Im folgenden Code wird zuerst ein Generator für die ersten 100 Fibonacci-Zahlen erzeugt. In der Folge wird der Generator mit next so oft ausgewertet, bis die erste Fibonacci-Zahl größer als 1.000 ist:

```
# Fibonacci-Zahlen < 1000 ausgeben
gen = fibgen(100)
fib = next(gen)

while fib<1000:
    print(fib)
    fib = next(gen)
```

Dabei ist zu beachten, dass next einen Fehler liefert, wenn der Generator fertig ist. Wenn Sie den Code also mit gen = fibgen(10) begonnen hätten, würde der Generator nur die ersten zehn Fibonacci-Zahlen liefern. Da diese alle kleiner als 1000 sind, käme es danach zu einem weiteren Aufruf von next und in der Folge zum Fehler StopIteration. (Der Generator kann keine Werte mehr liefern.) Diesen Fehler können Sie vermeiden, indem Sie als zweiten Parameter von next einen Defaultwert angeben:

```
gen = fibgen(10)
fib = next(gen)
```

```
while fib<1000:
    print(fib)
    fib = next(gen, None)
    if fib == None:
        print('Generator erschöpft')
        break
```

In manchen Fällen können Sie Generatoren in Form sogenannter *Generator Expressions* in einer Kurzschreibweise formulieren. Ein Beispiel dafür finden Sie in Abschnitt 8.3, »for-Schleife«.

Vordefinierte Generatoren

Das Modul itertools enthält eine Sammlung oft benötigter Generatorfunktionen. Einen Überblick über diese Generatoren und eine Menge Anwendungsbeispiele finden Sie hier:

https://docs.python.org/3/library/itertools.html

9.8   Wiederholungsfragen und Übungen

▶ **W1:** Die in Python vordefinierten Funktionen min und max ermitteln das kleinste bzw. größte Element einer Liste. Programmieren Sie die Funktion minmax, die die beiden entsprechenden Elemente als Tupel zurückgibt – natürlich, ohne auf min und max zurückzugreifen.

▶ **W2:** Ein Palindrom ist ein Text, der von vorn und hinten gelesen den gleichen Inhalt hat – z. B. »Lagerregal« oder »Trug Tim eine so helle Hose nie mit Gurt?«. Leer- und Satzzeichen werden dabei ignoriert. Weitere Beispiele finden Sie hier:

https://de.wikipedia.org/wiki/Palindrom

Schreiben Sie eine Funktion, die testet, ob eine Zeichenkette ein Palindrom ist. Tipp: Verwenden Sie die Funktion str.isalpha, um zu testen, ob ein Zeichen ein Buchstabe ist.

▶ **W3:** Schreiben Sie eine Funktion, die die Qualität von Passwörtern nach einem einfachen Punktesystem bewertet. Es gelten dabei die folgenden Regeln:

- Passwort mit 7 oder weniger Zeichen: immer 0 Punkte
- ab 8 Zeichen: 1 Punkt
- enthält sowohl Groß- als auch Kleinbuchstaben: +1 Punkt
- enthält mehr als sechs unterschiedliche Zeichen: +1 Punkt (Die Regel soll Passwörter wie »11111111« verhindern.)
- enthält zumindest eine Ziffer: +1 Punkt
- enthält zumindest ein Sonderzeichen: +1 Punkt

Beispiele:

- `'abc'`: 0 Punkte
- `'abcdefghij'`: 2 Punkte
- `'ab1122$$!!'`: 4 Punkte
- `'abcd1234$!'`: 5 Punkte

▶ **W4:** Die Python-Funktion `sum(a, b, c)` berechnet die Summe aller übergebenen Parameter. Schreiben Sie eine äquivalente Funktion `prod`, die alle Parameter multipliziert.

▶ **W5:** Schreiben Sie eine Funktion, die eine Zeichenkette nach allen Vorkommen einer anderen Zeichenkette durchsucht und die Startpositionen als Liste zurückgibt. Beispiel:

```
print(findAll('abcefgabcxyzabcd', 'abc'))
# Ausgabe: [0, 6, 12]
```

▶ **W6 (schwierig):** Schreiben Sie eine rekursive Funktion, die den größten gemeinsamen Teiler (den ggT) von zwei Zahlen berechnet. Dabei handelt es sich um die größte Zahl, durch den beide Zahlen ohne Rest dividiert werden können.

Ihre Funktion soll den euklidischen Algorithmus implementieren. Dieser besagt:

- Dividiere die größere Zahl durch die kleinere.
- Wenn der Rest 0 ist: die kleinere Zahl ist der gesuchte ggT.
- Sonst: wiederhole den Vorgang, wobei als neuer Ausgangspunkt die vormals kleinere Zahl und der Rest dienen.

Beispiel:

- 80 / 65 = 1, Rest 15. Weiter mit 65 und 15.
- 65 / 15 = 4, Rest 5. Weiter mit 15 und 5.
- 15 / 5 = 3, Rest 0. Der ggT ist daher 5.

Link zur Wikipedia:

https://de.wikipedia.org/wiki/Euklidischer_Algorithmus

9

Kapitel 10

Umgang mit Fehlern (Exceptions)

Eine vergessene Klammer, eine fehlerhafte Einrückung, eine Klammer zu viel oder zu wenig – auf derartige Fehler reagiert Python bei der Ausführung des Scripts mit Fehlermeldungen. Derartige Syntaxfehler sind in der Regel leicht zu beheben. Hilfreich ist es auf jeden Fall, nicht zu viel Code auf einmal zu verfassen und das Programm regelmäßig zu testen.

In diesem Kapitel geht es freilich um ganz andere Probleme: Wie reagiert Python, wenn bei der Ausführung eines Programms ein Fehler auftritt? Wenn Sie also eine Division durch null durchführen, mit l[5] auf das fünfte Element einer Liste mit nur vier Elementen zuzugreifen versuchen oder wenn Sie eine Datei mit open(name, 'w') öffnen möchten, für die Ihr Programm keine Leseberechtigung hat.

Bei solchen sogenannten *Laufzeitfehlern*, die erst auftreten, wenn das Programm bereits läuft, löst Python eine *Exception* aus. Das Programm befindet sich in einem Ausnahmezustand, es läuft nicht mehr richtig. Die Exception informiert Sie über das Problem.

Laufzeitfehler sind auch bei korrekter Programmierung nicht immer vermeidbar: Sie haben keinen Einfluss darauf, ob der Anwender Ihres Scripts den USB-Stick plötzlich entfernt oder das Netzwerkkabel löst. Deswegen gibt Ihnen Python (wie fast alle anderen Programmiersprachen) die Möglichkeit, Ihren Code mit try/except abzusichern. Damit können Sie Ihr Programm selbst dann fortsetzen, wenn eine Exception auftritt. Verzichten Sie dagegen auf die Absicherung, dann endet Ihr Script mit einer unschönen Fehlermeldung.

Umgekehrt kann es bei der Programmierung eigener Funktionen, Methoden oder Klassen auch zweckmäßig sein, eigene Fehler auszulösen: Sie weisen damit andere Programmierer darauf hin bzw. erinnern sich selbst daran, wie die Funktion korrekt zu nutzen ist.

10.1 Fehlerabsicherung mit »try« und »except«

Die Syntax für try und except ist einfach. Das folgende Listing zeigt gleich alle Syntaxvarianten:

```
try:
    # fehleranfälliger Code
except aaaError:
    # Reaktion auf einen bestimmten Fehler
except bbbError as err:
    # Reaktion auf noch einen Fehler; die
    # Variable err enthält Informationen zum Fehler.
except (cccError, dddError):
    # Reaktion auf die aufgezählten Fehler
except (eeeError, fffError) as err:
    # Reaktion auf die aufgezählten Fehler; die
    # Variable err enthält Informationen zum Fehler.
except:
    # Reaktion auf alle anderen Fehler
else:
    # Wird ausgeführt, wenn kein Fehler aufgetreten ist.
finally:
    # Wird immer ausgeführt, egal, ob ein Fehler
    # aufgetreten ist oder nicht.
```

Im Anschluss an try und den abzusichernden Code muss zumindest ein except- oder finally-Block folgen. Alle anderen Teile der try-Konstruktion sind optional. Tritt ein Fehler auf, sucht Python die erste auf den Fehler zutreffende except-Anweisung. except ohne einen Fehlernamen gilt dabei als Defaultanweisung, die auf jede Art von Fehler zutrifft.

Sofern es einen zutreffenden except-Block gibt, wird der dort angegebene Code ausgeführt. Anschließend gilt der Fehler als erledigt. Das Programm wird im Anschluss an die try-Konstruktion fortgesetzt.

Der Code im else-Block wird im Anschluss an den try-Code ausgeführt, sofern dort kein Fehler aufgetreten ist. In der Praxis ist ein else-Block nur selten sinnvoll. Die einzige Ausnahme: Mit hier platziertem Code können

Sie unkompliziert feststellen, ob der `try`-Code ohne Fehler ausgeführt worden ist.

Code im `finally`-Block wird *immer* ausgeführt, entweder im Anschluss an den fehlerfreien `try`-Code oder nach einem Fehler im Anschluss an den entsprechenden `except`-Code. Im Unterschied zu `else` wird `finally` in der Praxis recht häufig verwendet, um Aufräumarbeiten durchzuführen, die auf jeden Fall erforderlich sind, beispielsweise um offene Dateien zu schließen oder um Datenbank- oder Netzwerkverbindungen zu beenden.

»with«/»as«

Wenn es Ihnen nicht um die Fehlerabsicherung, sondern nur um das automatische Freigeben von Ressourcen geht, können Sie eine `with/as`-Konstruktion bilden. Diese Schlüsselwörter sowie ein Anwendungsbeispiel erläutere ich in Kapitel 14, »Dateien lesen und schreiben«.

Beispiel

Im folgenden Beispiel ist der Code zum Auslesen einer Datei abgesichert. Der Umgang mit Dateien ist eigentlich erst Thema von Kapitel 14, »Dateien lesen und schreiben«. Aber ich denke, der Code ist auch ohne große Erklärungen verständlich.

Sollte ein Fehler auftreten, wird eine kurze Fehlermeldung ausgegeben. Interessant ist vor allem der `finally`-Code: Hier wird getestet, ob `f` eine lokale Variable ist (Funktion `locals`) und ob sie nicht leer ist: In diesem Fall wird die Datei geschlossen. Alternativ können Sie auch mit `with/as` arbeiten (siehe den vorigen Kasten).

```
# Beispieldatei readfile.py
try:
    # Datei readme.txt öffnen
    f = open('readme.txt')
    # alle Zeilen der Datei lesen und ausgeben
    for line in f:
        print(line, end='')
```

```
except:
    print('Es ist ein Fehler aufgetreten.')
finally:
    if 'f' in locals() and f:
        f.close()
```

Wenn Sie die except-Anweisung in der Form except xxxError as var formulieren, enthält var ein Objekt einer Klasse, die von der BaseException-Klasse abgeleitet ist. Tabelle 10.1 zählt einige vordefinierte Fehler auf. Details zu vielen weiteren Fehlern können Sie hier nachlesen:

https://docs.python.org/3/library/exceptions.html

Fehler	Bedeutung
EOFError	Dateiende erreicht (*end of file*)
FileNotFoundError	Datei existiert nicht.
IndexError	Zugriff auf nicht vorhandenes Element (Liste, Zeichenkette)
KeyboardInterrupt	Benutzer hat Strg + C gedrückt
KeyError	Zugriff auf nicht vorhandenes Element (Dictionary)
NameError	Zugriff auf nicht vorhandene Variable oder Methode
PermissionError	unzureichende Rechte für Dateizugriff
RecursionError	Überschreitung der maximalen Rekursionstiefe
TypeError	falscher Datentyp (z. B. Zeichenkette statt Zahl)
UnicodeError	fehlerhafte Codierung einer Zeichenkette
ValueError	Parameter außerhalb des zulässigen Datenbereichs
ZeroDivisionError	Division durch null

Tabelle 10.1 Ausgewählte vordefinierte Fehler (Exceptions)

Mehr Beispiele

Besonders wichtig ist die Fehlerabsicherung immer dann, wenn Sie auf Dateien oder Verzeichnisse zugreifen. Deswegen finden Sie etliche Beispiele für die Anwendung von try und except in Kapitel 14, »Dateien lesen und schreiben«.

Catch-all-Absicherung

Normalerweise ist es empfehlenswert, die Fehlerabsicherung konkret auf die zu erwartenden Fehler abzustimmen. Wenn Sie hingegen jeden Fehler abfangen, gleichzeitig aber Informationen über den Fehler erhalten möchten, formulieren Sie den except-Block wie folgt:

```
except BaseException as err:
    print('Es ist ein Fehler aufgetreten:', err)
```

Da sämtliche Fehlerzustände von der BaseException abgeleitet sind, trifft der obige except-Block auf alle Fehler zu. Wird das obige Beispielprogramm ausgeführt und existiert im aktuellen Verzeichnis keine Datei mit dem Namen readme.txt, dann erhalten Sie diese Fehlermeldung:

```
Es ist ein Fehler aufgetreten: [Errno 2] No such file
or directory: 'readme.txt'
```

Auswertung von Exception-Objekten

Bei der Auswertung von Exception-Objekten ist in der Regel nur deren Variable args von Interesse. Sie liefert ein Tupel mit allen Parametern, die beim Auslösen des Fehlers übergeben wurden. Wenn ein Exception-Objekt in eine Zeichenkette umgewandelt wird – wahlweise explizit durch str(e) oder implizit in der print-Funktion –, dann wird der Inhalt von args automatisch in eine Zeichenkette umgewandelt.

```
try:
    n=1/0
except ZeroDivisionError as e:
    print(e)  # Ausgabe: 'division by zero'
```

Nichts tun mit »pass«

Mitunter kommt es vor, dass Sie einen bestimmten Fehler erwarten, darauf aber nicht reagieren möchten. Mit except xxx: fangen Sie den Fehler ab. Aber wie formulieren Sie Ihr Programm, damit es in diesem Fall nichts tut, also nicht einmal eine Fehlermeldung anzeigt?

Irgendeinen Code *müssen* Sie nach except xxx: angeben, sonst ist das Programm syntaktisch nicht korrekt. Für solche Fälle sieht Python die Anweisung pass vor. Die folgenden Zeilen zeigen eine mögliche Anwendung in einer Endlosschleife, die durch [Strg]+[C] unterbrochen werden kann. Sie erwarten also einen KeyboardInterrupt (siehe Abschnitt 10.3, »Programmunterbrechungen abfangen«) und wollen in diesem Fall Ihr Programm ordentlich beenden.

```
try:
    while 1:
        do_something()
except KeyboardInterrupt:
    pass           # keine Fehlermeldungen anzeigen
finally:
    xxx.close()  # Aufräumarbeiten
```

Fehler in verschachteltem Code

Bei Code, der durch Funktionen oder Klassen strukturiert ist, wird der Umgang mit Fehlern noch spannender: Beim Auftreten eines Fehlers stellt Python zunächst fest, ob der Code direkt durch try abgesichert ist. Ist das nicht der Fall, wird die aktuelle Funktion oder Methode verlassen.

Jetzt kommt es darauf an, ob der Code an der Stelle durch try abgesichert wurde, an der der Funktions- oder Methodenaufruf stattfand. Bei verschachtelten Funktions- und Methodenaufrufen hangelt sich Python gewissermaßen bis zur untersten Ausführebene Ihres Programms hinunter. Nur wenn die Fehlerabsicherung auch dort fehlt, wird das Programm mit einer Fehlermeldung abgebrochen.

Für die Fehlersuche ist es oft wichtig, festzustellen, wie eine Exception zustande kommt. Dabei helfen die Funktionen des traceback-Moduls. print_exc() gibt an, welche Funktionen und Methoden in welcher Reihenfolge aufgerufen wurden, als der letzte Fehler auftrat.

Im folgenden Beispiel wird in der try-Konstruktion f1 aufgerufen. f1 ruft wiederum f2 auf, und dort tritt eine Division durch 0 auf. Da weder f2 noch f1 gegen Fehler abgesichert sind, kommt die try-Konstruktion auf der untersten Ebene zur Anwendung. Dort wird der Fehler festgestellt.

```
# Beispielprogramm nested.py
import traceback
def f2(x):
    return 2/(x-1)

def f1(x):
    ergebnis = f2(x) + 7
    return ergebnis

try:
    n=f1(1)
    print(n)
except ZeroDivisionError as e:
    print(traceback.print_exc())
```

Das Programm zeigt die folgende Fehlermeldung an:

```
Traceback (most recent call last):
  File "./nested.py", line 11, in <module>
    n=f1(1)
  File "./nested.py", line 7, in f1
    ergebnis = f2(x) + 7
  File "./nested.py", line 4, in f2
    return 2/(x-1)
ZeroDivisionError: division by zero
None
```

10.2 Selbst Exceptions auslösen (»raise«)

In selbst programmierten Funktionen und Methoden ist es mitunter zweckmäßig, selbst eine Exception auszulösen. Auf diese Weise können Sie den Anwender Ihrer Funktionen oder Klassen darüber informieren, dass ein Fehler aufgetreten ist. Sofern Sie für die Fehlerweitergabe mit den in Python vordefinierten Ausnahmen Ihr Auslangen finden, ist der Codeaufwand minimal. Sie übergeben einfach ein entsprechendes Exception- oder Error-Objekt an raise:

```
def f(x, y):
    if x < 0 or y < 0:
        raise ValueError('Verwenden Sie positive Parameter!')
    return x*y
```

Eigene Error-Klassen

Wenn Sie mit den vordefinierten Fehlerklassen nicht zufrieden sind, müssen Sie sich die Mühe machen und selbst eine entsprechende Klasse definieren. Dazu werfen Sie zuerst einen Blick in das folgende Kapitel und dort speziell in Abschnitt 11.8, »Vererbung«. Mit diesem Grundlagenwissen ausgestattet, können Sie den Ausführungen im Python-Handbuch problemlos folgen:

https://docs.python.org/3/tutorial/errors.html#user-defined-exceptions

10.3 Programmunterbrechungen abfangen

Python-Programme, die im Terminal ausgeführt werden, können jederzeit durch Strg+C abgebrochen werden. Es gibt zwei Möglichkeiten, dies zu verhindern bzw. beim Drücken dieser Tastenkombination zumindest einen geordneten Rückzug einzuleiten.

Absicherung mit »try«/»except«

Die eine Variante nutzt die try/except-Konstruktion, die ich bereits weiter vorn in diesem Kapitel vorgestellt habe. Der Programmabbruch durch ⌈Strg⌉+⌈C⌉ gilt nämlich ebenfalls als KeyboardInterrupt-Exception und kann somit abgefangen werden:

```
# Beispieldatei strgc-try.py
try:
    # Endlosschleife
    cnt=0
    while 1:
        cnt+=1
        print(cnt)
except KeyboardInterrupt:
    print('Strg+C wurde gedrückt, Programmende')
```

Absicherung mit »signal«

Die andere Variante verwendet das signal-Modul, um gezielt auf das SIGINT-Signal zu reagieren, das hinter den Kulissen versendet wird, wenn ein Anwender ⌈Strg⌉+⌈C⌉ drückt. Im folgenden Beispiel wird die Funktion abbruch definiert. Diese Funktion *muss* zwei Parameter enthalten, auch wenn diese hier gar nicht benutzt werden. In der Funktion bewirkt der Aufruf der Funktion exit aus dem sys-Modul das sofortige Programmende.

signal.signal legt nun fest, dass die abbruch-Funktion aufgerufen wird, sobald das Programm ein SIGINT-Signal erhält.

```
# Beispieldatei strgc-signal.py
import signal, sys


# Abbruchfunktion
def abbruch(signal, frame):
    # Aufräumarbeiten
    print('Strg+C wurde gedrückt, Programmende')
    sys.exit(0)
```

```
# Signal-Handler einrichten
signal.signal(signal.SIGINT, abbruch)

# Endlosschleife
cnt=0
while 1:
    cnt+=1
    print(cnt)
```

Vorsicht bei der Wahl des Dateinamens!

Wenn Sie nicht die Beispieldateien zu diesem Buch verwenden und den Code stattdessen selbst eingeben, wäre es vielleicht naheliegend, das obige Programm in einer Datei mit dem Namen signal.py zu speichern. Tun Sie das nicht!

Das Problem ist nämlich, dass import zuerst im aktuellen Verzeichnis nach dem Modul signal sucht. Findet es dort die Datei signal.py, dann wird das richtige signal-Modul, das ganz woanders gespeichert ist, nicht mehr geladen. In der Folge kommt es zum Fehler *module 'signal' has no attribute 'SIGINT'*.

Diese Warnung gilt natürlich ganz generell: Benennen Sie Ihre Python-Dateien nicht wie Module, die Sie verwenden.

Probleme beim Programmabbruch

In der Theorie ist es also ganz einfach, auf Strg + C zu reagieren. In der Praxis funktionieren die beiden obigen Codebeispiele aber oft unzuverlässig oder gar nicht – abhängig davon, welcher Code gerade ausgeführt wird, wenn der Benutzer Strg + C drückt.

Handelt es sich dabei nämlich um eine Systemfunktion, auf die Python zurückgreift, kann Python nicht selbst auf Strg + C reagieren. Das betrifft unter anderem die meisten I/O-Funktionen, also print-Ausgaben am Bildschirm und das Lesen und Schreiben von Dateien, sowie `time.sleep()`. Hintergrundinformationen können Sie hier nachlesen:

https://stackoverflow.com/questions/4606942

Probleme kann aber auch die Verwendung von `signal` verursachen. Oft kommt es dabei zu einer hässlichen Fehlermeldung:

```
Traceback (most recent call last):
  File "C:\Users\kofler\strgc-signal.py", line 17,
  in <module> print(cnt)
  File "C:\Users\kofler\strgc-signal.py", line 7,
  in abbruch print('Strg+C wurde gedrückt, Programmende')
RuntimeError: reentrant call inside <_io.BufferedWriter
  name='<stdout>'>
```

Die Ursache dieser Fehlermeldung ist, dass `print` auf eine Systemfunktion des Betriebssystems zurückgreift, die nicht unterbrochen werden darf:

https://bugs.python.org/issue24283

10.4 Wiederholungsfragen und Übungen

▶ **W1:** Wie sichern Sie Codepassagen ab, in denen Fehler auftreten können?

▶ **W2:** Wie lösen Sie selbst Fehler aus? Unter welchen Umständen ist das zweckmäßig?

▶ **W3:** Die Funktion `shrink` soll eine Zeichenkette auf n Zeichen kürzen. Für n<15 liefert `shrink` einfach die ersten n Zeichen. Für größere n sollen die ersten n-10 und die letzten 5 Zeichen unverändert erhalten bleiben. Dazwischen fügt die Funktion ' ... ' ein. Drei Beispiele illustrieren die Funktionsweise:

```
print(shrink('abcdefghijklmnopqrstuvwxyz', 8))
print(shrink('abcdefghijklmnopqrstuvwxyz', 17))
print(shrink('abcdefghijklmnopqrstuvwxyz', 22))
```

```
# Ausgabe abcdefgh
#         abcdefg ... vwxyz
#         abcdefghijkl ... vwxyz
```

Schreiben Sie den Code für eine geeignete Funktion, und sichern Sie die Funktion bestmöglich gegen die Übergabe ungültiger oder falscher Parameter ab.

10

Kapitel 11

Objektorientierte Programmierung

Python unterstützt wie nahezu jede Programmiersprache die Grundkonzepte objektorientierter Programmierung. Im Gegensatz zu Java, C#, C++ oder Swift überlässt Ihnen Python aber die Wahl, ob Sie Ihren eigenen Code objektorientiert aufbauen oder nicht. Gerade für kleinere Projekte ist die Gliederung des Codes in ein paar Funktionen vollkommen ausreichend.

Bei größeren Projekten ist es aber auf jeden Fall sinnvoll, den Code objektorientiert zu konzipieren. Wenn Sie schon Erfahrung mit anderen Sprachen haben, wird Python Sie vielleicht enttäuschen: Etliche fortgeschrittene OO-Features fehlen, z. B. private Klassenvariablen, Schnittstellen (Protokolle) oder Generics.

Für Einsteiger wird dieser Nachteil zum Vorteil: Wie so oft ist Python stark zielorientiert. Der Overhead durch objektorientierte Sprachmerkmale ist klein, es bedarf wenig Zeit, um die Grundfunktionen zu erlernen.

Dieses Kapitel gibt zuerst einen Crashkurs darin, was objektorientiertes Programmieren überhaupt bedeutet. Dort werden Sie sehen, dass Sie eigentlich schon seit dem zweiten Kapitel objektorientiert programmieren. Allerdings war der Zugang bisher passiv, das heißt, Sie haben Objekte und Methoden angewendet, aber nicht Ihren eigenen Code objektorientiert entwickelt.

Genau darum geht es in den weiteren Abschnitten dieses Kapitels. Anhand von einfachen Beispielen lernen Sie nach und nach die wichtigsten objektorientierten Sprachelemente von Python kennen – und zugleich die fallweise verwirrenden Fachbegriffe.

11.1 Crashkurs

Die bisherigen Beispielprogramme waren selten länger als 15 Zeilen. Das lag daran, dass die Programme bestimmte Arbeitstechniken demonstrieren sollten, aber keine »echte« Aufgabe erfüllen mussten.

Sobald Sie ernsthaft programmieren, werden Ihre Programme immer länger werden. Je mehr Code es gibt, desto wichtiger ist es, ihn in logische Einheiten zu bündeln – und zwar aus mehreren Gründen: um einzelne Codeabschnitte für sich testen zu können, um Codeblöcke später wieder in anderen Programmen wiederverwenden zu können, um Redundanz zu vermeiden.

Funktionen helfen, Teilaufgaben zu lösen

Anfänglich werden Sie zur Strukturierung des Codes Funktionen verwenden (siehe das vorige Kapitel). Funktionen sind abgeschlossene Code-Einheiten, die eine Aufgabe übernehmen und die sich gegenseitig aufrufen können. Mit diesem Prinzip lassen sich umfangreiche und schwierige Aufgabenstellungen in übersichtliche Teile zerlegen.

Klassen bringen Daten und Methoden zusammen

Die Schlüsselidee objektorientierter Programmiersprachen ist es, Daten (also *Variablen*) und den dazugehörigen Code (*Methoden*) zu Einheiten zu kapseln, die man *Klassen* nennt. Bei größeren Klassen ist es zudem sinnvoll, den Code jeder Klasse in einer eigenen Datei zu speichern.

Stellen Sie sich vor, Sie möchten ein Spiel wie Pac-Man programmieren: Da ergäbe es Sinn, eigene Klassen für die Spielfigur, die Monster, für das Labyrinth und vielleicht auch für die zu fressenden Punkte zu entwickeln.

Eine ganz simple Klasse für die Spielfigur könnte z. B. zwei Datenfelder vorsehen, in denen gespeichert wird, an welcher Position im Labyrinth sich die Figur gerade befindet. Außerdem könnte es Methoden geben, die versuchen, den Spieler um ein Feld nach links, rechts, oben oder unten zu bewegen. Diese Methoden geben True oder False zurück, je nachdem, ob die Bewegung möglich ist oder nicht. Der Code für die Klasse sieht dann z. B. so aus:

```
class Player():
  # Konstruktor, initialisiert x und y mit Startposition
  def __init__(self, x, y):
    self.x = x
    self.y = y

  # Methoden zur Bewegung der Spielfigur
  def moveleft(self):
    if self.x>0: # plus Test, dass die Figur nicht
                 # gegen eine Wand fährt
      self.x-=1
      # Code, um Player auf dem Bildschirm neu zu zeichnen
      return True
    else:
      return False

  def moveright(self): # analoger Code wie oben ...
  def moveup(self):    # ...
  def movedown(self):  # ...
```

Keine Angst: Die Bedeutung von __init__ und self erkläre ich Ihnen in den weiteren Abschnitten dieses Kapitels noch. Aber davon abgesehen sollte der obige Code eigentlich auf Anhieb verständlich sein.

Objekte sind konkrete Ausformungen von Klassen

Wie können Sie diese Klasse nun nutzen? Jetzt kommen Objekte ins Spiel. *Objekte* sind von einer Klasse abgeleitete Daten bzw. Exemplare. (Der Fachbegriff lautet *Instanzen*.) Sie erzeugen also an einer anderen Stelle im Code ein neues Objekt und können anschließend die Methoden der Klasse darauf anwenden.

Bleiben wir bei der obigen Player-Klasse: Zu Beginn des Spiels erzeugen Sie einen neuen Pac-Man und speichern dieses Objekt in der Variablen pacman. Die Spielfigur soll z. B. im Labyrinth an der X-Koordinate 4 und an der Y-Koordinate 8 starten. Im weiteren Verlauf soll sie dann zuerst zweimal nach links und dann einmal nach oben fahren. Danach wollen Sie wissen, welche X-Koordinate die Spielfigur zum Schluss hat. Der erforderliche Code sähe in etwa so aus:

```
# Anwendung der Player-Klasse
pacman = Player(4, 8)
ok = pacman.moveLeft()
ok = pacman.moveLeft()
ok = pacman.moveUp()
print('Aktuelle Position: %d %d' % (pacman.x, pacman.y))
# Ausgabe: Aktuelle Position: 2 9
```

Genau genommen müsste natürlich nach jedem moveXxx-Aufruf noch der Rückgabewert bzw. die Variable ok ausgewertet werden.

Begriffe (Nomenklatur)

Natürlich ist dieses Beispiel stark vereinfacht, aber es reicht aus, um die wichtigsten Grundbegriffe der objektorientierten Programmierung zu illustrieren:

▶ **Klassen:** Eine Klasse ist eine Art Datentyp. Klassen dienen in der Regel dazu, Daten eines bestimmten Typs zu verarbeiten oder Aufgaben für eine bestimmte Aufgabenstellung zu erledigen.

▶ **Vordefinierte Klassen:** Python stellt Ihnen viele fertige Klassen zur Auswahl, z. B. str zur Speicherung und Verarbeitung von Zeichenketten oder Fraction zum Rechnen mit Bruchzahlen.

Üblicherweise beginnen Klassennamen mit einem Großbuchstaben. Aus Gründen der Kompatibilität mit älteren Python-Versionen verstoßen aber viele elementare Klassen wie str, list oder dictionary gegen diese Regel.

▶ **Eigene Klassen:** Mit class Klassenname: code ... können Sie neue Klassen selbst definieren.

▶ **Objekte erzeugen:** Klassen stellen nur die Infrastruktur, quasi den Bauplan zur Verfügung. Sobald Sie konkrete Daten speichern wollen, müssen Sie von der entsprechenden Klasse neue Objekte erzeugen. Andere Begriffe für *Objekte* sind *Exemplare* oder *Instanzen*. Neue Objekte erzeugen Sie mit `Klassenname(...)` und speichern sie dann in Variablen.

▶ **Klasse versus Objekt:** Eine Klasse beschreibt, welche Daten später einmal in Objekten dieser Klasse gespeichert werden können. Die Klasse definiert auch die Methoden zur Verarbeitung dieser Daten, gibt also vor, was Sie mit den Daten tun können. Aber erst, wenn Sie ein Objekt einer Klasse erzeugt haben, können Sie konkrete Daten speichern und verarbeiten. Dabei gilt: Eine Klasse kann die Basis für viele Objekte sein. Ein Objekt muss aber immer von einer ganz bestimmten Klasse abstammen.

▶ **Methoden:** Klassen stellen Methoden zur Verfügung. Methoden erledigen vorgegebene Aufgaben und bearbeiten dabei zumeist die Daten eines Objekts. Beispielsweise ermittelt die Methode `index` der `str`-Klasse die Position eines Suchmusters innerhalb der Zeichenkette.

Die meisten Methoden können nur verwendet werden, wenn es ein entsprechendes Objekt gibt. Sie werden in der Form `objvar.methodenname()` aufgerufen. `moveLeft` und `moveRight` sind Beispiele für solche Methoden. Die runden Klammern sind zwingend vorgeschrieben, unabhängig davon, ob die Methode Parameter erwartet oder nicht.

Wie andere Sprachen unterstützt Python auch *statische* Methoden, die ohne ein Objekt verwendet werden können. Solche Methoden spielen in Python aber eine untergeordnete Rolle. Beliebter sind Funktionen, die auf Modulebene definiert werden (siehe Abschnitt 12.4, »Eigene Module entwickeln«).

▶ **Klassen- und Instanzvariablen:** Es gibt zwei Arten, Variablen in Klassen zu verwenden:

– Klassenvariablen gehören zur Klasse an sich. Sie werden zwischen der Klasse und all ihren Instanzen geteilt.

– Instanzvariablen werden im Konstruktor mit `self.varname = ...` initialisiert. Instanzvariablen gehören zu einem konkreten Objekt. Im Einführungsbeispiel sind `self.x` und `self.y` Instanzvariablen.

▶ **Namensraum:** Intern verwendet Python für jede Klasse sowie für jedes davon abgeleitete Objekt einen eigenen Namensraum. Das ist gewissermaßen ein Container der Klasse bzw. des Objekts, um alle dazugehörigen Daten zu speichern und um Namenskonflikte zu vermeiden.

Um zum Einführungsbeispiel zurückzukehren: Wenn Sie von der `Player`-Klasse zwei Objekte erzeugen und diese in den Variablen `pacman` und `monster` speichern, dann gibt es zwei Namensräume, um die Instanzvariablen `x` und `y` der beiden Objekte getrennt voneinander zu speichern.

11.2 »Hello, Class!«

Am leichtesten sind die Konzepte der objektorientierten Programmierung anhand eines Beispiels zu verstehen. Ziel des Beispiels ist es, Rechtecke zu verwalten. Vorerst geht es uns darum, gerade so viel Code für eine `Rectangle`-Klasse zu schreiben, damit daraus Rechteckobjekte erzeugt und ihr Umfang und Flächeninhalt errechnet werden können. In weiteren Abschnitten des Kapitels kommen dann Codeerweiterungen dazu, damit Rechtecke verglichen und sortiert werden können und um ungültige Werte (z. B. negative Längen oder Breiten) auszuschließen.

Konstruktor

Klassen beginnen mit `class Name` – in diesem Fall also mit `class Rectangle`. Die erste Frage, die Sie sich bei der Entwicklung einer neuen Klasse stellen müssen, lautet: »Welche Daten sollen in den davon abgeleiteten Objekten gespeichert werden?« Bei einem Rechteck sind das Länge und Breite.

Beim Erzeugen eines neuen Objekts werden üblicherweise dessen Daten initialisiert. (In Python können, im Gegensatz zu anderen Sprachen, aber auch später weitere Instanzvariablen initialisiert und so dem Objekt hinzugefügt werden.)

Die Initialisierung ist Aufgabe des *Konstruktors*. Ein Konstruktor sieht aus wie eine Funktion, hat aber immer den Namen __init__. Namen, die vorn und hinten mit zwei Unterstrichen ergänzt sind, weisen immer auf Python-interne Spezialfunktionen hin – in diesem Fall eben auf den Konstruktor.

Eine Python-spezifische Besonderheit des Konstruktors und aller Instanzmethoden besteht darin, dass der erste Parameter immer self heißt. self bezieht sich auf das konkrete Objekt (die Instanz), das im Konstruktor initialisiert bzw. in den Methoden bearbeitet werden soll. Im folgenden Code sind self.w und self.h die Instanzvariablen.

```python
# Beispieldatei rectangle1.py
class Rectangle():
    # Konstruktor, initialisiert w und h mit Startposition
    def __init__(self, width, height):
        self.w = width
        self.h = height
```

Methoden

Die Rectangle-Klasse soll nun um zwei Methoden ergänzt werden: area berechnet den Flächeninhalt, perimeter den Umfang des Rechtecks. Als einziger Parameter wird self übergeben. Länge und Breite können wir dann den Instanzvariablen self.w und self.h entnehmen.

```python
# Fortsetzung Beispieldatei rectangle1.py
    def area(self):
        return self.w * self.h

    def perimeter(self):
        return 2 * (self.w + self.h)
```

Genau genommen handelt es sich bei area und perimeter um Instanzmethoden, weil sie mit self Daten eines Objekts (einer Instanz) bearbeiten.

Vom `self`-Parameter einmal abgesehen ist die Syntax von Methoden exakt dieselbe wie die von Funktionen (siehe Kapitel 9, »Funktionen«).

Klassen- und Methodennamen

Klassennamen sollten immer mit einem großen Anfangsbuchstaben beginnen und idealerweise von einem Substantiv abgeleitet sein. Python erzwingt diese in fast allen Programmiersprachen übliche Konvention aber nicht (d. h., es ist kein Syntaxfehler, wenn Sie Klassen klein benennen).

Methoden- und Variablennamen beginnen dagegen immer mit einem Kleinbuchstaben. Soweit möglich, sollten Methoden von Verben abgeleitet werden (`print`, `find`, `get` usw.). Die Methodennamen `area` und `perimeter` sind insofern keine guten Beispiele – aber die Namen `getArea` und `getPerimeter` würden den Code hier auch nicht besser lesbar machen.

Verwendung der Klasse (»Hello, Object!«)

Die Klasse ist somit fertig. Jetzt geht es darum, sie auszuprobieren. Dazu erzeugen Sie zunächst zwei Objekte und speichern sie in den Variablen `r1` und `r2`. In einer Schleife über eine Liste mit diesen beiden Variablen können Sie für beide Rechtecke Breite und Höhe sowie Flächeninhalt und Umfang auswerten:

```
# Fortsetzung Beispieldatei rectangle1.py
r1 = Rectangle(12, 7.4)
r2 = Rectangle(8, 5)

for r in [r1, r2]:
    print('Breite: ', r.w)
    print('Höhe:   ', r.h)
    print('Fläche: ', r.area())
    print('Umfang: ', r.perimeter())
```

Die Funktion des Codes sollte auf Anhieb verständlich sein, dennoch sind einige Erklärungen erforderlich: Wenn Sie mit `Rectangle(8, 5)` ein neues Rechteckobjekt erzeugen, ruft Python automatisch den Konstruktor (also `__init__`) auf. Die Instanzvariablen `w` und `h` werden in einem sogenannten *Namensraum* gespeichert, der der Instanz zugeordnet ist. Um die Verwaltung des Namensraums kümmert sich Python. Der Zugriff auf den Namensraum erfolgt innerhalb des Klassencodes über das Schlüsselwort `self`, außerhalb über die Variable, die das Objekt enthält (im Beispiel `r1` und `r2`).

In der `for`-Schleife durchläuft die Variable `r` alle in der Liste aufgezählten Objekte. Die Instanzvariablen und Methoden sind daher über die Variable `r` zugänglich.

Nochmals zurück zu `self`: Es wird Sie vielleicht irritieren, dass der Konstruktor und die beiden Methoden im Klassencode jeweils `self` als ersten Parameter haben. Beim Zugriff auf die Klassenvariablen bzw. beim Aufruf der Methoden scheint dieser Parameter aber zu verschwinden. Das liegt daran, dass Python intern das vorangestellte Objekt als Parameter übergibt. In Python ist aber anstelle von

```
r1.area()
```

auch die gleichwertige Syntax

```
Rectangle.area(r1)
```

zulässig. In diesem Fall gibt `Rectangle` an, dass Sie die `area`-Methode dieser Klasse aufrufen wollen. Das eigentliche Objekt wird nun als Parameter übergeben. In dier Praxis wird diese Schreibweise allerdings so gut wie nie genutzt, `r1.area()` ist eleganter und von anderen Programmiersprachen vertrauter.

Konventionen

Es ist in Python und vielen anderen Programmiersprachen üblich, dass Klassennamen mit einem Großbuchstaben beginnen, Variablen- und Methodennamen mit einem Kleinbuchstaben.

11.3 Klassen- und Instanzvariablen

Python unterscheidet zwischen zwei Arten von Variablen, die innerhalb von Klassen verwendet werden können:

▶ **Instanzvariablen:** Alle Variablen, denen self vorangestellt wird, sind Instanzvariablen. Sie werden also einer bestimmten Instanz (einem konkreten Objekt) zugeordnet. Im vorigen Beispiel waren w und h solche Instanzvariablen. Werden mehrere Rechteckobjekte erzeugt, dann können w und h für jedes dieser Rechtecke unabhängig geändert und gespeichert werden. Von außen (also von Code, der sich außerhalb der Klasse befindet) erfolgt der Zugriff auf Instanzvariablen in der Form obj.varname.

▶ **Klassenvariablen:** Variablen, die auf Klassenebene definiert werden, gehören zur Klasse, nicht zu einzelnen Objekten. Egal, wie viele Objekte es zu einer Klasse gibt – der Wert der Klassenvariablen gilt für alle Objekte gemeinsam. Von außen erfolgt der Zugriff auf Klassenvariablen in der Form Klassenname.varname.

Zusätzlich gibt es wie bei Funktionen lokale Variablen: Wenn also eine Variable ohne vorangestelltes self in einer Methode verwendet wird, dann beschränken sich die Gültigkeit und Lebensdauer dieser Variablen auf die Methode.

```python
# Beispieldatei instance-vs-class-var.py
class MyClass():
    magicNumber = 42   # Klassenvariable
    # Konstruktor, initialisiert x und y mit Startposition
    def __init__(self, somedata, otherdata):
        somevar = 123           # lokale Variable
        self.data = somedata    # Instanzvariablen
        self.other = otherdata

obj1 = MyClass(3, 4)
print('Instanzvariablen von Objekt 1:',
      obj1.data, obj1.other)  # Ausgabe: 3 4
obj2 = MyClass(7, 8)
```

```
print('Instanzvariablen von Objekt 2:',
      obj2.data, obj2.other)  # Ausgabe 7 8
print('Klassenvariable der Klasse "MyClass":',
      MyClass.magicNumber)    # Ausgabe 42
```

Namensräume

Namensräume haben zwei Aufgaben: Einerseits stellen sie sicher, dass es keine Konflikte zwischen gleichnamigen Variablen innerhalb und außerhalb einer Klasse bzw. eines Objekts gibt. Andererseits dient der Namensraum als eine Art Container, also als ein Speicherort.

In aktuellen Python-Versionen sind Namensräume mit Dictionaries realisiert; das ist aber ein Implementierungsdetail, das sich in zukünftigen Python-Versionen ändern kann. Die Funktion vars bietet die Möglichkeit, in den Namensraum eines Objekts oder einer Klasse gleichsam hineinzusehen.

Die Ausgabe der beiden folgenden print-Anweisungen gilt im Anschluss an das obige Codebeispiel. Auf die Wiedergabe diverser interner Datenstrukturen im Namensraum habe ich aus Gründen der Übersichtlichkeit verzichtet.

```
print(vars(obj1))
print(vars(obj2))
print(vars(MyClass))
# Ausgabe:
# {'data': 3, 'other': 4}
# {'data': 7, 'other': 8}
# {'__module__': '__main__', 'magicNumber': 42,
#  '__init__': <function MyClass.__init__ at 0x10437a0d0>,
#  '__dict__': <attribute '__dict__' of 'MyClass' objects>,
#  ...}
```

Im Zusammenhang mit Python-Namensräumen sind einige Details bemerkenswert:

▶ Der Inhalt von Namensräumen ist vollkommen dynamisch: Sie können sowohl eine Klasse als auch eine spezifische Objektinstanz jederzeit um Variablen oder Methoden erweitern. Beispielsweise führt `obj2.moredata = 9` dazu, dass die neue Instanzvariable `moredata` im Namensraums von `obj2` geschaffen wird.

▶ Wenn ein neues Objekt erzeugt wird (`obj=MeineKlasse()`), dann ist der Namensraum der Objektinstanz anfänglich leer! Erst Zuweisungen von `self.name=...` in der Init-Funktion bzw. im restlichen Klassencode oder von `obj.name=...` außerhalb der Klasse erzeugen ein neues Element (ein neues Attribut) im Namensraum.

▶ Wenn Sie `obj.xy` auslesen und Python das Attribut im Namensraum des Objekts nicht findet, durchsucht es anschließend den Namensraum der Klasse. Sollten Sie Vererbung verwenden, werden anschließend auch alle Namensräume der Basisklassen durchsucht. Erst wenn das Attribut in keinem dieser Namensräume gefunden wird, kommt es zu einem Fehler (*object has no attribute 'xxx'*).

Was sind Attribute?

Als Attribut gilt in Python jeder Name, der einem Punkt folgt, also `obj.attributname` oder `self.methodenname()`. Insofern gilt *Attribut* als Sammelbegriff für Variablen und Methoden von Klassen bzw. Objekten.

Nochmals Instanz- versus Klassenvariable

Ein diffiziler Sonderfall in Python ist, dass der Zugriff auf `obj.varname` sowie die Veränderung von `obj.varname` auch dann erlaubt sind, wenn `varname` der Name einer Klassenvariablen ist. Bei den meisten anderen Programmiersprachen ist das ein Syntaxfehler. Python verhält sich dewegen anders, weil der Zugriff auf Variablen durch *Namensräume* erfolgt:

▶ Wenn Sie `obj.varname` auswerten, sucht Python zuerst nach der Variablen `varname` im Namensraum des Objekts. Findet der Interpreter dort nichts, sucht er im Namensraum der Klasse weiter. Gibt es dort eine entsprechende Klassenvariable, liefert `obj.varname` deren Wert – ohne jede Warnung oder Fehlermeldung.

▶ Eine Zuweisung in der Form `obj.varname=xxx` *erzeugt* die neue Instanzvariable `varname`. Sollte es eine gleichnamige Klassenvariable geben, hat die Instanzvariable Vorrang. Die Klassenvariable steht weiterhin zur Verfügung, aber nur in der korrekten Schreibweise `Klassenname.varname`.

Der folgende Code zeigt die verwirrenden Konsequenzen, die sich ergeben, wenn absichtlich oder aufgrund eines Denkfehlers eine Instanzvariable erzeugt wird. Das Listing ist eine weitere Fortsetzung der Beispieldatei `instance-vs-class-var.py`:

```
obj2.magicNumber = 43      # erzeugt neue Instanzvariable
print(obj2.magicNumber)    # 43
print(MyClass.magicNumber) # weiterhin 42
```

Type Annotations

Seit Version 3.6 können Sie auch in Klassen Type Annotations angeben, also auf den vorgesehenen Datentyp hinweisen. Ein wenig irritierend ist dabei, dass es üblich ist, die Typen von Instanzvariablen am Ort von Klassenvariablen anzugeben. Das Rechteckbeispiel sähe dann so aus:

```
# Beispieldatei rectangle2.py
# (wie rectangle1.py, aber mit Type Annotations)
class Rectangle():
    w: float
    h: float

    # Konstruktor, initialisiert x und y mit Startposition
    def __init__(self, width: float, height: float):
        self.w = width
        self.h = height

    # Instanzmethoden
    def area(self) -> float:
        return self.w * self.h
```

```
def perimeter(self) -> float:
    return 2 * (self.w + self.h)
```

Wenn Sie darauf hinweisen möchten, dass es sich bei einer Variablen um eine Klassenvariable handelt, verpacken Sie den Typ in ClassVar:

```
class MyClass():
    # shareddata soll als Klassenvariable verwendet
    # werden und eine Liste von Zeichenketten speichern
    shareddata: ClassVar[List[str]] = []
```

Type Annotations haben nur Dokumentations-Charakter

Ich möchte nochmals darauf hinweisen, dass der Python-Interpreter alle Type Annotations ignoriert. Type Annotations machen Code besser lesbar und verdeutlichen die Intention des Programmierers oder der Programmiererin. Aber sie sind (im Gegensatz zu anderen Sprachen) in keiner Weise bindend!

11

Private Instanzvariablen

In Python fehlt ein relativ elementares Konzept, das in fast allen anderen Programmiersprachen selbstverständlich ist: Es gibt keine privaten Attribute und somit weder private Methoden noch private Instanzvariablen. Es ist unmöglich, Variablen oder Methoden zu definieren, die nur dem Code innerhalb der Klasse zugänglich sind, die aber vor einem Zugriff von außen geschützt sind. Diese Einschränkung wird durch zwei Konventionen umgangen:

▶ Attribute (Variablen/Methoden), deren Namen mit einem Unterstrich _ beginnen, gelten als privat. Wer auch immer eine Klasse nutzt, die derartige Variablen enthält, sollte auf diese Variablen nicht von außen zugreifen. (*Innen* bedeutet in diesem Kontext »Code innerhalb der Klasse«, also im eingerückten Codeblock nach class Name():. *Außen* bedeutet »Code, der ein Objekt nutzt«, z. B. obj.xxx=...)

▶ Ein wenig wirkungsvoller ist es, Attributsnamen zwei Unterstriche voranzustellen. Python führt dann ein sogenanntes *Name Mangling* durch und ersetzt `__varname` durch `_klassenname__varname`. Die Variable ist somit besser vor irrtümlichen Zugriffen geschützt.

Wie es mit Konventionen so ist – man kann sich daran halten oder eben auch nicht. Die folgenden Zeilen zeigen, wie leicht sich eigentlich private Variablen auslesen lassen – allen Schutzmaßnahmen zum Trotz:

```
class MyClass():
    def __init__(self):
        _privat = 1
        __nochPrivater = 2

obj = MyClass()
print(obj._privat)              # Ausgabe 1
print(obj._Test__nochPrivater)  # Ausgabe 2
```

11.4   Methoden

Grundsätzlich haben Sie Methoden in Abschnitt 11.2, »Hello, Class!«, ja schon kennengelernt: Sie werden ähnlich wie Funktionen definiert – aber eben in einer Klasse. Dieser Abschnitt geht auf weitere Details ein und stellt zwei Methodenvarianten vor: statische Methoden sowie Getter/Setter-Methoden.

Statische Methoden versus Instanzmethoden

`area` und `perimeter` aus dem Einführungsbeispiel »Hello, Class!« sind *Instanzmethoden*. Sie können nur aufgerufen werden, wenn zuvor ein `Rectangle`-Objekt erzeugt wurde:

```
r1.area()            # korrekt
Rectangle.area(r1)   # korrekt
Rectangle.area()     # falsch, Parameter fehlt
```

Sie können aber auch sogenannte *statische* Methoden schreiben, die ohne Objekte funktionieren. In der Klasse werden solche Methoden ohne `self` formuliert. Um klarzustellen, dass die Methode statisch ist, sollten Sie der Methodendefinition den Dekorator `@staticmethod` voranstellen – dann kann es beim Aufruf der Methode keine Missverständnisse geben.

Dekoratoren

Dekoratoren werden mit @ eingeleitet und dienen als Zusatzattribute für Funktionen, Methoden oder Klassen. Sie können die Intention von Code verdeutlichen und Informationen an den Python-Interpreter bzw. -Compiler weitergeben. Interna sowie eine Anleitung, wie Sie selbst Dekoratoren programmieren und anwenden können, finden Sie hier:

*https://en.wikipedia.org/wiki/Python_syntax_and_semantics
    #Decorators*
*https://www.thecodeship.com/patterns/guide-to-python-function-
    decorators*

Die folgenden Zeilen ergänzen die `Rectangle`-Klasse um drei statische Methoden:

```python
# Beispieldatei Rectangle3.py
class Rectangle():
    def __init__(...):      ... # wie in Rectangle1.py
    def area(self):         ... # wie bisher
    def perimeter(self):    ... # wie bisher

    # Beispiele für statische Methoden
    @staticmethod
    def sarea(width, height):
        return width * height

    @staticmethod
    def sperimeter(width, height):
        return 2 * (width + height)
```

```
@staticmethod
def createquad(length):
    return Rectangle(length, length)
```

Die Anwendung dieser Methoden sieht so aus:

```
print('Fläche: ', Rectangle.sarea(10, 5))        # 50
print('Umfang: ', Rectangle.sperimeter(10, 5))   # 30
r3 = Rectangle.createquad(7)
print(r3.area())                                  # 49
```

sarea und sperimeter zeigen, dass viele Problemstellungen sowohl mit Instanzmethoden als auch mit statischen Methoden lösbar sind. Eleganter sind hier aber sicherlich die Instanzvarianten area und perimeter.

Praxisnäher ist die Methode createquad. Sie bietet eine zweite Möglichkeit, Rectangle-Objekte zu erzeugen. Ihr Einsatz bietet sich an, wenn Sie quadratische Objekte benötigen.

Vermeiden Sie statische Methoden

Statische Methoden sind in Python der Ausnahmefall, nicht die Regel. Wenn Sie eine Sammlung von Funktionen entwickeln möchten, die ohne Objekt genutzt werden können, ist es zweckmäßiger, diese als gewöhnliche Funktionen in ein Modul zu verpacken, als sie als Instanzmethoden in einer Klasse zu platzieren.

Methoden innerhalb einer Klasse aufrufen

Wie Sie eine Methode außerhalb einer Klasse aufrufen, wissen Sie nun:

```
obj.instanzmethode(parameter)
Klasse.statischemethode(parameter)
```

Wie aber rufen Sie Methoden innerhalb einer Klasse auf? Eigentlich ändert sich nichts, allerdings müssen Sie nun das Objekt durch self ersetzen. Betrachten wir nochmals die Rectangle-Klasse, in der es die beiden Instanzmethoden area und perimeter gibt. Sie wollen nun eine neue Methode ap programmieren, die ein Dictionary zurückgibt, das sowohl den Flächen-inhalt als auch den Umfang enthält:

```python
# Beispieldatei rectangle3.py
class Rectangle():
    # Konstruktor, initialisiert x und y mit Startposition
    def __init__(self, width, height):  # wie bisher ...

    def area(self):                      # wie bisher ...

    def perimeter(self):                 # wie bisher ...

    # interner Methodenaufruf (korrekt)
    def ap(self):
        return { 'area': self.area(),
                'perimeter': self.perimeter() }
```

Entscheidend ist, dass Sie area und perimeter jeweils self als Objekt voran-stellen. Falsch wäre hingegen area(self)!

```python
class Rectangle():
    ...
    # fehlerhafter Methodenaufruf (funktioniert NICHT!)
    def ap(self):
        return { 'area': area(self),
                'perimeter': perimeter(self) }
```

Analog müssen Sie bei statischen Methoden auch innerhalb der Klasse den Klassennamen voranstellen:

```python
class Rectangle():
    ...
    @staticmethod
    def sarea(width, height):           # wie bisher ...
        return width * height

    @staticmethod
    def sperimeter(width, height):      # wie bisher ...
        return 2 * (width + height)
```

```
@staticmethod
def sap(w, h):
    return { 'area': Rectangle.sarea(w, h),
             'perimeter': Rectangle.sperimeter(w, h) }
```

Nicht zulässig ist es, hier einfach Rectangle wegzulassen!

Getter- und Setter-Methoden (Eigenschaften)

Ein Ziel der objektorientierten Programmierung ist die *Kapselung*: Damit wollen Sie erreichen, dass private Instanzvariablen nur von »innen« verändert werden können, also durch von Ihnen kontrollierten Code der Klasse. Wie bereits erwähnt, unterstützt Python private Instanzmethoden nur sehr halbherzig: Sie stellen dem Namen _ oder __ voran und hoffen, dass die Anwender Ihrer Klasse auf direkte Variablenzugriffe verzichten. Damit ist der erste Schritt zur Kapselung getan.

Der zweite Schritt besteht nur darin, den Zugriff auf derart private Methoden durch Methoden zu ermöglichen. Üblicherweise beginnen diese Methoden mit get und set; dementsprechend spricht man oft von *Getter-* und *Setter-Methoden*. In Python sieht die Vorgehensweise ein wenig anders aus: Beide Methoden heißen gleich (in der Regel so wie die entsprechende Variable). Allerdings kennzeichnen Sie die Lesemethoden mit @property, die Schreibmethode mit @varname.setter. Beachten Sie, dass die @property-Methode zuerst definiert werden muss.

Möglicherweise haben die beiden ein wenig theoretischen Absätze Sie ratlos gemacht. Keine Angst, mit einem Beispiel wird sofort alles klar! Stellen Sie sich vor, Sie wollten die Rectangle-Klasse dahingehend verbessern, dass es unmöglich ist, w und h mit negativen Werten zu initialisieren oder diesen Instanzvariablen später ungültige Werte zuzuweisen.

Die Lösung besteht darin, w und h in privaten Instanzvariablen zu speichern, also in self.__w und in self.__h. Bei der Initialisierung kontrollieren Sie, ob die übergebenen Parameter korrekt sind. Ist das nicht der Fall, lösen Sie einen Fehler aus (siehe Kapitel 10, »Umgang mit Fehlern (Exceptions)«).

```
# Beispieldatei rectangle4.py
class Rectangle():

    # Konstruktor, initialisiert x und y mit Startposition
    def __init__(self, width, height):
        # Kontrolle, ob sinnvolle Werte
        if width<=0 or height<=0:
            raise ValueError('Ungültige Parameter!')

        self.__w = width    # private Instanzvariablen
        self.__h = height
```

Damit Länge und Breite weiterhin von außen gelesen und verändert werden können, benötigen wir nun die entsprechenden Setter- und Getter-Methoden. Die Python-Syntax schreibt vor, dass Sie die Getter-Methode mit dem Dekorator @property kennzeichnen. Der Setter-Methode müssen Sie @varname.setter voranstellen.

```
# Fortsetzung des Rectangle-Codes
# Getter und Setter für Länge
@property
def w(self):
    return self.__w

@w.setter
def w(self, width):
    if width>0:
        self.__w = width
    else:
        raise ValueError('Die Länge muss >0 sein.')

# Getter und Setter für Höhe
@property
def h(self):
    return self.__h
```

11

```
@h.setter
def h(self, height):
    if height>0:
        self.__h = height
    else:
        raise ValueError('Die Höhe muss >0 sein.')
```

Wenn nun außerhalb der Klasse obj.w ausgewertet wird, dann führt Python die w-Getter-Methode aus. Versucht jemand, mit obj.w = xxx einen neuen Wert einzustellen, führt Python die h-Setter-Methode aus.

Zugegebenermaßen ist der Code um einiges umständlicher geworden. Der Vorteil dieser Variante besteht aber darin, dass Sie immer die volle Kontrolle über die Daten in den Objekten Ihrer Klasse haben. Es ist jetzt absolut unmöglich, dass ein Rechteckobjekt eine negative Länge oder Breite aufweist.

```
r = Rectangle(12, 7.4)
print(r.w)  # 12, führt @property w() aus
r.w = 25    # führt @w.setter w() aus

r2 = Rectangle(-7, 5)  # löst einen Fehler aus
r.w = -11              # löst ebenfalls einen Fehler aus
```

11.5   Operator Overloading

So wie die verschiedenen Versionen der Rectangle-Klasse präsentiert wurden, können Sie zwar testen, ob zwei Variablen auf das gleiche Objekt zeigen. Es ist aber unmöglich, die Daten zweier Rechtecke zu vergleichen, um so festzustellen, ob zwei Rechtecke gleich groß sind:

```
# Beispieldatei rectangle5.py
r1 = Rectangle(12, 8)
r2 = r1
r3 = Rectangle(12, 8)
```

```
# dieser Test funktioniert für jede Art von Objekt
if r1 is r2:
  print('r1 und r2 zeigen auf das gleiche',
        'Rechteck-Objekt')

# dieser Test liefert immer False, ganz egal, ob die
# Maße der Rechtecke übereinstimmen oder nicht
if r1 == r3:
  print('r1 und r3 sind gleich groß')
```

Der Operator == funktioniert also für Rechtecke nicht – ebenso wenig wie andere Operatoren (>, +, * etc.). Diesen Mangel können Sie beheben, indem Sie den Code, der zur Ausführung dieser Operatoren notwendig ist, selbst programmieren. In Python gibt es dafür vordefinierte Methodennamen, die Sie implementieren können (siehe Tabelle 11.1). Dieser Vorgang wird in anderen Programmiersprachen *Operator Overloading* genannt. In diesem Buch bleibe ich bei diesem universell eingeführten Begriff, obwohl die Python-Dokumentation in diesem Zusammenhang nur recht vage von *special method names* spricht. Der bereits bekannte Konstruktor __init__ gehört auch zu diesen Methoden.

Methodenname	Bedeutung
__add__()	Addition +
__eq__()	Gleichheitstest ==
__hash__()	Berechnung eines Hash-Codes
__le__()	Vergleich <= (*less equal*)
__lt__()	Vergleich < (*less then*)
__mul__()	Multiplikation *
__repr__()	Darstellung als Zeichenkette
__str__()	Darstellung als Zeichenkette (für print)
__sub__()	Subtraktion -

Tabelle 11.1 Wichtige vordefinierte Methodennamen für Operator Overloading

Es fehlt in diesem Buch der Platz, um auf alle derartigen Methoden einzugehen. Ich konzentriere mich in diesem Abschnitt daher auf einige
ausgewählte Methoden, die besonders wichtig sind.

Eine Menge weiterer Methoden sind hier dokumentiert:

*https://docs.python.org/3/reference/datamodel.html#special-method-
names*

Gleichheitstest (»eq«-Methode)

Damit Python die Gleichheit zweier Objekte überprüfen kann, müssen Sie
die Methode __eq__ implementieren. Das ist nicht weiter schwierig: Sie
müssen einfach alle Eigenschaften der Instanz (self) mit allen Eigenschaften einer zweiten Objektvariablen (hier other) vergleichen. Das gelingt am
einfachsten mit Tupeln:

```
# Beispieldatei rectangle5.py
class Rectangle():
  # __init__(), area() und perimeter() wie
  # in Rectangle1.py
  # Ergänzung: Gleichheitstest
  def __eq__(self, other):
      return (self.w, self.h) == (other.w, other.h)
```

Der Test r1 == r3, der vorhin nicht funktioniert hat, liefert jetzt erwartungsgemäß True und führt zur gewünschten Ausgabe.

Umwandlung in Zeichenkette (»str« und »repr«)

Die Ausgabe eines Objekts einer eigenen Klasse durch print sieht trist
aus. Anstelle der Rechteckdaten steht am Bildschirm Rectangle object at
0x1234 (wobei 1234 die Adresse im Speicher ist, an der das Objekt gespeichert wird). Abhilfe schafft die Implementierung der __str__-Methode.
Diese Methode ist dafür vorgesehen, das Objekt in einer für Menschen gut
lesbaren Form darzustellen.

```
# Beispieldatei rectangle5.py
class Rectangle():
  # Ergänzung: Zeichenkette für print erzeugen
  def __str__(self):
      return 'Rechteck(%.2f, %.2f)' % (self.w, self.h)

# Anwendung
r1 = Rectangle(12, 8)
print(r1)
# Ausgabe: Rechteck(12.00, 8.00)
```

Mit __str__ verwandt ist die __repr__-Methode: Auch sie soll das Objekt in eine Zeichenkette umwandeln. Ziel der __repr__-Methode ist eine möglichst standardkonforme und vollständige Darstellung der Daten, z. B. als Hilfsmittel für die Fehlersuche. repr wird auch verwendet, wenn Sie eine Aufzählung von Elementen ausgeben, also wenn Sie z. B. print(lst) ausführen und lst Rechteckobjekte enthält.

11

```
class Rectangle():
    # Ergänzung: Zeichenkette für das Debugging erzeugen
    def __repr__(self):
        return 'Rectangle: w=%f, h=%f' % (self.w, self.h)
```

Größenvergleich (»lt« und »le«)

Wenn Sie Objekte Ihrer Klasse ordnen möchten, müssen Sie ein Vergleichskriterium definieren und auf dieser Basis die Methoden __le__ und __lt__ implementieren. Eine Implementierung von __ne__, __gt__ und __ge__ für !=, > und >= ist zum Glück nicht nötig. Python verwendet einfach die passenden Methoden __eq__, __lt__ und __le__ und invertiert das Ergebnis.

Im folgenden Beispielcode wird als Vergleichskriterium der Flächeninhalt verwendet. Das ist natürlich eine willkürliche Entscheidung. Je nachdem, wie die reale Anwendung der Klasse ist, wären vielleicht max(w, h) oder der Umfang bessere Kriterien.

```
class Rectangle():
    # Ergänzung: Größenvergleich
    def __lt__(self, other):
        return self.area() < other.area()
    def __le__(self, other):
        return self.area() <= other.area()

# Anwendung
print( Rectangle(4, 3) > Rectangle(5, 2) )   # True

lst = [Rectangle(3, 1), Rectangle(1, 2), Rectangle(2, 2)]
print(sorted(lst))
# Ausgabe [Rectangle: w=1, h=2, Rectangle: w=3, h=1,
#          Rectangle: w=2, h=2]
```

Losgelöst vom Defaultsortierverhalten können Sie natürlich weiterhin an sorted mit key eine eigene Funktion für den Sortierschlüssel angeben. Im folgenden Beispiel werden die Rechtecke nach ihrer Länge sortiert.

```
print(sorted(lst, key=lambda r: r.w))
# Ausgabe [Rectangle: w=1, h=2, Rectangle: w=2, h=2,
#          Rectangle: w=3, h=1]
```

Hash-Funktion

Aufgabe der Methode __hash__ ist es, eine ganze Zahl zu liefern, die die Inhalte (Daten) des Objekts möglichst gut in reproduzierbaren Werten abbildet. Details und Hintergründe können Sie in der Wikipedia nachlesen:

https://de.wikipedia.org/wiki/Hashfunktion

Objekte mit gleichen Daten müssen also immer zum selben Hash-Ergebnis führen. Umgekehrt sollte es möglichst unwahrscheinlich sein, dass zwei Objekte mit unterschiedlichen Daten das gleiche Hash-Ergebnis liefern. (Ganz ausschließen lassen sich derartige »Kollisionen« aber nicht.)

Wenn Sie Objekte Ihrer Klasse in Sets speichern oder als Schlüssel in Dictionaries verwenden wollen, dann müssen Sie eine Hash-Funktion implementieren. Am einfachsten übergeben Sie dazu alle Instanzvariablen als Tupel an die von Python zur Verfügung gestellte hash-Funktion:

```
class Rectangle():
    # Ergänzung: Hash-Funktion
    def __hash__(self):
        return hash((self.w, self.h))

# Anwendung
r1 = Rectangle(..); r2 = ...
set = {r1, r2, r3}
```

11.6   Unveränderliche Objekte

Objekte eigener Klassen sind in Python immer *mutable* (veränderlich). Es gibt in Python keinen allgemeingültigen Weg, selbst Klassen zu erzeugen, deren Objekte *immutable* sind.

> **Ausnahmen bestätigen die Regel**
>
> Auf der folgenden Seite finden Sie Anleitungen für Sonderfälle bzw. mit Einschränkungen verbundene Lösungswege, um doch unveränderliche Objekte zu erzeugen:
>
> *https://stackoverflow.com/questions/4828080*
>
> Aber auch diese Anleitungen ändern nicht die Grundregel, dass Objekte eigener Klassen nahezu in jedem Fall *mutable* sind.

Hash-Funktionen für veränderliche Objekte

Ist ein Objekt aber veränderlich, dann bedeutet das, dass sich sein Hash-Wert während seiner Lebenszeit ebenfalls ändern kann. In manchen

Anwendungen ist das problematisch. Beispielsweise garantiert die Verwendung eines Sets, dass dessen Elemente keine Doppelgänger aufweisen. Diese Garantie gilt aber nur zu dem Zeitpunkt, zu dem ein Set erstellt oder ein neues Element hinzugefügt wird. Wenn Sie die im Set enthaltenen Elemente nachträglich ändern, kann es zu Doppelgängern kommen.

```
# Beispieldatei rectangle5.py
r1 = Rectangle(1, 2)
r2 = Rectangle(3, 4)
set = {r1, r2}
print(len(set))     # 2 unterschiedliche Elemente
r2.w = 1            # r2 so verändern, dass Übereinstimmung
r2.h = 2            # mit r1 vorliegt
print(r1 == r2)     # True, r1 und r2 haben identische Daten
print(len(set))     # 2 gleiche Elemente in einem Set!
```

Veränderungen von außen verhindern

Auch wenn Python für eigene Klassen also keine wirklich unveränderlichen Objekte unterstützt, so gibt es doch Möglichkeiten, Veränderungen durch Code außerhalb der Klasse weitgehend zu verhindern. Dazu speichern Sie alle Daten des Objekts in Variablen, die mit zwei Unterstrichen beginnen, und stellen @property-Methoden für den Lesezugriff zur Verfügung. Eine Veränderung ist nicht vorgesehen, das heißt, Sie verzichten auf entsprechenden @name.setter-Methoden.

```
# Beispieldatei rectangle6.py
class Rectangle():
    # Konstruktor, initialisiert x und y mit Startposition
    def __init__(self, width, height):
        self.__w = width
        self.__h = height

    @property
    def w(self):
        return self.__w
```

```
@property
def h(self):
    return self.__h
```

Damit kommen Sie einem unveränderlichen Typ schon einigermaßen nahe. Tatsächlich unveränderlich sind die Objekte aber nicht:

► Erstens können w und h in einer Methode innerhalb der Klasse verändert werden.

► Zweitens erschwert die Schreibweise __name einen Zugriff von außen zwar, verhindert ihn aber nicht.

► Drittens erlaubt es das Namensraumkonzept von Python jederzeit, ein schon vorhandenes Objekt um neue Attribute zu ergänzen (also z. B. r1.neuevariable=15). Diesen dritten Fall könnten Sie durch die Implementierung der setattr-Methode verhindern, worauf ich in diesem Buch aber nicht eingehe.

11.7 Datenklassen

Die vielleicht interessanteste Neuerung in Python 3.7 besteht darin, dass Sie nun Klassen mit dem Dekorator @dataclass ausstatten können. Der Vorteil: Sie ersparen sich die Programmierung der init-, repr- und eq-Hash-Methoden und eventuell auch der Hash-Methode.

Damit Sie den dataclass-Dekorator verwenden können, müssen Sie das dataclasses-Modul importieren und für alle Instanzvariablen Ihrer Klasse den vorgesehenen Datentyp angeben. Eine einfache Implementierung der Rectangle-Klasse verkürzt sich damit auf wenige Zeilen:

```
# Beispieldatei rectangle7a.py
from dataclasses import dataclass

@dataclass()
class Rectangle():
    w: float  # Type Annotation ist für @dataclass()
    h: float  # erforderlich
```

```
    # Instanzmethoden
    def area(self):
        return self.w * self.h
    def perimeter(self):
        return 2 * (self.w + self.h)

# Anwendung
r1 = Rectangle(12, 7.4)
r2 = Rectangle(8, 5)
print(r1 == r2)                # False
print(r2 == Rectangle(8, 5))   # True
print(r1)                      # Ausgabe Rectangle(w=12, h=7.4)
r1.w = 13                      # Veränderungen sind erlaubt
```

Unveränderliche Datenklassen

Wenn Sie an den dataclass-Dekorator den Parameter frozen=True übergeben, bekommen Sie auch die Hash-Funktion »geschenkt«. Allerdings sind
die Eigenschaften der Klasse (hier also w und h) dann unveränderlich.

```
# Beispieldatei rectangle7b.py
from dataclasses import dataclass

@dataclass(frozen=True)
class Rectangle():
    # Code der Klasse wie in rectangle7a.py

# Anwendung
r1 = Rectangle(12, 7.4)
r2 = Rectangle(8, 5)
set = {r1, r2}   # erlaubt, weil es Hash-Funktion gibt
r1.w = 13        # Fehler, darf nur gelesen werden
```

An @dataclass können diverse Parameter übergeben werden. Diese Parameter sowie weitere Anwendungsmöglichkeiten sind hier dokumentiert:

https://www.python.org/dev/peps/pep-0557

11.8 Vererbung

Zu den faszinierendsten Konzepten der objektorientierten Programmierung zählt die Vererbung. Damit können Sie neue Klassen von vorhandenen Klassen ableiten und dabei alle Eigenschaften und Funktionen übernehmen. Sie müssen sich damit nur um die Details Ihrer neuen Klasse kümmern, die von der zugrundeliegenden Klasse (von der »Basisklasse«) abweichen.

Die Syntax für Vererbung ist einfach: Bei der Definition der Klasse geben Sie nach dem neuen Klassennamen in Klammern an, von welcher Basisklasse Sie »erben« möchten. Im Code der neuen Klasse können Sie mit super() auf eine Instanz der Basisklasse und somit direkt auf deren Variablen und Methoden zugreifen. super() ist nur erforderlich, wenn aufgrund gleichlautender Namen in der neuen Klasse und in der Basisklasse unklar ist, welches Attribut Sie meinen.

Das folgende Listing zeigt die Syntax zur Vererbung. Als Basisklasse gilt A. Diese Klasse verfügt über die beiden Instanzvariablen x und y und über die beiden Methoden m1 und m2.

Die Klasse B ist von A abgeleitet, übernimmt von dieser also beide Instanzvariablen und Methoden. Der Konstruktor von B ruft mit super() den Konstruktor von A auf und initialisiert so x und y. Um die neue Instanzvariable z kümmert sich der B-Konstruktor selbst.

Die Methode m1 belässt B unverändert. m2 wird neu implementiert, wobei mit super() die gleichnamige Methode der Basisklasse aufgerufen wird. Außerdem kommt die Methode m3 hinzu. Die Klasse B verfügt somit über drei Instanzvariablen (x, y und z) sowie über drei Instanzmethoden (m1 bis m3).

```
# Beispieldatei inheritance.py
class A():
    def __init__(self, x, y):
        self.x = x
        self.y = y
```

```
    def m1(self):
        return self.x + self.y

    def m2(self):
        return self.x * self.y

class B(A):
    def __init__(self, x, y, z):
        super().__init__(x, y)
        self.z = z

    def m2(self):
        return super().m2() * self.z

    def m3(self):
        return self.x + self.y * self.z

# Anwendung der beiden Klassen
a = A(1, 2)
print(a.x, a.y)                     # Ausgabe 1 2
print(a.m1(), a.m2())               # Ausgabe 3 2

b = B(1, 2, 3)
print(b.x, b.y, b.z)                # Ausgabe 1 2 3
print(b.m1(), b.m2(), b.m3())       # Ausgabe 6 6 7
```

Klassenzuordnung und -hierarchie feststellen

Die Funktion isinstance überprüft, ob ein Objekt eine Instanz einer bestimmten Klasse ist. Bei vererbten Klassen trifft dies auch für alle Basisklassen zu. b ist also sowohl eine Instanz der Klasse A als auch eine Instanz der Klasse B!

```
# Fortsetzung der Beispieldatei inheritance.py
print(isinstance(a, A))      # True
print(isinstance(a, B))      # False
```

```
print(isinstance(b, A))          # True!
print(isinstance(b, B))          # True
```

Mit der Funktion getmro aus dem inspect-Modul können Sie die ganze Klassenhierarchie feststellen. Die Ausgabe zeigt außerdem, dass *jede* eigene Klasse von der in Python vordefinierten Basisklasse object abgeleitet ist.

```
import inspect
print(inspect.getmro(B))
# Ausgabe (<class '__main__.B'>,
#           <class '__main__.A'>,
#           <class 'object'>)
```

Beispiel: Schachfiguren

Ziel dieses Beispiels ist es, Klassen für verschiedene Schachfiguren zu programmieren. Die Methode findMoves soll ausgehend von der aktuellen Position eines Objekts alle möglichen Züge ermitteln können. Die folgenden Zeilen zeigen die Anwendung der Klassen Knight (Pferd/Springer) und Bishop (Läufer):

```
# Beispieldatei chess.py
figures = [Knight('e5'), Bishop('b3'), Knight('h8')]
for f in figures:
    print(f, f.findMoves())

# Ausgabe:
# Knight@e5 ['g6', 'f7', 'g4', 'f3', 'c6', 'd7', 'c4',
#           'd3']
# Bishop@c2 ['b1', 'd1', 'd3', 'b3', 'e4', 'a4', 'f5',
#            'g6', 'h7']
# Knight@h8 ['f7', 'g6']
```

Bei der Entwicklung des Codes beginnen wir mit der Basisklasse Figure, die Funktionen zur Verfügung stellt, die für *jede* Schachfigur wichtig sind. Dazu zählt der Konstruktor, der aus der als Zeichenkette übergebenen Position (z. B. 'e5') die Instanzvariablen col und row errechnet, die Methode __str__, die die aktuelle Position als Zeichenkette zurückgibt, und die statische Methode position, die die in numerischen Parametern übergebene Position in eine Zeichenkette umwandelt, sofern es sich um eine gültige Position handelt.

Zur Abwechslung habe ich im Code konsequent die Typen aller Instanzvariablen, Parameter und Methodenergebnisse ausgezeichnet. Damit gibt der Code auch ein längeres Beispiel für *Type Annotations*.

```python
# Beispieldatei chess.py
class Figure(): # Klasse für allgemeine Schachfigur
    col: int    # Position der Figur (Spalte/Reihe)
    row: int    # als Wert von 0 bis 7

    # Konstruktor
    def __init__(self, pos: str):
        if len(pos) != 2:
            raise ValueError('Ungültige Position')
        c = pos[0].lower() # column, z. B. 'c'
        r = pos[1]         # row,    z. B. '3'
        if (not c in 'abcdefgh') or (not r in '12345678'):
            raise ValueError('Ungültige Position')
        self.col = 'abcdefgh'.find(c)
        self.row = '12345678'.find(r)

    # Position in Schachnotation zurückgeben
    def __str__(self):
        return Figure.position(self.col, self.row)

    # testen, ob gültige Position; liefert
    # Schachnotation (z.\,B.\ 'e3') oder leere Zeichenkette
    @staticmethod
    def position(col: int, row: int) -> str:
        if row<0 or row>7 or col<0 or col>7:
          return ''
        return 'abcdefgh'[row] + '12345678'[col]
```

Klasse für Pferd/Springer

Die Klasse `Knight` (Pferd/Springer) ist von `Figure` abgeleitet. Sie greift auf den Konstruktor der Basisklasse zurück und modifiziert die `__str__`-Methode ein wenig. Interessant ist aber die neue Methode `findMoves`, die ausgehend von der aktuellen Position alle möglichen Ziele ermittelt (siehe Abbildung 11.1).

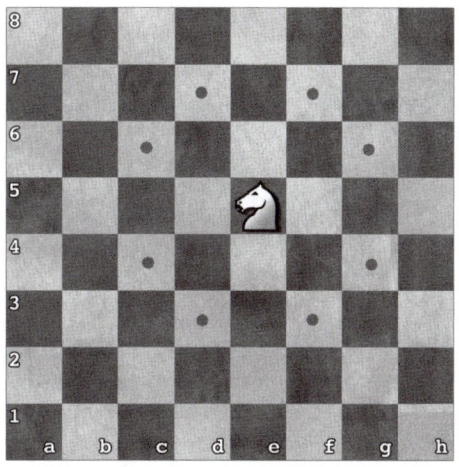

Abbildung 11.1 Mögliche Ziele eines Springers, der auf dem Feld e5 steht

Wenn der Springer im Zentrum des Schachbretts steht, gibt es acht Ziele. Steht der Springer dagegen in der Ecke, reduziert sich die Anzahl auf zwei Positionen. `Figure.position()` liefert dann für alle anderen Positionen leere Zeichenketten, die aufgrund der Abfrage `if newpos` ignoriert werden.

```
# Fortsetzung Beispieldatei chess.py
from typing import List
class Knight(Figure):
    def __init__(self, pos: str):
        super().__init__(pos)
```

```
def __str__(self):
    return 'Knight@' +
            Figure.position(self.col, self.row)

# Positionen aller möglichen Züge ermitteln
def findMoves(self) -> List[str]:
    offsets = [(1,2), (2,1), (-1,2), (-2,1),
               (1,-2), (2,-1), (-1,-2), (-2,-1)]
    positions = []
    for (coff,roff) in offsets:
        # statische Methode Figure.position aufrufen
        newpos = Figure.position(self.col + coff,
                                 self.row + roff)
        if newpos:
            positions += [newpos]
    return positions
```

Klasse für Läufer

Ganz analog sieht die Klasse Bishop für einen Läufer aus. Eine kurze Wiederholung der Schachregeln: Ein Läufer darf sich auf den Diagonalen seines Felds bewegen. Alle möglichen Positionen können wir damit mit einer Schleife von –7 bis +7 ermitteln, wobei wir die Schleifenvariable als Offset zur aktuellen Position verwenden. Der Offset 0 muss dabei mit continue übersprungen werden.

Durch die Schleife entsteht natürlich eine Menge ungültige Positionen außerhalb des Spielbretts, die von Figure.position aber ignoriert werden (leere Zeichenkette als Rückgabe).

```
# Klasse für Läufer
class Bishop(Figure):
    def __init__(self, pos: str):
        super().__init__(pos)

    def __str__(self):
        return 'Bishop@' +
                Figure.position(self.col, self.row)
```

```
def findMoves(self) -> List[str]:
    positions = []
    for i in range(-7, 8):
        if i==0:
            continue
        # Diagonale von links unten nach rechts oben
        newpos = Figure.position(self.col + i,
                                 self.row + i)
        if newpos:
            positions += [newpos]
        # Diagonale von rechts unten nach links oben
        newpos = Figure.position(self.col + i,
                                 self.row - i)
        if newpos:
            positions += [newpos]
    return positions
```

Mehrfachvererbung

Vererbung kann über mehrere Stufen gehen: Sie können also die Klasse Fahrzeug definieren, davon Kraftfahrzeug ableiten, davon LKW usw. Auf diese Weise können Sie Hierarchien von Klassen aufbauen, die zunehmend verfeinert werden.

Python kann aber auch von mehreren unterschiedlichen Klassen gleichzeitig erben (*Multiple Inheritance*). Beispielsweise gibt es die Basisklassen Fahrzeug und Antrieb sowie von Antrieb abgeleitet die Klassen Benzin, Diesel, Elektro und Hybrid (siehe Abbildung 11.2). Die Klasse für einen Hybrid-PKW könnten Sie dann in Python so definieren:

```
def class HybridPKW(Fahrzeug, Benzin, Elektro):
    ...
```

Problematisch bei der Mehrfachvererbung ist, dass es in mehreren Basisklassen gleichnamige Methoden geben kann. Welche davon soll die neue Klasse verwenden? Die Technik *Methode Resolution Order* (MRO) entscheidet dann, welcher Methode der Vorzug gegeben wird. In Python kamen im Laufe der Zeit unterschiedliche MRO-Algorithmen zum Einsatz. Wie diese und die aktuelle Implementierung funktionieren, können Sie z.B. hier nachlesen:

https://python-history.blogspot.com/2010/06/method-resolution-order.html

https://www.programiz.com/python-programming/multiple-inheritance

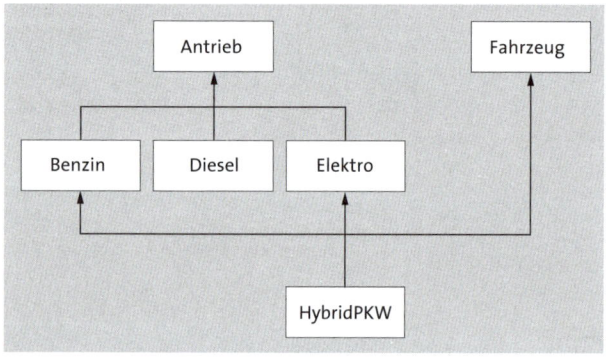

Abbildung 11.2 Beispiel für Mehrfachvererbung

11.9 Wiederholungsaufgaben und Übungen

Soweit es nur die Syntax betrifft, ist Objektorientierung in Python relativ leicht zu erfassen. Natürlich sind manche Begriffe anfänglich ungewohnt, aber wenn Sie das Kapitel eventuell ein zweites Mal lesen und sich auf die Beispiele konzentrieren, dann sollten die folgenden Wiederholungsfragen keine unüberwindbare Hürde darstellen.

Ganz anders sieht es mit der Programmierung eigener Klassen aus: Zu erwarten, Sie könnten die Praxis der objektorientierten Programmierung quasi über ein Wochenende erlernen, ist eine leider Illusion. Es braucht Monate, wenn nicht Jahre, um objektorientiert denken zu lernen, um ein Verständnis dafür zu gewinnen, wie sich eine Aufgabenstellung am besten in Klassen und Methoden strukturieren lässt. Das Studium der Beispiele aus diesem Kapitel reicht dazu nicht aus. Es gibt unzählige Bücher, die sich (unabhängig von Python) ausschließlich mit den Konzepten der objektorientierten Programmierung beschäftigen und typische Entwurfsmuster (*Design Pattern*) erläutern.

Davon losgelöst stellt sich die Frage, ob Python die ideale Sprache ist, um objektorientiertes Programmieren zu lernen: Der OO-Ansatz von Python ist in vielerlei Hinsicht unorthodox (z. B. die Verwendung von jederzeit erweiterbaren »Namensräumen«), die Syntax viel weniger exakt als in anderen Sprachen (z. B. C++, C#, Java, Swift). Wer OO schon von einer anderen Sprache beherrscht, kann die Konzepte relativ unkompliziert auch auf Python anwenden. Umgekehrt gilt dies aber nur mit Einschränkungen. In anderen Sprachen gibt es viel mehr Sonderfälle, Varianten und deutlich strengere Syntaxregeln.

▶ **W1:** Erklären Sie den Unterschied zwischen Klasse und Objekt.

▶ **W2:** Worin besteht der Unterschied zwischen Instanzmethoden und statischen Methoden? Wie werden sie aufgerufen?

▶ **W3:** Wozu dient der Konstruktor? Wie lautet sein interner Name, wie wird er aufgerufen?

▶ **W4:** Die folgende Klasse sei gegeben:

```
class MyClass():
def __init__(self, a, b):
    self.a = a
    self.b = b
```

Welche Ausgaben liefern die beiden folgenden print-Funktionen?

```
obj = MyClass(3, 4)
print(MyClass.a)
print(obj.a)
```

Ist der folgende Code zulässig?

```
obj.c = 7
print(obj.c)
```

► **W5:** Entwerfen Sie den Code für eine Bankkontoklasse, die sich wie folgt nutzen lässt:

```
k1 = Konto('Michael', 200, 0)
k2 = Konto('Maria')
k3 = Konto('Peter', 1000, 500)
k1.einzahlen(100)
if k2.abheben(100):
    print('Geld von Konto 2 abgehoben')
if k3.abheben(1200):
    print('Geld von Konto 3 abgehoben')
for k in [k1, k2, k3]:
    print(k)
```

Das Programm soll zu einer Ausgabe wie in diesem Listing führen:

```
Zu wenig Geld auf dem Konto.
Geld von Konto 3 abgehoben
Konto von Michael:
  Guthaben: 300
  Überziehungsrahmen: 0

Konto von Maria:
  Guthaben: 0
  Überziehungsrahmen: 0

Konto von Peter:
  Guthaben: -200
  Überziehungsrahmen: 500
```

► **W6:** Schreiben Sie ein Programm zur Speicherung von Musik-Alben. Die Klasse Album speichert den Titel, den Interpreten und die Tracks (Liste mit Track-Objekten) eines Albums. Die Methode getTotalTime soll die Gesamtlänge des Albums berechnen. Die Methode printInfo soll alle Informationen des Albums in geordneter Form anzeigen.

Die Klasse Track speichert den Track-Titel, den MP3-Dateinamen und die Länge des Tracks. Verfassen Sie außerdem Testcode, der eine Ausgabe in der folgenden Form liefert:

```
Album:   The Dark Side of the Moon
Von:     Pink Floyd
Länge:   0:14:36

Track 1: Speak to Me [00:03:57]
Track 2: On the Run [00:03:34]
Track 3: Time [00:07:05]
```

Sofern Ihnen Python 3.7 oder neuer zur Verfügung steht: Verwenden Sie Datenklassen!

▶ **W7**: Ergänzen Sie das Beispielprogramm chess.py (siehe Abschnitt 11.8, »Vererbung«) um zwei neue Klassen für Turm (Rook) und Dame (Queen).

11

Kapitel 12

Module

Sie haben es ja schon bemerkt: Module sind in Python allgegenwärtig. Fast jedes längere Programm importiert die eine oder andere Zusatzfunktion aus einem Modul; »echte« Anwendungen beginnen oft mit einem Dutzend von Importanweisungen.

Für Python hat der modulare Ansatz zwei große Vorteile: Zum einen ist die Sprache nach über 25 Jahren (die erste Python-Version erschient 1991) noch kompakt, handlich und rasch zu erlernen. Zum anderen machen öffentlich zugängliche Erweiterungsmodule im Internet die Sprache zum Universalwerkzeug für alle denkbaren (und undenkbaren) Aufgaben – von der Datenbankprogrammierung bis hin zur künstlichen Intelligenz.

In diesem Kapitel gehe ich nochmals auf die verschiedenen Formen zum Import von ganzen Modulen bzw. Klassen oder Funktionen aus einem Modul ein. (Eine Zusammenfassung der vier wichtigsten Importvarianten gab es ja schon in Abschnitt 1.5, »Elementare Syntaxregeln«.)

In den weiteren Abschnitten lernen Sie dann, wie Sie mit dem Kommando `pip` bzw. `pip3` Module installieren, die aktuell nicht auf Ihrem Computer zur Verfügung stehen. Außerdem zeige ich Ihnen, wie Sie selbst Module zusammenstellen können.

12.1 Module nutzen (»import«)

Das klassische Importkommando lautet einfach `import modulname`. Damit sucht Python die Datei `modulname` in allen dafür vorgesehenen Verzeichnissen und lädt sie. Die darin enthaltenen Funktionen oder Klassen sind anschließend in der Form `modulname.funktionsname` zugänglich.

Sämtliche Importanweisungen werden üblicherweise gleich an den Beginn des Scripts gestellt. Damit ist auf einen Blick erkenntlich, welche Module zur Ausführung des Scripts erforderlich sind.

Es ist zulässig, `import` auch später durchzuführen – `import` muss aber auf jeden Fall vor der ersten Nutzung einer Funktion aus dem Modul aufgerufen werden. `import`-Anweisungen in Funktionen sind möglich. Das Modul wird damit aber in den lokalen Namensraum der Funktion importiert und steht nur dort zur Verfügung.

Viele Module sind selbst von anderen Modulen abhängig. Sie müssen sich darüber keine Gedanken machen – Python stellt sicher, dass kein Modul doppelt importiert wird.

»import as«

Die Variante `import modulname as kuerzel` ermöglicht es, lange Modulnamen im Code zu verkürzen. Beispielsweise beginnen viele Raspberry-Pi-Scripts mit `import RPi.GPIO as gpio`. Damit können Sie das Modul `RPi.GPIO` in der Folge mit minimalem Tippaufwand verwenden:

```
# herkömmlicher Import
import RPi.GPIO
print(RPi.GPIO.VERSION)   # liefert RPi.GPIO-Versionsnummer

# import-as-Variante
import RPi.GPIO as gpio
print(gpio.VERSION)       # liefert RPi.GPIO-Versionsnummer
```

Module und Packages

Genau genommen ist hier `GPIO` der Modulname und `RPi` ein Package-Name. Packages ermöglichen es, mehrere Moduldateien in einem Verzeichnis zu speichern – siehe Abschnitt 12.4, »Eigene Module entwickeln«.

»from import«

Eine weitere Import-Syntaxvariante lautet `from modulname import funcname`. Abermals wird damit das angegebene Modul gelesen, sein Name aber *nicht* in den Namensraum integriert. Stattdessen wird nur die im Modul enthaltene Funktion oder Klasse im aktuellen Namensraum eingefügt. Das bedeutet, dass sich die Nutzung der Funktion von `modulname.funcname` auf nur `funcname` verkürzt. Das führt zu kompakterem Code, verschleiert aber bei längeren Listing, welche Funktion aus welchem Modul stammt. Die beiden folgenden Minilistings verdeutlichen den Unterschied:

```
# 'gewöhnlicher' Import
import string
import random

def randomstr2(n):
    return ''.join( \
        random.choices(string.ascii_lowercase, k=n))

# from-import-Variante
from string import ascii_lowercase
from random import choices

def randomstr2(n):
    return ''.join(choices(ascii_lowercase, k=n))
```

Beachten Sie beim obigen Beispiel aber, dass andere in `string` definierte Attribute, z. B. `ascii_uppercase`, nicht zur Verfügung stehen, auch nicht in der Schreibweise `string.ascii_uppercase`. Die Anweisung `from modul import xy` ist also keine erweiterte Version von `import modul`!

Mit `from import` können Sie auch mehrere Funktionen bzw. Klassen auf einmal in den Namensraum übernehmen, z. B. `from datetime import date, datetime, timedelta`.

Erlaubt, aber nicht empfohlen ist schließlich `from modulname import *`: Damit werden alle im Modul enthaltenen Attribute (also Funktionen, Klassen und Variablen) in den aktuellen Namensraum übernommen. Auf den ersten Blick sieht das bequem aus. Tatsächlich wissen Sie aber oft nicht, welche Attribute das Modul verwendet. Das macht nicht nur die Nutzung der Attribute intransparent (welches Attribut stammt von welchem Modul?), sondern erhöht auch die Gefahr von Kollisionen (z. B. wenn mehrere Module das Attribut xy verwenden) oder von irrtümlichen Veränderungen (xy=123).

12.2 Modul-Interna

Solange es Ihnen nur um die Anwendung von Modulen geht, können Sie diesen Abschnitt mit gutem Gewissen überspringen. Aber wenn Sie einen Blick hinter die Kulissen des Modulsystems von Python werfen möchten, finden Sie hier einige hilfreiche Informationen.

Welche Module stehen zur Verfügung?

Standardmäßig sind mit Python eine Menge Module installiert. Einen Überblick gibt das Kommando help('module'), das im Python-Interpreter ausgeführt werden muss. Die Resultate variieren je nach Python-Version und -Plattform etwas. Das folgende, aus Platzgründen gekürzte Listing ist unter Windows entstanden, wo standardmäßig ca. 300 Module zur Verfügung stehen:

```
>>> help('modules')

__future__          _tracemalloc    gzip          select
_abc                _warnings       hashlib       selectors
_ast                _weakref        heapq         setuptools
_asyncio            _weakrefset     hmac          shelve
...
_testimportmultiple genericpath     reprlib       zipfile
_testmultiphase     getopt          rlcompleter   zipimport
_thread             getpass         runpy         zlib
_threading_local    gettext         sched
_tkinter            glob            secrets
```

237

`help('modulname')` zeigt eine kurze Beschreibung des Moduls an. (Unter Python 3.6 ist die Vorgehensweise ein wenig anders: Sie müssen zuerst mit `help()` in den interaktiven Hilfemodus wechseln und dann den Modulnamen wie ein Kommando angeben.)

```
>>> help('glob')
NAME
    glob - Filename globbing utility.

MODULE REFERENCE
    https://docs.python.org/3.7/library/glob

FUNCTIONS
    escape(pathname)
        Escape all special characters.

    glob(pathname, *, recursive=False)
        Return a list of paths matching a pathname pattern.
        ...
```

Wo befinden sich Moduldateien?

Grundsätzlich sind Moduldateien ganz gewöhnliche Python-Dateien. Die Datei `datetime.py` des gleichnamigen Moduls finden Sie beispielsweise hier:

```
Ubuntu 18.04:  /usr/lib/python3.6/
macOS:         /Library/Frameworks/Python.framework/
               Versions/3.7/lib/python3.7/
Windows:       C:\Users\<name>\AppData\Local\Programs\
               Python37\Lib\
```

Den Ort einer Moduldatei können Sie mit einer gewöhnlichen Suche im Dateisystem ermitteln oder, wesentlich effizienter, mit der Funktion `find_module` aus dem `imp`-Modul. Das folgende Listing ist unter macOS entstanden:

```
import imp
imp.find_module('datetime')
  (<_io.TextIOWrapper name='/Library/Frameworks/
   Python.framework/Versions/3.7/lib/python3.7/
   datetime.py' ...)
```

»importlib«- statt »imp«-Modul

Das imp-Modul gilt schon seit Version 3.3 veraltet. Das neue importlib-Modul ist aber leider wesentlich umständlicher anzuwenden:

https://stackoverflow.com/questions/35288021

Solange imp also nicht aus Python entfernt wird, kommen Sie damit schneller ans Ziel.

Moduldateien können auch an anderen Orten installiert sein. Python berücksichtigt bei der Suche alle Pfade aus sys.path. Das folgende, aus Platzgründen gekürzte Listing zeigt die Ergebnisse unter macOS:

```
import sys
print(sys.path)
  ['',
   '/Library/Frameworks/Python.framework/Versions/3.7/lib/
    python37.zip',
   '[/L/F/P.f/V/3.7/lib]/python3.7',
   '[/L/F/P.f/V/3.7/lib]/python3.7/lib-dynload',
   '[/L/F/P.f/V/3.7/lib]/python3.7/site-packages']
```

»sys.path« verändern

Sie können sys.path sogar während der Ausführung eines Python-Scripts verändern (sys.path.append(newdir)). Ein konkretes Beispiel dazu finden Sie in diesem Blogbeitrag:

https://leemendelowitz.github.io/blog/how-does-python-find-packages.html

---

Einige Module sind aus Effizienzgründen in C geschrieben und direkt in den Python-Interpreter eingebettet. Dazu zählen z. B. math.py oder sys.py. Eine Liste all dieser Module liefert sys.built_in_module_names:

```
import sys
print(sys.builtin_module_names)
  ('_abc', '_ast', '_codecs', '_collections', ...
   'atexit', 'builtins', 'errno', 'faulthandler',
   'gc', 'itertools', 'marshal', 'posix', 'pwd',
   'sys', 'time', 'xxsubtype', 'zipimport')
```

Welche Module sind geladen?

Die Variable modules des sys-Moduls enthält ein Dictionary mit allen geladenen Modulen. Dazu zählen auch solche Module, die zusammen mit dem Python-Interpreter kompiliert wurden und daher immer zur Verfügung stehen:

```
import sys
print(sys.modules)
# Ausgabe {'sys': <module 'sys' (built-in)>,
#          'builtins': <module 'builtins' (built-in)>,
#          '_frozen_importlib': <module '_frozen_importlib'
#                                 (frozen)>,
#          '_imp': <module '_imp' (built-in)>,
#          '_thread': <module '_thread' (built-in)>,
#          ...
```

12.3   Module installieren (»pip«)

Unter Python stehen mehrere Hundert Module standardmäßig zur Auswahl. Diese Module können ohne weiter Vorbereitungsarbeiten mit import aktiviert werden.

Das ist aber nur der Anfang! Auf der Plattform *https://pypi.org* (*Python Package Index*) stehen außerdem Dateien von über 100.000 Projekten zum Download zur Verfügung. (Eine komplette Referenz liefert die eher unübersichtliche Seite *https://pypi.org/simple*.)

Grundsätzlich wäre es möglich, die Dateien von *https://pypi.org* manuell herunterzuladen und zu installieren. Das ist aber unüblich, weil es auf Ihrem Rechner in kürzester Zeit zu einer chaotischen, nicht mehr reproduzierbaren Sammlung von Python-Erweiterungen käme. Stattdessen sieht Python für diese Zwecke das Kommando `pip` (Windows) bzw. `pip3` (Linux und macOS) vor. Überzeugen Sie sich von der Existenz dieses Kommandos in `cmd.exe` bzw. in einem Terminalfenster!

```
pip3 --version  (Linux/macOS)
  pip 18.0 from /Library/Frameworks/.../pip (python 3.7)

pip --version  (Windows)
  pip 18.0 from C:\Users\...\pip (python 3.7)
```

Ein weiterer entscheidender Vorteil des `pip`-Kommandos im Vergleich zur manuellen Installation besteht darin, dass sich `pip` auch um Paketabhängigkeiten kümmert. Wenn Sie also Paket X installieren möchten und dieses vom Paket Y abhängig ist, werden nach einer Rückfrage beide Pakete installiert.

»pip« versus »pip3« unter Linux und macOS

Unter Linux und macOS müssen Sie aufpassen. Dort sind häufig die Python-Versionen 2 und 3 parallel installiert. Das Kommando `pip` bezieht sich dort auf Pakete für Python 2, `pip3` auf solche für Python 3.

Beachten Sie auch, dass `pip3` unter Linux und macOS in der Regel ohne `root`-Rechte bzw. ohne `sudo` ausgeführt wird. Das betreffende Paket wird dann lokal in das jeweilige Benutzerverzeichnis installiert (üblicherweise in `.local/lib/python<n>/site-packages`) und steht entsprechend nur diesem Benutzer zur Verfügung.

»pip« installieren oder aktualisieren

Unter Linux ist pip3 ggfs. nicht installiert. Das Kommando befindet sich in der Regel im Paket python3-pip und wird je nach Distribution mit apt oder yum oder dnf installiert. Unter Ubuntu sieht das erforderliche Kommando z. B. so aus:

```
sudo apt install python3-pip
```

Wenn pip bereits installiert ist und Sie ein Update auf die neueste Version durchführen möchten, geben Sie das folgende Kommando aus:

```
pip3 install --upgrade pip            (macOS)
python -m pip install --upgrade pip   (Windows)
```

Beachten Sie, dass der Paketname auf jeden Fall pip lautet. Das obige Kommando für macOS ist also korrekt, zuerst pip3 (Kommando), dann pip (Paketname).

Wieder anders sieht die Situation unter Linux aus. Dort sind direkte Updates von pip3 problematisch. Sie sollten pip3 ausschließlich mit dem Paketmanager Ihrer Distribution aktualisieren (unter Ubuntu also z. B. mit sudo apt install --only-upgrade python3-pip). Andernfalls kann es Ihnen passieren, dass jeder weiterer Versuch, pip3 zu verwenden, mit dem Fehler *cannot import name main* endet. Hintergründe und Lösungsvorschläge finden Sie hier:

https://github.com/pypa/pip/issues/5221#issuecomment-382069604

Pakete installieren und verwalten

Tabelle 12.1 fasst die wichtigsten pip-Kommandos zusammen. Je nach Plattform ist diesen Kommandos pip oder pip3 voranzustellen. Die folgenden Beispielkommandos habe ich auf einem Raspberry Pi unter Raspbian Stretch ausgeführt:

```
pip3 install wiringpi2

  Collecting wiringpi2 ...
  Successfully installed wiringpi-2.46.0 wiringpi2-2.32.3
```

```
pip3 show wiringpi

  Name: wiringpi
  Version: 2.46.0
  Summary: A python interface to WiringPi 2.0 library
    which allows for easily interfacing with the GPIO
    pins of the Raspberry Pi. Also supports i2c and SPI.
  Home-page: https://github.com/WiringPi/WiringPi-Python/
  Location: /home/pi/.local/lib/python3.5/site-packages
  ...


pip3 list --format=columns

  Package           Version
  ----------------- -------
  automationhat     0.1.0
  blinker           1.3
  blinkt            0.1.2
  ...
  wheel             0.29.0
  wiringpi          2.46.0
  wiringpi2         2.32.3

pip3 search dropbox

  dropbox (9.0.0)        Official Dropbox API Client
  dropbox-master (0.1)   Simplifies Dropbox management
  dropbox-cli (0.0.01)   cli to manage your dropbox account
  ...
```

Wie die mit pip[3] installierten Pakete zu nutzen sind, hängt vom jeweiligen Paket ab. In den meisten Fällen werden ganz einfach Moduldateien installiert, die Sie dann wie gewöhnliche Python-Module mit import modulname verwenden können.

Kommando	Funktion
install <name>	Installiert das Paket.
install --user <name>	Installiert das Paket nur für den aktuellen Benutzer.
install --upgrade <name>	Aktualisiert das Paket.
list	Zeigt alle installierten Pakete an.
list --outdated	Zeigt veraltete Pakete an.
search <suchbegriff>	Sucht nach Paketen.
show <name>	Zeigt Informationen zum Paket an.
show --files <name>	Listet die Dateien des Pakets auf.
uninstall <name>	Entfernt ein Paket.

Tabelle 12.1 Wichtige »pip«-Kommandos

12.4   Eigene Module entwickeln

Es ist denkbar einfach, eigene Module zu entwickeln: Sie speichern die Funktionen oder Klassen in einer Datei meinmodulname.py – fertig! Da die Datei später importiert und nicht unmittelbar ausgeführt wird, können Sie sowohl auf die Shebang-Zeile (#!...) als auch auf chmod +x verzichten.

Das folgende Beispiel besteht aus zwei Dateien, die sich im selben Verzeichnis befinden müssen. mymodule.py ist quasi ein Hello-World-Modul:

```
# Beispieldatei mymodule.py
def myfunc():
    print('Hello, Module!')
```

usemodule.py zeigt die Anwendung des Moduls:

```
#!/usr/bin/env python3
import mymodule
mymodule.myfunc()  # Ausgabe 'Hello, Module!'
```

Variablen über mehrere Module teilen

In Modulen initialisierte Variablen sind nur innerhalb des Moduls zugänglich. Ebenso sind in der Hauptdatei (hier `usemodule.py`) initialisierte Variablen nur dort zugänglich.

Die empfohlene Vorgehensweise, um Variablen aus mehreren Dateien heraus gemeinsam zu nutzen, sieht so aus: Sie definieren alle gemeinsamen Variablen in einem eigenen Modul, z. B. in `shared.py`. Dieses Modul importieren Sie sowohl in der Hauptdatei als auch in allen anderen Modulen. Der Zugriff auf die gemeinsame Variable erfolgt dann in der Form `shared.varname`.

Das folgende Beispiel besteht aus den drei Dateien `useshared.py`, `shared.py` und `othermodule`:

```
# Beispieldatei shared.py (Modul)
myvar = 42

# Beispieldatei othermodule.py (Modul)
import shared
def f():
    shared.myvar += 1

# Beispieldatei useshared.py (Hauptprogramm)
import shared
import othermodule
print(shared.myvar)  # Ausgabe 42
othermodule.f()
print(shared.myvar)  # 43
```

Packages

Wenn die Aufgaben eines Moduls zu umfangreich sind, als dass der Code in einer Datei untergebracht werden kann, dann können Sie mehrere Moduldateien in einem Verzeichnis anordnen. Das gesamte Verzeichnis wird dann *Package* genannt. Die einzige Voraussetzung besteht darin, dass das Verzeichnis die leere Datei `__init__.py` enthält. Der Zugriff auf die Module erfolgt dann in der Schreibweise `packagename.modulname`. Die Python-Dokumentation empfiehlt, für Paket- und Modulnamen kurze Wörter und ausschließlich Kleinbuchstaben zu verwenden.

»Paket« versus »Package«

In diesem Kapitel gibt es zwei unterschiedliche Arten von Paketen, die Sie nicht durcheinanderbringen sollten:

► Bei der einen Paketvariante handelt es sich um im Internet verfügbare, in Paketdateien verpackte Module, die mit `pip` installiert werden können (siehe Abschnitt 12.3, »Module installieren (pip)«).

► Bei den hier beschriebenen Paketen handelt es sich dagegen um Verzeichnisse mit mehreren Moduldateien, für die ich zur besseren Unterscheidbarkeit den englischen Begriff *Package* verwende.

Abermals wird die Vorgehensweise am einfachsten anhand eines Beispiels verständlich. Dieses besteht aus vier Dateien und einem Verzeichnis:

```
usepackage.py            (Python-Programm)
mypackage/               (Package-Verzeichnis)
   __init__.py           (leere Datei)
   mymodule1.py          (Modul 1)
   mymodule2.py          (Modul 2)
```

Die beiden Moduldateien sehen so aus:

```
# Beispieldatei mypackage/mymodule1.py
def func():
    print('Funktion 1')

# Beispieldatei mypackage/mymodule2.py
class MyClass():
    def __init__(a, b):
        self.a = a
        self.b = b
```

```
def m1(self):
    return self.a + self.b
```

Damit Sie die Module des Pakets nutzen können, gehen Sie wie folgt vor:

```
# Beispieldatei usepackage.py
from mypackage import mymodule1, mymodule2
mymodule1.func()
obj = mymodule2.MyClass(2, 3)
print(obj.m1())  # Ausgabe 5
```

Bei meinen Tests hat das Beispiel auch ohne die leere Datei __init__.py funktioniert. Die Python-Dokumentation verlangt aber die Existenz dieser Datei. Die Datei kann auch Code für packageweite Initialisierungsarbeiten enthalten. Weitere Details zur Gestaltung eigener Module und Packages finden Sie hier:

https://docs.python.org/3/tutorial/modules.html

»pycache«-Verzeichnis

Sobald Sie beginnen, Projekte über mehrere Dateien aufzuteilen, erscheinen im Projektverzeichnis plötzlich Verzeichnisse mit dem Namen __pycache__.py. Python speichert dort kompilierte Versionen von Python-Dateien.

Der Hintergrund besteht darin, dass Python zwar eigentlich eine interpretierte Sprache ist, dass aber in Wirklichkeit jedes Programm unmittelbar vor der Ausführung in eine schneller verarbeitbare Version umgewandelt (*kompiliert*) wird. Bei Projekten mit mehreren Dateien werden solche kompilierten Dateien aus Effizienzgründen zwischengespeichert (siehe auch Abschnitt 13.4, »Python-Compiler«).

12.5 Wiederholungsfragen und Übungen

▶ **W1:** Das Modul mymodule enthält die Funktionen f1 bis f3. Zeigen Sie zumindest zwei unterschiedliche Wege, diese Funktionen in Ihrem Code zu nutzen.

▶ **W2:** Das Paket `arrow` ist eine großartige Community-Alternative zum offiziellen `datetime`-Paket. Installieren Sie das Paket mit `pip` bzw. `pip3`, und verfassen Sie ein winziges Testprogramm, das die Funktion `utcnow` aufruft.

▶ **W3:** Sie arbeiten an einem größeren Python-Projekt. Sie wollen Ihre bislang einzige Datei zerlegen. Wie gehen Sie vor?

Kapitel 13

Interna

In diesem Kapitel gehe ich kurz auf einige Interna von Python ein und stelle Spezialfunktionen vor, die bisher zu kurz gekommen sind:

▶ Garbage Collection

▶ Shared References

▶ Namensräume (global() versus local() versus vars())

▶ Python-Compiler

▶ Systemfunktionen (argv, exit, sleep)

Abschließend erläutert das Kapitel, warum Python 2 auch zehn Jahre nach der Vorstellung von Python 3 noch relevant ist.

13.1 Garbage Collection

Stellen Sie sich vor, Ihr Python-Programm geht wie folgt vor, um eine HTML-Datei zu erzeugen:

```
s = ''
for i in range(1, 101):
  s += '<p>Absatz ' + str(i) + '\n'
f = open('out.html', 'w')
f.write(s)
f.close()
```

In einer Schleife wird also Schritt für Schritt eine Zeichenkette zusammengesetzt, wobei jede Zeile mit <p> einen neuen HTML-Absatz einleitet. Jeder Absatz enthält den Text *Absatz nnn*. Mit open wird dann die Datei out.html erzeugt und der Text dort gespeichert.

Diese Vorgehensweise ist *nicht effizient* und daher nicht empfehlenswert! Problematisch ist vor allem die scheinbar harmlose Zeile s += 'xxx'. Was geschieht hier? Python erweitert dabei 100-mal eine Zeichenkette. Zuerst zeigt s auf die Zeichenkette `<p>Absatz 1\n`, dann auf `<p>Absatz 1\n<p>Absatz 2\n`, dann auf `<p>Absatz 1\n<p>Absatz 2\n<p>Absatz 3\n` usw.

Nun habe ich bereits darauf hingewiesen, dass Zeichenketten unveränderlich (*immutable*) sind. Hinter den Kulissen muss Python also bei jeder s += ...-Anweisung eine *neue* Zeichenkette erzeugen. Was aber macht Python mit den alten Zeichenketten? Wenn Sie die for-Schleife mit range(1, 10001) bilden, beansprucht Python dann Speicherplatz für 10.000 Zeichenketten? Und was passiert, wenn der Arbeitsspeicher erschöpft ist?

Um diesen Fall zu vermeiden, entfernt Python nicht mehr benötigte Objekte aus dem Speicher. Das funktioniert in der Regel vollautomatisch. Woran aber erkennt Python, dass es ein Objekt löschen darf? Ganz einfach: Python zählt mit, wie viele Variablen bzw. andere Objekte auf ein Objekt verweisen. Sobald dieser Zähler auf 0 sinkt, ist klar, dass nichts und niemand mehr das Objekt benötigt. Es kann gelöscht werden.

Probleme können allerdings zirkuläre Verweise verursachen, bei denen zumeist mehrere Objekte gegenseitig aufeinander verweisen – aber selbst mit diesem Sonderfall kommt Python meistens zurecht. Für das Entfernen solcher geschlossener Objektketten aus dem Speicher ist der sogenannte *Garbage Collector* verantwortlich. Technisch interessierte Leser finden hier Hintergrundinformationen:

https://docs.python.org/3/library/gc.html
https://stackoverflow.com/questions/10962393

13.2 Shared References

Bleiben wir bei der Variablen- und Objektverwaltung: In größeren Programmen gibt es oft an mehreren Stellen Variablen, die auf gleichartige Objekte verweisen. Beispielsweise gibt es im folgenden Beispiel die zwei Variablen a und b, die beide die Integerzahl 15 beinhalten – oder, um es exakter auszudrücken, die beide auf ein Objekt mit der Zahl 15 verweisen. Da liegt es eigentlich nahe, für beide Variablen ein und dasselbe Objekt zu verwenden. Der Fachbegriff hierfür lautet *Shared References* – mehrere Variablen verweisen also auf ein Objekt, das sie sich gewissermaßen teilen.

```
a = 15          # a=15
b = 14          # mit einem kleinen Umweg
b += 1          # gilt nun auch b=15
print(a is b)   # True
```

Die Idee ist simpel, die Realisierung ist aber viel schwieriger, als es den Anschein hat. Damit das Konzept funktioniert, muss Python jedes Mal, wenn in einer Variablen ein Verweis auf ein neues Objekt gespeichert wird, testen, ob es schon ein gleiches Objekt im Speicher gibt. Dieser Test muss äußerst schnell erfolgen, andernfalls würde der eingesparte Speicherplatz mit zu hohen Performance-Einbußen erkauft.

Tatsächlich ist es oft schwer vorherzusehen, wann Python diese Optimierung gelingt und wann nicht. Im folgenden Beispiel, bei dem in a und b zwei gleiche Zeichenketten gespeichert werden, versagt die Erkennung:

```
a = ' ' * 2
b = ' '
print(a is b)   # False
```

Ob die gemeinsame Nutzung gleichartiger Daten gelingt, ist stark implementierungsabhängig und kann sich sowohl je nach eingesetzter Python-Version als auch je nach Plattform ändern. Falls Sie neugierig sind, wie viele Verweise es auf ein bestimmtes Objekt gibt, können Sie dies mit der Methode sys.getrefcount feststellen:

```
import sys
print('1 wird von Python ', sys.getrefcount(1),
     '-mal verwendet')
print('15 wird von Python ', sys.getrefcount(15),
     '-mal verwendet')
print("' ' wird von Python ", sys.getrefcount(' '),
     '-mal verwendet')
# Ergebnisse im Python-Interpreter 3.7 unter macOS
# 1 wird von Python 105-mal verwendet
```

```
# 15 wird von Python 10-mal verwendet
# ' ' wird von Python 5-mal verwendet
```

Es ist schon bemerkenswert, dass es im Python-internen Code offensichtlich über 100 Variablen gibt, die alle auf ein Objekt mit der ganzen Zahl 1 verweisen!

13.3 Namensräume erforschen

In Kapitel 11, »Objektorientierte Programmierung«, habe ich zum ersten Mal den Begriff *Namensraum* erwähnt: Python verwendet Namensräume (*name spaces*) quasi als internen Container, um zusammengehörende Variablen zu verwalten. Jedes Objekt erhält seinen Namensraum, um darin Instanzvariablen und andere Attribute zu speichern.

Das gleiche Konzept verwendet Python auch beim Aufruf von Funktionen zur Speicherung lokaler Variablen. Namensräume stellen unter anderem sicher, dass es zwischen gleichnamigen Variablen in unterschiedlichen Gültigkeitsebenen keine Konflikte gibt.

Damit Sie besser verstehen, welche Attribute wo gespeichert sind, stellt Python die drei Funktionen globals, locals und vars zur Verfügung:

▶ globals() liefert alle Attribute auf Modulebene.

▶ locals() liefert die Attribute im gerade aktuellen lokalen Namensraum, also z. B. für einen Funktionsaufruf oder für ein Objekt.

▶ vars() ohne Parameter hat dieselbe Funktion wie locals().

▶ vars(objekt) liefert alle Attribute des angegebenen Objekts. vars greift dabei auf das vordefinierte Attribut __dict__ zurück, das ein Dictionary mit allen Variablen des Objekts liefert. vars(object) und objekt. __dict__ sind also gleichwertig.

Jede dieser Funktionen liefert zusätzlich zu denen von Ihnen im Code initialisierten Variablen diverse interne Attribute, deren Namen zumeist mit einem oder zwei Unterstrichen beginnen. Im folgenden Listing habe ich die meisten internen Attribute aus Platzgründen weggelassen.

```python
#!/usr/bin/env python3
a = 3

def f():
    a = 4
    print('locals() in f:', locals())
    # Ausgabe f: {'a': 4}
    return a

class C():
    def __init__(self, a, b):
        self.a = a
        self.b = b

    def m(self):
        return self.a + self.b

result = f()
print('vars(f):', vars(f))
# Ausgabe: {}

obj = C(1, 2)
print("vars(obj):", vars(obj))
# Ausgabe: {'a': 1, 'b': 2}

print("globals():", globals())
# Ausgabe: {'__name__': '__main__', ...
#            'a': 3,
#            'f': <function f at 0x103b201e0>,
#            'C': <class '__main__.C'>,
#            'result': 4,
#            'obj': <__main__.C object at 0x103c25f28>}
```

13

13.4 Python-Compiler

Python gilt als interpretierte Sprache. Sie müssen eine Codedatei also nicht zuerst in ein Binärformat umwandeln, bevor Sie das Programm ausführen können. Vielmehr liest das Programm `python.exe` bzw. einfach `python` unter macOS/Linux Ihre Datei mit dem Quellcode und führt diesen sofort aus (»interpretiert ihn«).

In den ersten Versionen hat sich Python tatsächlich so verhalten. Aktuelle Versionen kompilieren Ihren Code aber durchaus. Sie merken davon nichts, weil dieser Vorgang durch den sogenannten *Just-in-time-Compiler* automatisch erfolgt und bei kurzen Scripts extrem schnell vor sich geht. Der resultierende Byte-Code wird nur im RAM abgelegt, aber nicht gespeichert.

Anders verfährt Python mit größeren Projekten, die aus mehreren Dateien (Modulen) bestehen: Der kompilierte Code wird dabei in Byte-Code-Dateien (Dateikennung `*.pyc`/`*.pyo`) im Unterverzeichnis `__pycache__.py` gespeichert. Das spart Zeit, weil beim nächsten Ausführen des Programms nur die Codedateien neu kompiliert werden müssen, die sich in der Zwischenzeit verändert haben.

Es sollte Sie also nicht irritieren, wenn in Ihrem Codeverzeichnis plötzlich ein Unterverzeichnis namens `__pycache__.py` auftaucht. Sie müssen sich um dieses Verzeichnis nicht kümmern! Es ist auch nicht notwendig, das Verzeichnis zusammen mit dem restlichen Code weiterzugeben. Wenn das Verzeichnis oder darin enthaltene Dateien fehlen, werden sie einfach neu erstellt.

Sie können die Speicherung des Byte-Codes verhindern, indem Sie Python mit der Option `-B` ausführen (also z. B. `python3 -B myscript.py`) oder indem Sie die Umgebungsvariable `PYTHONDONTWRITEBYTECODE=1` setzen.

13.5   Systemfunktionen

Dieser Abschnitt stellt einige systemnahe Funktionen und Variablen vor.

Programmparameter

Beim Start eines Python-Programms können Sie Parameter übergeben, z. B. in der folgenden Form:

```
./meinscript.py --option1 -o2 name1 name2
```

Zur Verarbeitung dieser Parameter lesen Sie die Variable `argv` des `sys`-Moduls aus. `argv` verweist auf eine Liste mit allen Argumenten, wobei das erste Element (also `argv[0]`) immer den Dateinamen enthält.

```python
import sys
print(sys.argv)
# Ausgabe: ['./meinscript.py', '--option1', '-o2',
#          'name1', 'name2']
```

»argv«-Auswertung

In Abschnitt 8.5, »Beispiele für Schleifen«, habe ich Ihnen bereits gezeigt, wie Sie eine simple Schleife über alle Parameter bilden. Dabei habe ich auch auf die `glob`-Funktion aus dem gleichnamigen Modul hingewiesen, die Sie unter Windows brauchen, um Dateinamen mit Joker-Zeichen (`*.txt`) richtig zu verarbeiten.

Bei Programmen mit vielen Optionen und Subkommandos ist es zweckmäßig, zur Auswertung das `argparse`-Modul oder das `Fire`-Paket von Google einzusetzen:

https://docs.python.org/3/library/argparse.html
https://github.com/google/python-fire

Andere Programme bzw. Kommandos aufrufen

Mit subprocess.call können Sie aus einem Python-Script heraus ein anderes Programm oder Kommando ausführen. Im einfachsten Fall übergeben Sie an call eine Liste mit dem Kommandonamen und den dazugehörenden Optionen:

```
import subprocess
returncode = subprocess.call(['ls', '-l'])
```

Hintergrundinformationen zum Aufruf anderer Kommandos sowie entsprechende Beispiele folgen in Kapitel 16, »Systemadministration«.

Warten (»sleep«)

Gerade am Raspberry Pi besteht oft die Notwendigkeit, im Programm auf ein bestimmtes Ereignis zu warten, z. B. auf das Drücken einer Taste. Auf keinen Fall sollten Sie hier einfach eine Schleife formulieren, die ununterbrochen den Zustand eines GPIO-Pins abfragt. Die Schleife würde vollkommen unnötig die gesamten CPU-Ressourcen des Raspberry Pi blockieren. Besser ist es in solchen Fällen, Ihr Programm mit time.sleep(n) für die angegebene Zeit in Sekunden in den Schlaf zu versetzen. n kann eine Fließkommazahl sein, so dass die Möglichkeit besteht, nur einige Sekundenbruchteile zu warten. Das folgende Mini-Script zeigt die Anwendung von sleep:

```
#!/usr/bin/python3
import time
for i in range(100):
    print(i)
    time.sleep(0.2)
```

Asynchrone Programmierung

Sie können mit Python auch nebenläufige Programme entwickeln, die in mehrere Teilprozessen (*Threads*) parallel Aufgaben erledigen. Python stellt dazu verschiedene Erweiterungen zur Verfügung:

▶ `asyncio` ist vor allem zur asynchronen Durchführung von I/O-Aufgaben gedacht.

https://docs.python.org/3/library/asyncio.html

▶ `threading`, `multiprocessing`, `queue` und `subprocess` helfen dabei, Jobs bzw. Teilaufgaben parallel (also in mehreren Threads) abzuarbeiten und zu kontrollieren:

https://docs.python.org/3/library/concurrency.html

Die asynchrone Programmierung ist außerhalb der Reichweite dieses Grundkurses. Einige gute Einführungsbeispiele finden Sie außer auf den beiden obigen Seiten auch auf Stackoverflow:

https://stackoverflow.com/questions/2846653/how-to-use-threading-in-python

Programm beenden

Normalerweise endet ein Python-Programm mit der Ausführung der letzten Anweisung oder wenn ein nicht behandelter Fehler auftritt. Wenn Sie ein Programm vorzeitig beenden möchten, führen Sie `sys.exit()` aus. Mit `sys.exit(n)` können Sie dabei auch einen Rückgabecode zurückgeben (siehe Tabelle 13.1). Alternativ übergeben Sie an die `exit`-Methode eine Zeichenkette, die dann als Fehlermeldung angezeigt wird. Als Rückgabecode kommt in diesem Fall automatisch 1 zur Anwendung.

Rückgabecode	Bedeutung
0	OK, kein Fehler
1	allgemeiner Fehler
2	fehlerhafte Parameter (also in `argv`)
3–127	spezifische Rückgabecodes des Programms

Tabelle 13.1 Typische Fehlercodes

> **»exit« produziert eine Exception!**
>
> Beachten Sie, dass die `exit`-Methode intern eine `SystemExit`-Exception auslöst. Das Programmende kann daher durch `try/except` verhindert werden.

13.6   Python 2

Dieses Buch bezieht sich auf die Version 3 von Python. Grundlage für das Buch war genau genommen Python 3.7, aber nahezu der gesamte Text gilt ebenso für die Versionen 3.5 und 3.6. Er wird auch für spätere Python-Versionen gültig sein.

Angesichts der Tatsache, dass Python 3 bereits 2008 vorgestellt wurde, erscheint es absurd, dass ich hier überhaupt auf die Vorgängerversion Python 2 eingehe. Konkret ist damit Version 2.7 gemeint, die 2010 veröffentlicht wurde und voraussichtlich nur noch bis Ende 2019 gewartet wird.

Der Grund dafür, dass Python 2 immer noch wichtig ist und sowohl unter macOS als auch unter den meisten Linux-Distributionen parallel zu Python 3 installiert ist, hat mit diversen Inkompatibilitäten zwischen den beiden Versionen zu tun: Mit Version 3 wurde die Syntax in vielen Details verbessert. Python-2-Code kann deswegen unter Python 3 nicht ausgeführt werden.

Im Regelfall ist die Umstellung kleinerer Scripts von Python 2 auf Version 3 kein riesiger Aufwand. Das Problem sind aber zahllose Bibliotheken, die entweder gar nicht mehr gewartet werden oder deren Maintainer sich weigern, den Code auf Version 3 zu portieren. Wenn Sie ein derartiges Modul nutzen möchten, sind Sie gezwungen, mit Python 2 zu arbeiten.

Ein weiteres Problem sind Linux-Distributionen: Diese enthalten Hunderte von Python-Scripts für alle erdenklichen Aufgaben. Die Portierung auf Python 3 hat sich zwar in den letzten Jahren so weit beschleunigt, dass moderne Distributionen wie Fedora oder Ubuntu per Default nur noch Python 3 verwenden. Aber schon mit der Installation irgendeines

Zusatzpakets, das ein kleines Python-2-Script enthält, wandert Python 2 zur Auflösung der Abhängigkeiten wieder auf die Festplatte oder SSD.

Ich empfehle Ihnen, neue Projekte auf keinen Fall mit Python 2 zu starten! Wenn Sie irgendein Modul verwenden möchten, das für Python 3 nicht zur Verfügung steht, dann machen Sie sich auf die Suche nach einer Alternative! Höchstwahrscheinlich gibt es längst ein moderneres Modul, das nicht nur Python-3-kompatibel ist, sondern außerdem mehr Funktionalität bietet und besser dokumentiert ist.

Für den Fall, dass Sie wirklich gezwungen sind, alte Python-2-Programme zu pflegen oder Python-2-Module anzuwenden, fasst dieser Abschnitt ganz kurz die wichtigsten Unterschiede zwischen Python 2 und Python 3 zusammen. Weitere Details können Sie z. B. hier nachlesen:

https://docs.python.org/3.0/whatsnew/3.0.html

»print«

Kein anderes Sprachkonstrukt hat sich beim Wechsel von Python 2 zu Python 3 so stark und offensichtlich geändert. In Python 2 ist `print` keine Funktion, sondern ein elementares Schlüsselwort. Daher entfallen die Klammern:

```
# gilt für Python 2
print 1, 2, 3
  1 2 3
```

Die Ausgabe endet immer mit dem Zeilenumbruch \n, es sei denn, am Ende von `print` wird ein Komma ohne weitere Parameter angegeben. Zwischen den Parametern wird wie bei `print()` jeweils ein Leerzeichen ausgegeben – aber auch hier gibt es eine Ausnahme: Wenn Python erkennt, dass der vorherige Parameter mit einem Tabulator oder Zeilenumbruch endet, also mit \t oder \n, dann wird kein zusätzliches Leerzeichen eingebaut. Die Syntaxvariante `print >> file, para1, para2 ...` ermöglicht es, Ausgaben in eine Datei umzuleiten:

```
# gilt für Python 2
f = open('out.txt', 'w')
print >> f, 123
f.close()
```

»input«

In Python 2 fehlt die aus Version 3 bekannte input-Funktion. Ersatzweise können Sie die Funktion raw_input verwenden.

Ganze Zahlen

Python 2 unterscheidet zwischen int (ganze Zahlen mit limitiertem Bereich, je nach Architektur in einem 32- oder 64-Bit-Zahlenraum) und long (ganze Zahlen mit unlimitiertem Bereich). In Python 3 wurden diese beiden Typen zu int fusioniert.

Operatoren

Python 2 kennt die Operatoren <> und != zum Test, ob zwei Ausdrücke ungleich sind. In Python 3 gibt es nur noch !=.

Der Operator / verhält sich in Python 2 und Python 3 unterschiedlich: Wenn in Python 2 a und b ganze Zahlen sind, liefert a/b das Ergebnis einer ganzzahligen Division. In Python 3 wird hingegen immer eine Fließkommadivision durchgeführt!

Zahlenbereiche (»range«/»xrange«)

In Python 3 agiert die range-Funktion als Generator, erzeugt die Zahlenwerte also erst bei Bedarf. In Python 2 erzeugt range hingegen eine Liste mit Elementen, die in der Folge verarbeitet werden können. Das hat zwei Nachteile: Einerseits kostet das bei großen Bereichen eine Menge Speicherplatz, andererseits werden möglicherweise Elemente erzeugt, die später gar nicht benötigt werden (z. B. weil die Schleife vorzeitig abgebrochen wird). In Python 2 sollten Sie in solchen Fällen anstelle von range mit xrange arbeiten.

Listen und andere Aufzählungen

Auch bei der Verarbeitung von Listen und anderen Aufzählungen setzt Python 3 auf Generatoren bzw. Iteratoren (durch eine Schleife auswertbare Ausdrücke). Die gleichnamigen Python-2-Funktionen bzw. Methoden liefern dagegen unmittelbar eine Liste bzw. andere Aufzählungsobjekte zurück.

In diesem Fall wirkt Python-3-Code zwar manchmal umständlicher (z. B. muss ein Ausdruck explizit mit list(...) in eine Liste umgewandelt werden), oft ist der Code aber effizienter.

Unicode

Ab Version 3 stellt Python intern alle Zeichenketten in Unicode dar und erwartet auch den Quelltext in der UTF-8-Codierung. Python 2 unterstützt Unicode im Quelltext dagegen nur, wenn Sie in der ersten oder zweiten Zeile des Scripts einen Kommentar mit der Anweisung -*- coding: utf-8 -*- einbauen.

```
# -*- coding: utf-8 -*-
# in Python 2 erforderlich, wenn der Code Zeichen
# in UTF-8-Codierung enthält
```

Exceptions (Fehler)

Auch die Syntax zum Auslösen von Exceptions (Fehlern) ist in Python 2 ein wenig anders als in Python 3:

```
# Python 2
raise IOError, 'Fehler beim Zugriff auf die Datei'
```

»future«-Modul

Wenn Sie aus irgendeinem Grund gezwungen sind, in Python 2 zu arbeiten, gleichzeitig aber eine möglichst hohe Kompatibilität mit Python 3 erreichen möchten, können Sie auf das Modul __future__ zurückgreifen. Es enthält einige Funktionen, die wie in Python 3 realisiert sind:

13

261

```
from __future__ import print_function # print ()
from __future__ import division        # float-Division /
```

Weitere Anwendungsmöglichkeiten von __future__ sind hier dokumentiert:

https://docs.python.org/2/library/__future__.html

TEIL II

Python anwenden

Kapitel 14

Dateien lesen und schreiben

In diesem Kapitel geht es darum, wie Sie in Python mit Dateien und Verzeichnissen arbeiten. Insbesondere gehe ich auf die folgenden Themen ein:

- ► Verzeichnisse ermitteln (aktuelles und temporäres Verzeichnis etc.)
- ► Verzeichnisse und Dateien erzeugen und löschen
- ► Verzeichnisse durchsuchen
- ► Textdateien lesen und schreiben
- ► Standardeingabe und Standardausgabe
- ► JSON- und XML-Dateien

14.1 Verzeichnisse

14

Bevor Sie Dateien bearbeiten können, benötigen Sie in der Regel ein Verzeichnis. Deswegen zeige ich Ihnen am Beginn dieses Kapitel Arbeitstechniken, mit denen Sie Verzeichnisse ermitteln, erzeugen und löschen. Leider sind die entsprechenden Funktionen über diverse Module verteilt.

Für viele Aufgabenstellungen gibt es unterschiedliche Lösungswege. Ich kann hier aus Platzgründen nicht auf alle Varianten eingehen. Soweit es sinnvoll ist, habe ich dem seit Python 3.4 verfügbarem `pathlib`-Modul den Vorzug gegeben. Es bietet eine moderne, objektorientierte Schnittstelle zum Umgang mit Dateien und Verzeichnissen.

Beachten Sie, dass die `Path`-Klasse aus dem `pathlib`-Modul Verzeichnisse und Dateien intern *nicht* als Zeichenketten darstellt, sondern als Objekte! Erst `str(pathobj)` macht daraus bei Bedarf eine Zeichenkette. Eine vollständige Referenz zum `pathlib`-Modul finden Sie hier:

https://docs.python.org/3/library/pathlib.html

Das aktuelle Verzeichnis

Nach dem Start gilt das Verzeichnis, in dem ein Python-Script gestartet wurde, als das aktuelle Verzeichnis. `Path.cwd()` erzeugt ein `Path`-Objekt für das aktuelle Verzeichnis. Die Funktion `absolute` wandelt es in einen absoluten Pfad um, `str` in eine Zeichenkette.

```
# Beispieldatei directory.py
from pathlib import Path
current = str(Path.cwd().absolute())
print('Aktuelles Verzeichnis:', current)
# Ausgabe macOS: /Users/kofler/python-code/kap14
#         Linux: /home/kofler/python-code/kap14
#         Windows: C:\Users\kofler\python-code\kap14
```

Das aktuelle Verzeichnis verändern Sie am einfachsten mit der `chdir`-Funktion aus dem `os`-Modul. An die Funktion übergeben Sie einen absoluten oder relativen Pfad als Zeichenkette.

```
import os
os.chdir('..')
```

Beachten Sie, dass `chdir` einen `OSError` auslöst, wenn der Verzeichniswechsel nicht möglich ist. Sichern Sie Ihren Code gegebenenfalls mit `try/except` ab!

Das Codeverzeichnis

Mitunter wollen Sie auch wissen, in welchem Verzeichnis die Codedatei gespeichert ist. (Dieses Verzeichnis kann vom aktuellen Verzeichnis abweichen, wenn das Script nicht in der Form `./scriptname.py` gestartet wurde.)

Um das Codeverzeichnis zu ermitteln, werten Sie das vordefinierte Attribut `__file__` aus. Es enthält den Dateinamen der aktuellen Script- oder Moduldatei relativ zum aktuellen Verzeichnis zum Zeitpunkt des Programmstarts. (Die hier beschriebene Vorgehensweise funktioniert nur, wenn Sie das aktuelle Verzeichnis vorher nicht verändern! Beachten Sie, dass `__file__` nur in einem Script zur Verfügung steht, nicht aber im Python-Interpreter.)

`Path` wandelt `__file__` in ein `Path`-Objekt um. `parent` liefert ein weiteres `Path`-Objekt mit dem Verzeichnis, in dem sich die Codedatei befindet. `absolute` macht daraus einen absoluten Pfad.

```
from pathlib import Path
srcpath = Path(__file__).parent .absolute()
print('Codeverzeichnis:', srcpath)
```

Heimatverzeichnis ermitteln

Unter macOS und Linux können Sie das Heimatverzeichnis unkompliziert mit `os.getenv('HOME')` ermitteln. Unter Windows ist die Umgebungsvariable `HOME` aber nicht definiert. Plattformübergreifend funktioniert die statische `home`-Methode der `Path`-Klasse:

```
home = Path.home()
print('Heimatverzeichnis:', home)
```

Temporäres Verzeichnis und temporäre Dateien

Die Funktion `gettempdir` aus dem `tempfile`-Modul ermittelt den Ort des temporären Verzeichnisses:

```
import tempfile
tmp = tempfile.gettempdir()
print('Temporäres Verzeichnis:', tmp)
```

Beachten Sie, dass `gettempdir` unter macOS nicht `/tmp` liefert, sondern einen Pfad wie `/var/folders/1l/m66hgj4s143b8932t5z8nc600000gn/T`.

Das `tempfile`-Modul stellt diverse weitere Funktionen zur Verfügung. Besonders praktisch sind `TemporaryFile` und `NamedTemporaryFile`: Die Funktionen erzeugen eine temporäre Datei, die mit `close` automatisch wieder gelöscht wird. Standardmäßig ist die Datei zur Speicherung binärer Daten

267

vorgesehen. Wenn Sie Text speichern wollen, müssen Sie das im Parameter mode explizit angeben. Die Methoden write und close lernen Sie in Abschnitt 14.2, »Textdateien lesen und schreiben«, näher kennen.

```
f = tempfile.NamedTemporaryFile(mode='w+t')
print('Temporäre Datei:', f.name)
f.write('Lorem ipsum')
f.close()     # löscht die temporäre Datei
```

Der Unterschied zwischen den beiden Funktionen besteht darin, dass Sie bei TemporaryFile unter macOS und Linux keinen Dateinamen ermitteln können. Wenn das wichtig für Sie ist, müssen Sie NamedTemporaryFile einsetzen. Weitere Parameter der [Named]TemporaryFile-Funktionen sowie noch mehr tempfile-Funktionen sind hier dokumentiert:

https://docs.python.org/3/library/tempfile.html

Verzeichnis- und Dateinamen kombinieren und zerlegen

Wenn Sie ein Verzeichnis als Path-Objekt vorliegen haben und einen Dateinamen hinzufügen möchten, verwenden Sie am besten die joinpath-Methode. Das funktioniert sowohl unter macOS/Linux als auch unter Windows und vermeidet Ärger mit den unterschiedlichen Verzeichnistrennzeichen (also / versus \):

```
from pathlib import Path
home = Path.home()
fileInHome = home.joinpath('filename.txt')
print(fileInHome)  # unter macOS
```

```
  /Users/kofler/filename.txt
```

Wollen Sie umgekehrt einzelne Komponenten aus einem Path-Objekts extrahieren, stellt die Path-Klasse diverse Eigenschaften zur Auswahl (siehe Tabelle 14.1). p ist dabei ein Path-Objekt.

Häufig wollen Sie bei einem Dateinamen nur eine Endung durch eine andere ersetzen, also name.txt zu name.bak machen. Dabei hilft die Methode

with_suffix. (Das folgende Beispiel bezieht sich auf die vorhin definierte
Variable fileInHome.)

```
backup = fileInHome.with_suffix('.bak')
print(backup)
  /Users/kofler/filename.bak
```

Analog können Sie mit with_name den Dateinamen austauschen und dabei
den Pfad erhalten:

```
other = fileInHome.with_name('newfile.text')
print(other)
  /Users/kofler/newfile.text
```

Eigenschaft	Bedeutung
p.drive	Laufwerk bzw. Netzwerk-Freigabe (Windows)
p.name	Dateiname ohne Verzeichnis (ohne / bzw. \)
p.parent	übergeordnetes Verzeichnis (ohne / bzw. \ am Ende)
p.stem	Dateiname ohne Verzeichnis und ohne letzte Kennung
p.suffix	die letzte Dateikennung (inklusive Punkt, z. B. '.py')
p.suffixes	alle Dateikennungen als Liste (z. B. ['.tar', '.gz'])

Tabelle 14.1 Teile eines Pfads extrahieren

Verzeichnisse erstellen, umbenennen und löschen

Die Path-Methode mkdir erzeugt ein neues Verzeichnis. Zwei optionale Parameter steuern die Funktionsweise: Mit exist_ok=True löst mkdir keinen
Fehler aus, wenn das Verzeichnis bereits existiert. Mit parents=True erzeugt
mkdir auch eine ganze Kette von Verzeichnissen. Das Trennzeichen / ist
dabei auch unter Windows zulässig.

```
try:
    subdir = Path('mydir/subdir')
    subdir.mkdir(exist_ok=True, parents=True)
```

14

```
except BaseException as err:
    print('Fehler:', err)
```

`mkdir` kann verschiedene Fehler auslösen und sollte daher wie im obigen Listing mit `try`/`except` abgesichert werden. `rmdir` löscht leere Verzeichnisse wieder.

```
Path('mydir/subdir').rmdir()
Path('mydir').rmdir()
```

Mit `rename` geben Sie einem Verzeichnis oder einer Datei einen neuen Namen:

```
oldpath.rename(newpath)
```

Verzeichnisse durchsuchen

Mit der Methode `glob` durchsuchen Sie ein Verzeichnis nach Dateien, die einem Muster entsprechen. `glob` liefert einen Generator, den Sie in einer Schleife oder mit `list` auswerten oder mit `sort` sortieren können. Die einzelnen Elemente sind wieder `Path`-Objekte.

```
# alle *.py-Dateien im aktuellen Verzeichnis
for p in Path.cwd().glob('*.py'):
    print(p)
```

Wenn Sie das Muster mit `**/` einleiten (also z. B. `glob('**/*.pdf')`), werden rekursiv alle Verzeichnisse durchsucht. `glob` liefert die Dateinamen in keiner vorhersehbaren Reihenfolge. Wenn Sie die Namen in alphabetischer Reihenfolge abarbeiten möchten, bilden Sie die Schleife über `sorted(glob(...))`.

14.2   Textdateien lesen und schreiben

Bevor Sie eine Textdatei lesen oder schreiben können, müssen Sie die Datei mit `open` öffnen. Dabei übergeben Sie im ersten Parameter den Dateinamen und im zweiten den gewünschten Zugriffsmodus (siehe

Tabelle 14.2). Beachten Sie, dass open standardmäßig binäre Dateien erwartet. Bei Textdateien dürfen Sie das zusätzliche Zeichen 't' nicht vergessen.

Modus	Bedeutung
'r'	Datei lesen (gilt standardmäßig)
'w'	Datei schreiben; existierende Dateien werden überschrieben!
'a'	an das Ende einer vorhandenen Datei schreiben (*append*)
'r+' / w+	Datei lesen und schreiben
'b'	Datei binär lesen/schreiben (gilt standardmäßig)
't'	Datei als Text lesen/schreiben

Tabelle 14.2 Zugriffsmodi der »open«-Methode

open liefert ein file-Objekt, das Sie nun mit diversen Methoden bearbeiten können (siehe Tabelle 14.3). file zählt zu den elementaren Python-Datentypen. Sie brauchen also kein Modul zu importieren, um einfache Dateioperationen durchzuführen.

14

Methode	Bedeutung
s = f.read()	Liest die gesamte Datei.
s = f.read(n)	Liest n Bytes und liefert sie als Zeichenkette.
s = f.readline()	Liest eine Zeile der Datei.
lst = f.readlines()	Liest alle Zeilen der Datei.
f.write(s)	Schreibt die Zeichenkette s in die Datei.
n = f.tell()	Gibt die aktuelle Lese-/Schreibposition an.
f.seek(n, offset)	Verändert die Lese-/Schreibposition.
close()	Schließt die Datei.

Tabelle 14.3 Wichtige Methoden für »file«-Objekte

close() beendet den Zugriff auf die Datei und gibt diese wieder für andere Programme frei. In kurzen Scripts können Sie auf close() verzichten – zum Programmende werden in jedem Fall alle geöffneten Dateien geschlossen.

Mit readline() können Sie eine Datei zeilenweise einlesen. readline() liefert immer auch das Zeilenendezeichen jeder Zeile mit, also \n auf dem Raspberry Pi. Wenn das Ende der Datei erreicht ist, gibt readline() eine leere Zeichenkette zurück. Da leere Zeilen *innerhalb* der Datei zumindest aus \n bestehen, gibt es hier keine Doppeldeutigkeiten.

readlines() liest alle Zeilen der Datei und liefert eine Liste. Auch in diesem Fall enthält jedes Listenelement \n. Dieses Zeichen sowie ganz generell Whitespace am Beginn und Ende jeder Zeile entfernen Sie am einfachsten mit strip, hier in einem List-Comprehension-Ausdruck:

```
lst = f.readlines()
lst = [ line.strip() for line in lst ]
```

»Hello, File!«

Das folgende Mini-Script zeigt, wie einfach es ist, mehrere Zeilen Text in einer Datei zu speichern und diesen Text später wieder auszulesen:

```
try:
    # in eine Textdatei schreiben
    f1 = open('testfile.txt', 'wt')
    f1.write('Lorem ipsum dolor sit amet, ...\n')
    f1.write('Unicode äöüß\n')
    f1.close()

    # Textdatei zeilenweise auslesen
    f2 = open('testfile.txt', 'rt')
    for line in f2:
        print(line, end='')
    f2.close()
except BaseException as err:
    print('Fehler:', err)
```

Auf ein paar Details möchte ich hinweisen:

▶ `write` fügt im Gegensatz zu `print` nicht automatisch ein Zeichen für das Zeilenende hinzu.

▶ Für Textdateien gilt standardmäßig die Codierung Unicode UTF-8 (auch unter Windows!).

▶ Anstatt die Datei Zeile für Zeile mit `readline` auszulesen, ist es viel einfacher, eine Schleife in der Form `for var in fileobj` zu erzeugen. Die Schleifenvariable `var` enthält dabei auch das Zeilenende-Zeichen `'\n'`. Deswegen wird bei `print` mit `end=''` ein weiterer Zeilenumbruch vermieden.

▶ Beim Lesen und Schreiben von Dateien können alle erdenklichen Fehler auftreten (fehlende Zugriffsrechte, voller Datenträger, nicht vorhandene Dateien etc.). Sichern Sie Ihren Code mit `try`/`except` ab!

Andere Textcodierung

Wenn Sie nicht UTF-8 als Textcodierung verwenden möchten, übergeben Sie an `open` den optionalen Parameter `encoding` mit der gewünschten Codierung, z. B. `encoding='latin-1'` oder `encoding='cp1252'` (Windows).

14

Invalid-File-Fehler

`open` erwartet den Dateinamen als Zeichenkette. Erst ab Python 3.6 akzeptiert `open` auch ein `Path`-Objekte des `pathlib`-Moduls. Wenn es in älteren Versionen zum Fehler *Invalid File* kommt, führen Sie `open(str(p))` aus.

Dateien mit »with/as« automatisch schließen

Eine Grundregel für den Zugriff auf Dateien sowie für die Verwendung von Datenbank- und Netzwerkverbindungen besteht darin, die Datei bzw. die Verbindung so rasch wie möglich wieder zu schließen, um diese zumeist knappen Ressourcen nicht unnötig lange zu blockieren. Traditioneller

Code zur Lösung dieses Problems ist oft nach dem folgenden Muster aufgebaut:

```
try:
  f = open('dateiname')
  ...
finally:
  f.close()
```

In der obigen Form garantiert der finally-Block, dass die Datei auf jeden Fall wieder geschlossen wird – selbst wenn ein Fehler auftritt. Oft wird der Code auch noch mit except-Blöcken kombiniert, um eventuell auftretende Fehler abzufangen.

Eine alternative Vorgehensweise bietet with/as: Damit können Sie eine oder mehrere Ressourcen öffnen und sie im nachfolgenden Block nutzen. Am Ende des Blocks werden die Ressourcen automatisch geschlossen. Die allgemeine Syntax für with/as sieht so aus:

```
with ausdruck1 as var1, ausdruck2 as var2, ...:
  Code, der var1, var2 etc. nutzt
```

Die in var1, var2 etc. enthaltenen Objekte werden nach dem with-Block automatisch geschlossen. Das setzt voraus, dass die entsprechenden Klassen als sogenannte *Kontextmanager* konzipiert sind und hierfür die entsprechenden __enter__- und __exit__-Methoden zur Verfügung stellen. Diese Voraussetzung ist unter anderem für file-Objekte gegeben. Wenn Sie also eine Textdatei auslesen möchten und gleichzeitig garantieren wollen, dass die Datei auch im Falle eines Fehlers geschlossen wird, dann können Sie Ihren Code ganz kompakt so formulieren:

```
with open('readme.txt') as f:
  for line in f:
      print(line, end='')
```

> **»with«/»as« schützt nicht vor Exceptions!**
>
> with/as garantiert zwar, dass die in der Konstruktion genannten Ressourcen auch beim Auftreten eines Fehlers geschlossen werden, der eigentliche Fehler tritt aber anschließend dennoch auf. with/as ersetzt also nicht try/except!
>
> Die hier nicht abgedruckte Beispieldatei textfile-with-as.py zeigt eine Variante zum vorigen Beispielprogramm, die with/as und try/except kombiniert.

14.3   Beispiel: Indexeinträge in Textdateien ändern

Vermutlich haben Sie es schon erraten: Dieses Buch habe ich nicht selbst geschrieben. Vielmehr habe ich ein kurzes Python-Script verfasst, das mir diese Arbeit abgenommen hat. :-)

Keine Angst, so großartig ist nicht einmal Python! Aber tatsächlich habe ich viele Textdateien dieses Buchs mit einem Python-Script verändert. Und zwar hat sich der Rheinwerk Verlag die Indexeinträge in der Form »for (Schlüsselwort)« oder »len (Funktion)« gewünscht. Zu diesem Zeitpunkt war ich mit einem Dutzend Kapiteln schon fertig – samt mehreren Hundert Indexeinträgen in der Art »for-Schlüsselwort« oder »len-Funktion«.

Die Kapitel dieses Buchs liegen in der Markdown-Syntax vor, allerdings mit Indexeinträgen in der LaTeX-typischen Form \index{Eintrag}. Das folgende Programm durchläuft alle Zeilen aller *.md-Dateien im lokalen Verzeichnis, erzeugt Backups (*.bak) und ändert im Original alle Indexeinträge, die der **g**ewünschten Form nicht entsprechen.

Zudem erzeugt das Programm zu jedem Eintrag der Form »modulname-Modul« einen zusätzlichen Eintrag der Form »Modul!modulname«, so dass Sie im Indexverzeichnis eine praktische Referenz aller in diesem Buch behandelten Module finden.

Das Script besteht im Wesentlichen aus zwei Teilen. An die Funktion `transform` wird jede Zeile übergeben. Die Funktion testet, ob die Zeile einen \index-Eintrag enthält, und verändert diesen gegebenenfalls.

```python
# Beispieldatei repair-index.py
from pathlib import Path


# eine Zeile auswerten, gegebenenfalls \index-Eintrag
# ändern und zurückgeben
def transform(s):
    # wenn kein Indexeintrag: unverändert zurückgeben
    if not s.startswith(r'\index{'):
        return s

    # \index{*-Funktion/Methode/Variable/...}
    keywords = {'Funktion', 'Methode', ..., 'Variable'}
    for word in keywords:
        if '-' + word + '}' in s:
            new = s.replace('-' + word, ' (' + word + ')')
            print(' - ', s, ' + ', new, end='', sep='')
            return new

    # Sonderfall \index{*-Modul}
    if '-Modul}' in s:
        pos = s.find('-Modul}')
        new1 = r'\index{Modul!' + s[7:pos] + '}\n'
        new2 = s.replace('-Modul', ' (Modul)')
        print(' - ', s, ' + ', new1, ' + ', new2,
              end='', sep='')
        return new1 + new2

    # sonstiger Indexeintrag: unverändert lassen
    return s
```

Der restliche Teil des Codes besteht aus zwei Schleifen: eine über alle *.md-Dateien, die andere über alle Zeilen in der gerade geöffneten Datei:

```
# Schleife über alle *.md-Dateien
for md in Path.cwd().glob('*.md'):
    print('\nBearbeite', md.name)
    # Backup erstellen
    bak = md.with_suffix('.bak')
    md.rename(bak)

    # Backup lesen, in neue *.md-Datei schreiben
    with open(bak, 'rt') as fin, \
         open(md, 'wt') as fout:
        # Datei zeilenweise verarbeiten
        for line in fin:
            fout.write(transform(line))
```

Während der Ausführung zeigt das Script an, welche Datei es gerade bearbeitet, welche Index-Einträge es entfernt (-) und welche es hinzufügt (+):

```
./repair-index.py

  Bearbeite net.md
    - \index{request-Modul}
    + \index{Modul!request}
    + \index{request (Modul)}
    - \index{urlopen-Methode}
    + \index{urlopen (Methode)}
    - \index{HTTPResponse-Klasse}
    + \index{HTTPResponse (Klasse)}
  ...
```

14.4   Standardeingabe und Standardausgabe

Die Variablen stdin und stdout des sys-Moduls enthalten file-Objekte, die Sie zum Einlesen von Daten aus der Standardeingabe bzw. zur Ausgabe von Daten an die Standardausgabe verwenden können. Dabei stehen Ihnen dieselben Funktionen zur Verfügung wie bei gewöhnlichen Dateien (siehe

Abschnitt 14.2, »Textdateien lesen und schreiben«). Fehler- und Logging-Meldungen senden Sie am besten an stderr.

Was ist die Standardeingabe/Standardausgabe?

Als »Standardeingabe« gelten in cmd.exe bzw. in einem Terminal alle dort durchgeführten Eingaben. Umgekehrt werden alle an die »Standardausgabe« geschriebenen Texte in cmd.exe bzw. im Terminal angezeigt.

Besonders wichtig ist das Konzept der Standardeingabe und -ausgabe, weil Ergebnisse bzw. Eingaben von Kommandos mit |, > und > umgeleitet bzw. weitergeleitet werden können. Das wird vor allem unter Linux und macOS oft dazu genutzt, mehrere Kommandos zu kombinieren.

Beispiel

Das folgende Script liest zeilenweise Text von der Standardeingabe. Wenn darin der als Parameter übergebene Suchbegriff in beliebiger Groß- und Kleinschreibung entdeckt wird, wird diese Zeile an die Standardausgabe geschrieben:

```
# Beispieldatei igrep.py
import sys
if len(sys.argv) != 2:
    print('Sie müssen genau ein Argument übergeben!')
    sys.exit(1)

pattern = sys.argv[1].lower()
for line in sys.stdin:
    if pattern in line.lower():
        sys.stdout.write(line)
```

Um das Script auszuprobieren, können Sie es z. B. so aufrufen:

```
./igrep.py network < syslog.txt
   Jul 17 12:50:56 u1804 NetworkManager[550]: ...
```

Damit wird die Textdatei syslog.txt nach dem Begriff network durchsucht. Alle Treffer werden an der Standardausgabe (also im Terminal) angezeigt. Sie können die Ergebnisse auch in eine zweite Datei umleiten:

```
./igrep.py network < syslog.txt > results.txt
```

14.5   JSON-Dateien verarbeiten

Die *JavaScript Object Notation* (JSON) zählt zu den beliebtesten Formaten zur Abbildung hierarchischer Datenstrukturen in Textform. Besonders attraktiv ist der Umstand, dass die JSON-Syntax nahezu deckungsgleich mit der Darstellung von Python-Listen und -Dictionaries ist.

Python unterstützt die Auswertung und Erzeugung von JSON-Zeichenketten durch Funktionen im json-Modul. Dabei spielt es keine Rolle, ob die JSON-Daten aus dem Internet heruntergeladen, aus einer Datei gelesen bzw. in eine Datei geschrieben werden.

»Hello, JSON!«

14

Ausgangspunkt für dieses Beispiel ist die folgende JSON-Datei sample.json mit einer Liste von Büchern:

```
[
    {
        "title": "Raspberry Pi",
        "isbn": "978-3836265195",
        "authors": [
            "Kofler",
            "Scherbeck",
            "Kühnast"
        ]
    },
    {
        "title": "Docker",
        "isbn": "978-3836261760",
```

```
        "authors": [
            "Öggl",
            "Kofler"
        ]
    }
]
```

Inklusive der `import`-Anweisung bedarf es gerade drei Zeilen Code, um diese Datei einzulesen:

```
# Beispieldatei hello-json.py
import json
with open('sample.json', 'r') as f:
    data = json.load(f)

print(data)
# [{'title': 'Raspberry Pi', 'isbn': '978-3836265195',
#  'authors': ['Kofler', 'Scherbeck', 'Kühnast']}, ...
```

Die Funktion `load` liest eine JSON-Datei und wandelt deren Inhalt in verschachtelte Listen und Dictionaries um, die sich in der Folge ganz unkompliziert in Python auswerten lassen:

```
for book in data:
    print('Titel:  ', book['title'])
    print('ISBN:   ', book['isbn'])
    print('Autoren: ', ', '.join(book['authors']))
    print()
```

Zur Funktion `load` gibt es auch die Variante `loads`, die die JSON-Daten als Zeichenkette erwartet.

JSON-Dokumente erzeugen

Die Umkehrfunktionen zu `load`/`loads` heißen `dump` (schreibt in eine Datei) bzw. `dumps` (liefert eine Zeichenkette). Über optionale Parameter können Sie die Formatierung steuern:

▶ indent=n gibt an, wie stark die Verschachtelungsebenen eingerückt werden sollen. Fehlt die Angabe, verzichtet dump auf unnötige Zeilenumbrüche und Einrückungen. Das macht die resultierende Zeichenkette kompakt, aber für das menschliche Auge schwer lesbar.

▶ ensure_ascii=False liefert das JSON-Dokument in Unicode. Standardmäßig werden dagegen alle Zeichen außerhalb des ASCII-Zeichensatzes in der Form \unnnn dargestellt. (Das betrifft auch die deutschen Buchstaben ä, ö, ü und ß.)

Die folgenden Zeilen zeigen die Anwendung der dumps-Funktion:

```
# Beispielprogramm hello-json.py
import json
lst1 = list(range(1, 5))
lst2 = list(range(10, 15))
dict = {'name': 'abc äöü', 'list1': lst1, 'list2': lst2}
print(json.dumps(dict))
# Ausgabe {"name": "abc \u00e4\u00f6\u00fc",
# "list1": [1, 2, 3, 4], "list2": [10, 11, 12, 13, 14]}

print(json.dumps(dict, indent=2, ensure_ascii=False))
# Ausgabe {
#           "name": "abc äöü",
#           "list1": [
#             1, ...
#           ],
#           "list2": [
#             10, ...
#           ]
#         }
```

JSON für Objekte eigener Klassen

So praktisch die Funktionen load, loads, dump und dumps sind – sie haben eine wesentliche Einschränkung: Sie funktionieren nur für wenige in Python vordefinierte Datentypen sowie für Listen und Dictionaries. Wenn

Sie eigene Klassen entwickelt haben und deren Objekte im JSON-Format speichern wollen, führt der Aufruf von dump zur Fehlermeldung *Object of type xy is not JSON serializable.*

Abhilfe schafft die Programmierung eines eigenen Encoders, der von der Klasse JSONEncoder abgeleitet ist. Entscheidend ist dabei die Funktion default: Sie muss für alle Instanzen eigener Objekte einen Rückgabewert liefern, der von dump bzw. dumps verarbeitet werden kann. Im else-Block für alle anderen Datentypen rufen Sie einfach den Standardencoder der Basisklasse auf.

Im folgenden Listing sind die beiden Klassen Author und Book definiert, um die Daten von Büchern zu speichern. MyEncoder erweitert den JSONEncoder dahingehend, dass er auch mit Author- und Book-Objekten zurechtkommt.

```python
# Beispieldatei json-books.py
import json

class Author():
    def __init__(self, name):
        self.name = name

class Book():
    def __init__(self, title, isbn, authors):
        self.title = title
        self.isbn = isbn
        self.authors = authors

class MyEncoder(json.JSONEncoder):
    def default(self, obj):
        if isinstance(obj, Book):
            return {'title': obj.title, 'isbn': obj.isbn,
                    'authors': obj.authors}
        elif isinstance(obj, Author):
            return obj.name
        else:
            return json.JSONEncoder.default(self, obj)
```

Beim Aufruf von dump oder dumps müssen Sie nun den eigenen Encoder an den optionalen Parameter cls übergeben:

```
rapi = Book('Raspberry Pi', '978-3836265195',
            [Author('Kofler'), Author('Scherbeck'),
             Author('Kühnast')])

docker = Book('Docker', '978-3836261760',
              [Author('Öggl'), Author('Kofler')])

books = [rapi, docker]

# books in der Datei sample.json speichern
with open('sample.json', 'w') as f:
    json.dump(books, f, cls=MyEncoder,
              ensure_ascii=False, indent=4)
```

Wenn Sie das Programm ausführen, erzeugt es die Datei sample.json, deren Inhalt bereits am Beginn des Abschnitts abgedruckt wurde.

Eigener Decoder

Etwas schwieriger ist die Programmierung eines Decoders, der eine JSON-Datei einliest und dabei entsprechende Objekte erzeugt. Der erste Schritt besteht darin, dass Sie den Encoder nochmals überarbeiten und zusammen mit jedem Objekt auch dessen Datentyp speichern.

Diese Information können Sie dann bei der Programmierung einer eigenen Decoder-Methode (hook) in einer von JSONDecoder abgeleiteten Klasse auswerten. Entsprechenden Code finden Sie in der Beispieldatei json-books-decoder.py, die hier aus Platzgründen nicht abgedruckt ist.

14.6 XML-Dateien verarbeiten

Die *Extensible Markup Language* kommt im Internet häufig zum Informationsaustausch zum Einsatz. Seltener verwenden auch Konfigurationsdateien dieses zur manuellen Bearbeitung recht unhandliche Format.

Python stellt diverse Bibliotheken zum Auslesen und Erzeugen von XML-Dokumenten zur Wahl. Ich konzentriere mich hier auf die populäre Element-Tree-API aus dem Modul `xml.etree`. Einen Vergleich der wichtigsten »offiziellen« XML-Module finden Sie hier:

https://docs.python.org/3/library/xml.html

Zu den wichtigsten externen Modulen, die mit `pip` bzw. `pip3` installiert werden müssen, zählen `BeautifulSoup`, `cElementTree`, `lxml` und `minidom`.

»Hello, XML!«

Als Ausgangspunkt zum Kennenlernen der Element-Tree-APIs dient die Datei `countries.xml`, die Sie von der folgenden Seite kostenlos herunterladen können:

https://madskristensen.net/blog/xml-country-list

Die Datei ist ganz einfach aufgebaut:

```
<!-- Beispieldatei countries.xml -->
<countries>
  <country code="AF" iso="4">Afghanistan</country>
  <country code="AL" iso="8">Albania</country>
  ...
</countries>
```

Wenn das XML-Dokument als lokale Datei vorliegt, ist es am einfachsten, die Datei mit `parse` einzulesen und dann mit `getroot` das Startelement des XML-Baums zu erzeugen (Datentyp `Element`). Alle weiteren Zugriffe auf die Daten gehen von diesem Element aus.

```
# Beispieldatei hello-xml
import xml.etree.ElementTree as ET
tree = ET.parse('countries.xml')
root = tree.getroot()
```

Wenn sich die XML-Daten dagegen in einer Zeichenkette befinden, können Sie das `root`-Element mit der Methode `fromstring` erzeugen:

```
# alternative Vorgehensweise mit XML-Zeichenkette
root = ET.fromstring(s)
```

Jedes Element-Objekt verfügt über mehrere Eigenschaften:

▶ tag verrät den Namen des aktuellen XML-Tags. Für die root-Variable der oben abgedruckten XML-Datei ist das 'countries'.

▶ text gibt Zugriff auf den Text bis zum zugehörigen End-Tag. Verschachtelte XML-Tags zählen nicht zum Text! Deswegen liefert root.text eine leere Zeichenkette.

▶ attrib zeigt auf ein Dictionary, über dessen Schlüssel Sie die Attribute des Elements auslesen können. In countries.xml enthält <countries> keine Attribute, das Dictionary ist deswegen leer.

▶ Element-Instanzen sind *iterable*, können also in Schleifen durchlaufen werden. Die Schleifenvariable enthält dann der Reihe nach alle enthaltenen XML-Tags (»Kinder«), wobei es sich dabei wiederum um Element-Objekte handelt.

▶ Schließlich können Sie mit numerischen Indizes auf Sub-Elemente zugreifen. Für das vorliegende Beispiel erhalten Sie mit root[2].text die Zeichenkette 'Algeria'.

Die folgende Schleife zeigt, wie einfach countries.xml ausgewertet werden kann:

```
for c in root:  # Schleife über alle Kinder-Einträge
  print('%44s: Code=%s, ISO=%s' %
    (c.text, c.attrib['code'], c.attrib['iso']))
  # Ausgabe:       Afghanistan: Code=AF, ISO=4
  #                    Albania: Code=AL, ISO=8
  #                    Algeria: Code=DZ, ISO=12
```

Um ein Dictionary für alle Ländernamen zu bilden, wobei als Schlüssel der Ländercode benutzt wird, verwenden Sie am besten die Dictionary-Comprehension-Syntax:

```
dict = { c.attrib['code'] : c.text for c in root }
print(dict['DE'])
# Ausgabe Germany
```

285

Beispiel: Newsfeed auswerten

Viele Websites stellen einen Newsfeed oder eine Sitemap mit Links zu den neuesten (Blog-)Beiträgen im XML-Format zur Verfügung. Ich beziehe mich in diesem Beispiel auf meine eigene, mit WordPress gestaltete Webseite, deren Newsfeed unter dieser Adresse verfügbar ist:

https://kofler.info/feed

Das hier verfügbare XML-Dokument entspricht dem RSS-Format (*Rich Site Summary*) und sieht so aus (hier zur besseren Lesbarkeit stark gekürzt):

```
<!-- https://kofler.info/feed -->
<?xml version="1.0" encoding="UTF-8"?>
<rss version="2.0" xmlns:content=... >
  <channel>
    <title>kofler.info</title>
    <description>Bücher und E-Books ...</description>
    <lastBuildDate>Thu, 12 Jul 2018 ...</lastBuildDate>
    ...
    <item>
      <title>Vapor 3</title>
      <link>https://kofler.info/vapor-3/</link>
      ...
    </item>
    <item>
      <title>openSUSE 15</title>
      <link>https://kofler.info/opensuse-15/</link>
      ...
    </item>
  </channel>
</rss>
```

Ziel des folgenden Python-Scripts ist es, die Links zu den neuesten Artikeln herauszufinden. Der erste Schritt besteht darin, den Newsfeed in eine Zeichenkette herunterzuladen. Das erforderliche Code ist ein Vorgriff auf das nächste Kapitel (siehe Kapitel 15, »Netzwerkfunktionen«):

```
# Beispieldatei xml-kofler-info.py
import urllib.request
url      = 'https://kofler.info/feed'
response = urllib.request.urlopen(url)
binary   = response.read()           # binäre Daten als
sitemap  = binary.decode('utf-8') # Text interpretieren
```

Zertifikatprobleme

Wenn beim Test des Programms unter macOS ein Zertifikatsfehler angezeigt wird, müssen Sie die SSL-Zertifikate installieren. Wie das geht,
beschreibe ich in Abschnitt 15.1, »Download und Upload von Dateien«.

Zur XML-Auswertung bietet sich die Methode iter an. Sie durchsucht
den XML-Baum in allen Ebenen nach XML-Tags mit einem bestimmten
Namen.

```
import xml.etree.ElementTree as ET
root = ET.fromstring(sitemap)
for lnk in root.iter('link'):
    print(lnk.text)
    # Ausgabe: https://kofler.info
    #          https://kofler.info/vapor-3/
    #          https://kofler.info/opensuse-15/
```

Eine alternative Vorgehensweise sieht so aus: Sie ermitteln zuerst mit
root[0] das <channel>-Element und suchen dann mit findall auf dieser
Ebene (im Gegensatz zu iter also nicht in tieferen Ebenen!) nach <link>-
Elementen.

```
# Alternative Vorgehensweise
root = ET.fromstring(sitemap)
channel = root[0]
for itm in channel.findall('item'): # Schleife über <item>s
    print(itm.find('link').text)
    # Ausgabe wie oben
```

287

14.7 Wiederholungsfragen und Übungen

▶ **W1:** Speichern Sie den Login-Namen (`getpass.getuser()`), das Datum und die Uhrzeit in der Textdatei `python-test-file.tmp` in Ihrem Heimatverzeichnis.

▶ **W2:** Durchsuchen Sie das gesamte Heimatverzeichnis nach Dateien mit der Endung `*.py`, und berechnen Sie den Gesamtspeicherbedarf aller derartigen Dateien.

Tipp: Ausgehend von einem `Path`-Objekt führt `stat()` zu den Metadaten einer Datei und gibt unter anderem Zugriff auf deren Größe.

▶ **W3:** Die New York Times erstellt wöchentlich Listen mit den beliebtesten Büchern und stellt diese Listen in Form von JSON-Dokumenten zur Verfügung. Besorgen Sie sich auf *https://developer.nytimes.com/signup* einen kostenlosen Schlüssel für die Book-API, und bauen Sie ihn in die folgende URL ein:

https://api.nytimes.com/svc/books/v3/lists.json?
  api-key=<ihr-key>&list=hardcover-fiction

Diese Adresse führt zur Hardcover-Top-15-Liste. Laden Sie das JSON-Dokument herunter, und extrahieren Sie daraus Titel, Autor und ISBN der Bestseller.

Kapitel 15
Netzwerkfunktionen

In diesem Kapitel stelle ich Ihnen einige Netzwerkfunktionen von Python vor. Dabei konzentriere ich mich auf die folgenden Themen:

▶ Down- und Upload von Dateien (HTTP, HTTPS, FTP)
▶ Mails versenden
▶ Dropbox
▶ Twitter

Wie in den anderen Kapiteln kann ich auch hier nur einige besonders wichtige Funktionen herausgreifen. Eine vollständige Beschreibung aller Netzwerkfunktionen und -module würde ein ganzes Buch füllen. Ein guter Startpunkt für eigene Recherchen sind die folgenden Seiten:

https://docs.python.org/3/library/ipc.html (Low Level)
https://docs.python.org/3/library/internet.html (High Level)
https://wiki.python.org/moin/UsefulModules#Networking

15.1 Download und Upload von Dateien

Das Modul `urllib.request` stellt diverse Funktionen und Klassen zur Verfügung, um Dateien via HTTP oder HTTPS herunterzuladen. In einem XML-Beispiel im vorigen Kapitel habe ich die einfachste (und vermutlich populärste) Anwendungsvariante bereits gezeigt:

```
# Beispieldatei hello-download.py
import urllib.request
url      = 'https://kofler.info'
response = urllib.request.urlopen(url)
binary   = response.read()         # Download durchführen
txt      = binary.decode('utf-8') # als Text interpretieren
```

Um ein Dokument von einem HTTP- oder HTTPS-Server herunterzuladen, übergeben Sie dessen Adresse (*Uniform Resource Locator*, kurz URL) an die Methode urlopen. Als Ergebnis erhalten Sie ein HTTPResponse-Objekt. Darauf wenden Sie die read-Methode an, um die HTML-Seite bzw. Datei vollständig herunterzuladen. read arbeitet synchron, das heißt, Ihr Programm wird erst nach dem Abschluss des Downloads fortgesetzt.

read liefert binäre Daten zurück (Datentyp bytes). Wenn es sich dabei um einen Text handelt, setzt die Umwandlung in eine Zeichenkette durch binary.decode voraus, dass Sie das Codierungsformat kennen. Ist das nicht der Fall, können Sie es mit get_content_charset ermitteln:

```
cs  = response.headers.get_content_charset()
txt = binary.decode(cs)
```

Beim Download und bei der Decodierung können alle möglichen Fehler auftreten (falsche URL, Timeout, keine Netzwerkverbindung, falscher Zeichensatz etc.). Daher sollten Sie entsprechenden Code immer mit try/except absichern.

Zertifikatsprobleme unter macOS

Bei der Kommunikation via HTTPS muss Python verifizieren, ob die Zertifikate der jeweiligen Website von einem autorisierten Dienst ausgestellt wurden. Die unter macOS standardmäßig installierten OpenSSL-Bibliotheken betrachtet Python als veraltet und nicht vertrauenswürdig. Stattdessen greift Python auf eine Zertifikatsammlung des certifi-Pakets zurück.

Aus technischen Gründen ist es während der Installation von Python unmöglich, dieses Paket zu installieren (siehe *https://bugs.python.org/issue29480*). Das macOS-Installationsprogramm von Python weist in einer Readme-Datei auf die Notwendigkeit einer manuellen Installation hin, aber erfahrungsgemäß wird dieser Text selten gelesen.

Wenn Sie also beim ersten Versuch, eine HTTPS-Verbindung herzustellen (z. B. mit der Methode urlopen), die SSL-Fehlermeldung *Certificate verify failed* erhalten, dann sind die fehlenden Root-Zertifikate die Ursache. Abhilfe:

Öffnen Sie ein Terminalfenster, und führen Sie dort das folgende Kommando aus:

```
/Applications/Python\ 3.7/Install\ Certificates.command
```

Große Dateien stückweise herunterladen

Das Codebeispiel hat mit response.read() das gesamte Dokument auf einmal heruntergeladen. Bei kleinen Dateien ist das zweckmäßig. Wenn Sie hingegen eine umfangreiche Datei Stück für Stück herunterladen möchten, ist es besser, an read die maximale Anzahl von Bytes zu übergeben, die Sie auf einmal verarbeiten möchten.

Das folgende Beispiel zeigt, wie Sie eine PDF-Datei stückweise via HTTPS herunterladen und in eine Datei speichern. Dabei werden immer wieder maximal 64 KiB heruntergeladen, bis read keine Ergebnisse mehr liefert. print gibt für jeden Schritt ein +-Zeichen auf dem Bildschirm aus. Die flush-Methode stellt sicher, dass die Ausgabe sofort erscheint. (Ohne flush würden die einzelnen Ausgaben zwischengespeichert, was zwar effizienter ist, aber die Idee eines visuellen Feedbacks zunichtemacht.)

```
# Beispieldatei download-chunk.py
import urllib.request
import sys
url       = 'https://hostname.../leseprobe.pdf'
chunksize = 64 * 1024  # 64 KiB
response  = urllib.request.urlopen(url)
with open('leseprobe.pdf', 'wb') as f:
    while True:
        chunk = response.read(chunksize)
        if not chunk:
            break
        f.write(chunk)
        # Feedback
        print('+', end='')
        sys.stdout.flush()
    print()
```

15

FTP

FTP ist ein veraltetes und unsicheres Protokoll, es ist aber immer noch weit verbreitet. Um eine Datei von einem FTP-Server herunterzuladen, verwenden Sie am besten das Modul `ftplib`.

Das folgende Beispielprogramm überträgt eine Datei von einem FTP-Server auf den lokalen Rechner. Wenn Sie das Programm verwenden möchten, um Daten mit einem Raspberry Pi auszutauschen, müssen Sie dort vorher mit `sudo apt install vsftpd` einen FTP-Server installieren und in dessen Konfigurationsdatei `/etc/vsftpd.conf` den Schreibzugriff erlauben.

Der Code ist leicht verständlich. Zuerst wird ein FTP-Objekt erzeugt, wobei der Hostname, der Login-Name und das Passwort übergeben werden. Anschließend lädt die Methode `retrbinary` die gewünschte Datei (hier `readme.txt`) vom FTP-Server herunter und speichert sie in einer lokalen Datei (Variable `file`).

Natürlich kann das Programm auch mit jedem beliebigen anderen FTP-Server kommunizieren. Die Variablen `hostname`, `user` und `pw` müssen Sie an Ihre Gegebenheiten anpassen. »Echten« Code sollten Sie mit `try`/`except` gegen mögliche Fehler absichern (Host nicht erreichbar, Login ungültig etc.).

```
# Beispieldatei ftp-pi.py
from ftplib import FTP
host = 'raspberry'
user = 'pi'
pw   = 'geheim'

# Datei readme.txt vom FTP-Server herunterladen
# und lokal speichern
ftp = FTP(host, user, pw)
fname = 'readme.txt'
with open(fname, 'wb') as file:
    ftp.retrbinary('RETR %s' % (fname), file.write)
```

Ein Upload erfolgt nach dem gleichen Schema, wobei Sie nun allerdings die Methode storbinary mit dem Kommando STOR ausführen:

```
fname = 'other.txt'
with open(fname, 'rb') as file:
    ftp.storbinary('STOR %s' % (fname), file)
```

Weitere FTP-Methoden fasst die ftplib-Dokumentation zusammen:

https://docs.python.org/3/library/ftplib.html

15.2   Mails versenden

Damit Sie aus einem Python-Script heraus Mails versenden können, benötigen Sie Zugang zu einem Mail-Server. Am einfachsten gelingt das, wenn auf Ihrem Rechner ohnedies ein konfigurierter Mail-Server läuft. Diese Voraussetzung ist allerdings nur auf (manchen) Linux-Servern erfüllt.

Um die E-Mail zusammenzustellen, verwenden Sie Funktionen bzw. Klassen aus dem email-Modul. Ich gehe hier davon aus, dass der Nachrichteninhalt aus reinem Text besteht (kein HTML) und dass sowohl die Nachricht als auch das Thema (*Subject*) internationale Sonderzeichen enthalten darf. Beachten Sie aber, dass Sender und Empfänger bei dieser Variante ausschließlich aus ASCII-Zeichen zusammengesetzt werden müssen (also ohne ä, ö, ü oder ß).

Zum Versenden der Mail wird ein SMTP-Objekt erzeugt, das mit dem lokalen E-Mail-Server kommuniziert (localhost). Aus diesem Grund sind keine Authentifizierungsdaten erforderlich. Der Versand kann unmittelbar mit send_message initiiert werden. Wie üblich ist es zweckmäßig, den Code durch try/except abzusichern.

```
# Beispieldatei hello-mail.py
from email.mime.text import MIMEText
from email.header import Header
import smtplib
```

```
msg  = 'Lorem ipsum äöü ...'
subj = 'Die erste von Python versendete Mail äöü'
frm  = 'Absender <absender@host-abc.de>'
to   = 'Max Mustermann <max@mustermann.xyz>'

# E-Mail zusammenstellen
mail = MIMEText(msg, 'plain', 'utf-8')
mail['Subject'] = Header(subj, 'utf-8')
mail['From']    = frm
mail['To']      = to

# E-Mail versenden
smtp = smtplib.SMTP('localhost')
smtp.send_message(mime)
smtp.quit()
```

Mail-Versand an einen externen SMTP-Server

Um die E-Mail an einen externen SMTP-Server zu übergeben, der nicht auf demselben Rechner läuft wie ihr Python-Script, erzeugen Sie abermals ein SMTP-Objekt. Mit starttls initiieren Sie eine verschlüsselte Verbindung mit dem Server. Anschließend führen Sie den Login durch und verwenden dann die Methode sendmail, um Ihre Nachricht zu versenden. Beachten Sie, dass Sie den Empfänger in eckige Klammern stellen müssen. sendmail erwartet im zweiten Parameter eine Liste mit allen Empfängern – auch wenn es wie in diesem Beispiel nur einen einzigen Empfänger gibt.

```
# Beispieldatei mail2.py
... wie bisher
# E-Mail mit lokalem Mail-Server versenden
smtp = smtplib.SMTP('smtp-server-hostname')
smtp.starttls()
smtp.login('loginname', 'password')
smtp.sendmail(frm, [to], mail.as_string())
smtp.quit()
```

HTML-Mail

Viele Mails enthalten die Nachricht gleich doppelt: Einmal als reinen Text und ein zweites Mal in HTML-Formatierung. Um derartige Mails in Python zusammenzustellen, benötigen Sie eine MIMEMultipart-Instanz vom Typ alternative, der Sie dann MIMEText-Objekte mit den beiden Varianten der Nachricht hinzufügen. Ein weiterer Vorteil dieser Vorgehensweise besteht darin, dass nun alle Teile der Mail (auch Absender und Empfänger) internationale Sonderzeichen enthalten dürfen.

```
# Beispielprogramm mail3.py
from email.mime.text import MIMEText
from email.mime.multipart import MIMEMultipart
import smtplib

msg  = 'Lorem ipsum äöü ...'
html = '<html><body><p>Lorem ipsum<p>äöü ...</body></html>'
subj = 'Noch eine von Python versendete Mail äöü'
frm  = 'Sender mit äöü <bla@bla.com>'
to   = 'Empfänger mit äöü <bla@blabla.com>'

# E-Mail zusammenstellen
mail = MIMEMultipart('alternative')
mail['Subject'] = subj
mail['From']    = frm
mail['To']      = to
mail.attach(MIMEText(msg, 'plain'))
mail.attach(MIMEText(html, 'html'))

# E-Mail versenden
... wie bisher
```

Bild hinzufügen

Um einer E-Mail ein Bild hinzuzufügen, erzeugen Sie die Nachricht wieder als MIMEMultipart, aber dieses Mal ohne den alternative-Parameter.

295

Sie müssen sich für eine Textform entscheiden, Plain oder HTML. Dafür können Sie mit attach nun beliebig viele in MIMEImage-Objekten verpackte Bilder hinzufügen:

```
# Beispieldatei mail4.py
from email.mime.image import MIMEImage
... wie bisher

# E-Mail zusammenstellen
mail = MIMEMultipart()
mail['Subject'] = subj
mail['From']    = frm
mail['To']      = to
mail.attach(MIMEText(html, 'html'))

# Datei mit Foto hinzufügen
with open('foto.jpg', 'rb') as f:
    img = MIMEImage(f.read())
mail.attach(img)

# E-Mail versenden
... wie bisher
```

Weitere Mail-Varianten

Die vollständige Dokumentation der diversen Mail-Klassen sowie eine Menge weiterer Beispiele finden Sie hier:

https://docs.python.org/3/library/email.html
https://docs.python.org/3/library/email.examples.html

15.3 Dropbox

Dropbox setzt nicht nur intern stark auf Python, sondern stellt auch für Entwickler ein Python-Modul zur Verfügung, mit dem sie auf Dateien des eigenen Dropbox-Accounts zugreifen bzw. Dateien hochladen können.

Bevor Sie das *Application Programming Interface* (API) nutzen können, müssen Sie auf den Dropbox-Developer-Seiten für Ihr Konto in der Rubrik MY APPS eine neue Dropbox-App einrichten:

https://www.dropbox.com/developers/apps

Beim Einrichten der App haben Sie die Wahl zwischen zwei PERMISSION TYPES:

▶ APP FOLDER: Die App hat nur Zugriff auf ein Verzeichnis, das genauso heißt wie die App. Für die Beispiele in diesem Abschnitt ist das ausreichend. Sie finden das Verzeichnis dann in Ihren Dropbox-Verzeichnissen unter Apps/app-name.

▶ FULL DROPBOX: Die App hat Zugriff auf alle Ihre Dropbox-Dateien.

Mit dem Button GENERATE können Sie nun einen app-spezifischen Code (ein *access token*) generieren.

Als letzte Voraussetzung müssen Sie auf Ihrem lokalen Rechner das Modul dropbox installieren:

```
pip install dropbox          (Windows)
pip3 install dropbox         (macOS/Linux)
```

Dropbox-Zugang testen

Mit dem auf der Dropbox-Seite generierten App-Token können Sie nun testen, ob der Verbindungsaufbau zu Dropbox gelingt. Das folgende Mini-Script sollte Informationen über Ihren Dropbox-Account liefern:

```python
# Beispieldatei dropbox-info.py
import dropbox
db = dropbox.Dropbox('xxx-token-code-xxx')
print(db.users_get_current_account())
```

Wenn Sie das Script ausführen, sollte die Ausgabe so ähnlich wie die folgenden Zeilen aussehen:

```
./dropbox-info.py
  FullAccount(account_id='dbid:xxx',
              name=Name(given_name='Michael', ...),
              email='xxx',
              email_verified=True,
              disabled=False,
              locale='de', ...)
```

Allgemeingültige Dropbox-Authentifizierung

Wir sind hier davon ausgegangen, dass Ihr Script nur mit Ihrem eigenen Dropbox-Konto kommunizieren soll. Ganz anders ist die Ausgangslage, wenn Sie ein Script zur Weitergabe an andere Benutzer entwickeln, die jeweils ihre eigenen Dropbox-Konten verwenden möchten.

In diesem Fall müssen Sie im Script Code vorsehen, der dem Benutzer die Möglichkeit gibt, den jeweiligen Dropbox-Zugriff zu authentifizieren. Der Benutzer wird dabei auf eine Seite von Dropbox geleitet, muss dort sein Dropbox-Passwort angeben und erhält dann einen speziellen Code für das Script. Ihr Script bittet um die Eingabe dieses Codes und speichert ihn so, dass es später wieder darauf zugreifen kann. Mehr Details können Sie hier nachlesen:

https://stackoverflow.com/questions/23894221
https://www.dropbox.com/developers/documentation/python

Upload

Klappt so weit alles, ist es Zeit für den ersten Upload. Die folgenden Zeilen laden die Datei `foto.jpg` aus dem lokalen Verzeichnis in Ihr Dropbox-App-Verzeichnis (bei App-Folder-Apps) bzw. in das Root-Verzeichnis Ihres Dropbox-Kontos hoch (Full-Dropbox-Apps). Beachten Sie, dass der im zweiten Parameter von `files_upload` angegebene Dropbox-Name (hier in der Variablen `dname`) immer mit dem Zeichen / beginnen muss!

```
# Beispieldatei dropbox-upload.py
import dropbox
db = dropbox.Dropbox('xxx-token-code-xxx')
fname = 'foto.jpg'      # Name einer lokalen Datei
dname = '/upload.jpg'   # Name der Datei in Dropbox
try:
    db = dropbox.Dropbox('xxx-token-code-xxx')
    with open(fname, 'rb') as f:
        response = db.files_upload(f.read(), dname)
    print('uploaded:', response)
except BaseException as ex:
    print('Fehler', ex)
```

Download

Mit der Methode `files_list_folder` ermitteln Sie alle Dateien, die sich in einem Dropbox-Verzeichnis befinden. `download_to_file` überträgt eine Datei von Dropbox in eine lokale Datei. Die Datei wird dabei gegebenenfalls überschrieben.

```
# Beispieldatei dropbox-download
import dropbox
db = dropbox.Dropbox('xxx-token-code-xxx')
# alle Dateien ermitteln
for entry in db.files_list_folder('').entries:
    print(entry.name)
# Datei herunterladen
db.files_download_to_file('image-from-dropbox.jpg',
                          '/upload.jpg')
```

Eine Menge weiterer Klassen und Methoden des `dropbox`-Moduls ist hier dokumentiert:

https://dropbox-sdk-python.readthedocs.io/en/latest/moduledoc.html

15.4 Twitter

Um aus einem Python-Programm Tweets zu versenden, benötigen Sie zwei Dinge: einen App-Zugang auf Ihr Twitter-Konto und ein Twitter-Modul für Python. Für erste Experimente ist es sinnvoll, wenn Sie nicht Ihren regulären Twitter-Account verwenden, sondern einen neuen Account einrichten. Damit Sie eine Twitter-App registrieren können, muss Ihr Twitter-Konto mit einer Telefonnummer verbunden sein.

Auf der Seite *https://apps.twitter.com/app/new* geben Sie Ihrer App einen weltweit eindeutigen Namen, eine Beschreibung und verbinden die App mit einer Website. Den vierten Parameter (CALLBACK URLS) können Sie für das Beispiel in diesem Kapitel leer lassen.

Im Internet stehen diverse Module für Twitter zur Auswahl. Ich stelle Ihnen hier twython vor, das einfach zu nutzen ist, gut gewartet wird und eine ausgezeichnete Dokumentation zur Verfügung stellt:

https://github.com/ryanmcgrath/twython

Die Installation erfolgt wie üblich durch pip/pip3:

```
pip install twython        (Windows)
pip3 install twython       (macOS/Linux)
```

Tweet senden

Bevor Sie den ersten Tweet senden können, brauchen Sie *vier* Schlüssel (Tokens), die Sie im Dialogblatt KEYS AND ACCESS TOKENS auf Ihrer Twitter-App-Seite finden. Zwei Schlüssel werden dort sofort angezeigt, zwei weitere erst, nachdem Sie auf den Button GENERATE ACCESS TOKEN geklickt haben. Die vier Zeichenketten übergeben Sie an den Konstruktor der Twython-Klasse. Mit deren Methode update_status können Sie anschließend Ihren ersten Tweet absetzen (siehe Abbildung 15.1).

```
# Beispieldatei twitter.py
from twython import Twython
```

```
# Keys und Tokens
API_KEY =               'aWwD...'
API_SECRET =            '9qS9...'
ACCESS_TOKEN =          '1021...'
ACCESS_TOKEN_SECRET = 'qiwD...'

# Tweet senden
tw = Twython(API_KEY, API_SECRET, ACCESS_TOKEN,
             ACCESS_TOKEN_SECRET)
tw.update_status(status='Hello, Twitter!')
```

Abbildung 15.1 Zwei per Python-Script gesendete Tweets

15

301

Wenn Sie Ihren Tweet mit Bildern anreichen möchten, führen Sie vorweg für bis zu vier Bilder upload_media aus. Als Ergebnis erhalten Sie IDs zurück, die Sie in einem weiteren Parameter an update_status übergeben.

```
link = 'https://kofler.info/buecher/python'
with open('foto.jpg', 'rb') as f:
    response = tw.upload_media(media=f)
tw.update_status(
  status='Tweet mit Link und Bild: %s ' % (link),
  media_ids = [response['media_id']])
```

Kapitel 16

Systemadministration

Speziell unter Linux ist Python eine sehr beliebte Programmiersprache, um diverse Aufgaben zur Systemadministration zu automatisieren. Egal, ob es darum geht, nach dem Herstellen der Netzwerkverbindung Firewall-Regeln zu verändern, Backups durchzuführen oder Benutzer einzurichten – mit Python lassen sich solche Aufgaben oft im Handumdrehen erledigen.

In diesem Kapitel erkläre ich Ihnen zuerst, wie Sie von Python aus andere Kommandos aufrufen und wie Sie auf MySQL- oder MariaDB-Datenbanken zugreifen. Zwei Beispielprogramme zeigen für diese Programmiertechniken konkrete Anwendungen:

▶ Linux-Benutzer einrichten
▶ MySQL/MariaDB-Datenbanken statistisch auswerten

16.1 Linux-Kommandos aufrufen

Mit subprocess.run führen Sie aus einem Python-Script heraus ein anderes Programm oder Kommando aus. Im einfachsten Fall übergeben Sie an run eine Liste mit dem Kommandonamen und den dazugehörenden Optionen. Die folgenden Zeilen rufen das Kommando ls mit der Option -l aus, das Details zu den Dateien im aktuellen Verzeichnis anzeigt. run liefert als Ergebnis ein Objekt der Klasse CompletedProcess zurück (siehe Tabelle 16.1).

```
# Beispieldatei run-cmd.py
import subprocess
result = subprocess.run(['ls', '-l'])
```

Eigenschaft	Bedeutung
args	das ausgeführte Kommando als Zeichenkette oder Liste
returncode	der Rückgabecode (0 = OK, sonst Fehler)
stdout	Standardausgabe des Kommandos
stderr	Fehlermeldungen des Kommandos

Tabelle 16.1 Eigenschaften eines Objekts des Typs »CompletedProcess«

Linux only

Ich bemühe mich in diesem Buch, Python möglichst plattformunabhängig zu präsentieren. Für diesen und den folgenden Abschnitt setze ich aber voraus, dass Sie unter Linux arbeiten.

»run« erfordert zumindest Python 3.5

run steht seit der Python-Version 3.5 zur Verfügung. Wenn Sie eine ältere Python-Version verwenden, müssen Sie stattdessen auf die Funktionen call oder check_output zurückgreifen, die ebenfalls im subprocess-Modul definiert sind:

https://docs.python.org/3/library/subprocess.html#call-function-trio

Ergebnisse verarbeiten

Wenn run wie im vorigen Listing ausgeführt wird, erfolgen die Ausgaben des Kommandos direkt im Terminal, in dem das Python-Script ausgeführt wird. stdout und stderr des Ergebnisobjekts bleiben leer.

Wenn Sie die Ausgaben selbst verarbeiten möchten, übergeben Sie an run die Parameter stdout=PIPE und stderr=PIPE. Dabei ist PIPE ein Objekt aus dem subprocess-Modul, das Sie am besten wie folgt importieren:

```
from subprocess import PIPE
```

Nach der Kommandoausführung liefern die Eigenschaften `stdout` und `stderr` die Ausgabe bzw. die Fehlermeldungen des Kommandos als Byte-Strings. Mit `decode('utf-8')` machen Sie daraus einen gewöhnlichen Unicode-String. Falls Sie die Zeichenkette zeilenweise verarbeiten möchten, verwenden Sie am einfachsten `splitline`:

```
result   = subprocess.run(["ls", "-l"],
                          stdout=PIPE, stderr=PIPE)
output  = result.stdout
errormsg = result.stderr
for line in output.decode('utf-8').splitlines():
    print('Ergebnis:', line)
```

Ab Python 3.7 können Sie anstelle von `stdout=PIPE` und `stderr=PIPE` ein wenig kürzer `capture_output=True` übergeben.

Kommando durch die »bash« ausführen

Wenn Sie möchten, dass Ihr Kommando von der Standard-Shell ausgeführt wird, auf den meisten Linux-Distributionen also von der `bash`, dann übergeben Sie an `run` den zusätzlichen Parameter `shell=True`. Das hat zwei Vorteile:

▶ Zum einen können Sie nun das oder die auszuführenden Kommandos in einer einfachen Zeichenkette angeben, wobei auch das Pipe-Zeichen | funktioniert, also beispielsweise:

```
result = subprocess.run('dmesg | grep -i eth',
  stdout=PIPE, stderr=PIPE, shell=True)
print('Shell1:\n', result.stdout.decode('utf-8'))
```

▶ Zum anderen wertet die Shell die Jokerzeichen * und ? aus, womit Sie unkompliziert Dateien verarbeiten können, die einem bestimmten Muster entsprechen:

```
result = subprocess.run('ls -l *.py',
  stdout=PIPE, stderr=PIPE, shell=True)
```

16

Die Verwendung der Shell verursacht allerdings einen höheren Overhead. Wenn es Ihnen darum geht, viele Kommandos möglichst schnell auszuführen, sollten Sie auf shell=True nach Möglichkeit verzichten. Auf der folgenden Website finden Sie Tipps, wie Sie gängige Aufgabenstellungen auch ohne shell=True realisieren können:

https://docs.python.org/3/library/subprocess.html

Fehler beim Kommandoaufruf

Wie run auf Fehler reagiert, hängt davon ab, ob Sie das Kommando direkt oder über die Shell ausführen und welche Art von Fehler auftritt. Wenn Ihnen beispielsweise beim Kommandonamen ein Tippfehler passiert, dann kommt es ohne shell=True zu einer OSError-Exception. Mit shell=True erhalten Sie lediglich einen Rückgabewert ungleich 0.

Generell sollten Sie run stets mit dem zusätzlichen Parameter check=True ausführen. Damit erreichen Sie, dass bei jedem Fehler eine Exception ausgelöst wird. Der Exception-Typ ist dabei CalledProcessError. Diese Fehlerklasse müssen Sie aus dem subprocess-Modul importieren.

Der folgende Code zeigt eine Art universelle Fehlerabsicherung, die unabhängig davon funktioniert, wie Sie run verwenden, also mit oder ohne check=True und shell=True:

```
# immer noch Beispieldatei run-cmd.py
from subprocess import CalledProcessError
try:
    result = subprocess.run("lsabc", shell=True,
      check=True, stdout=PIPE, stderr=PIPE)
    exitcode = result.returncode
    if exitcode != 0:
        print('Fehlercode', exitcode)
    else:
        print('Alles bestens, Rückgabecode', exitcode)
except OSError as ex:
    print('OSError-Exception', ex)
except CalledProcessError as ex:
    print('CalledProcessError-Exception', ex)
```

16.2   Linux-Accounts einrichten

Ausgangspunkt für das Beispiel ist die Textdatei newusers.txt mit den Nachnamen von Benutzern (z. B. Studenten oder Schüler). Ein Python-Script soll nun für alle Namen Linux-Accounts einrichten. Die Ausgangsdatei kann z. B. so aussehen:

```
huber
mueller
maier
```

Das Script muss die Accounts einrichten, jedem Benutzer ein Passwort zuweisen und außerdem festlegen und dieses in einer weiteren Datei zusammen mit dem Benutzernamen speichern. Alle Benutzer müssen sofort beim ersten Login ihr Passwort ändern. Die Gültigkeit der Accounts endet am 31.12.2020.

Mit etwas Linux-Know-how oder nach einer kurzen Internet-Recherche wissen Sie, dass für jeden Benutzer die folgenden Kommandos auszuführen sind:

```
useradd <name>
echo <name>:<passwd> | chpasswd
chage -d 0 -E 2020-12-31
```

16

Jetzt gilt es, diese Anweisungen in Python-Code umzusetzen, wobei noch ein paar Nebenaufgaben zu erledigen sind: eine Textdatei lesen, eine zweite schreiben, Passwörter generieren etc. Ich beginne hier mit dem Code, die Erklärungen folgen danach:

```
# Beispieldate create-users.py
from subprocess import run
from subprocess import CalledProcessError
from secrets import choice
pwchars = 'abcdefghijklmnopqrstuvwxyz0123456789'
try:
    with open('newusers.txt', 'rt') as fin, \
         open('user-pw.txt', 'wt') as fout:
```

```
        for line in fin:
            username = line.strip()  # \n entfernen
            pw = ''.join(choice(pwchars)
                         for _ in range(9))
            pwstr = username + ':' + pw
            print(pwstr)              # Feedback
            fout.write(pwstr + '\n') # Ergebnisdatei
            run(['useradd', username], check=True)
            run('echo %s | chpasswd' % (pwstr),
                shell=True, check=True)
            run(['chage', '-d 0', '-E 2020-12-31',
                 username], check=True)
except CalledProcessError as ex:
    print('Fehler:', ex)
```

Passwörter erzeugen

Als Passwortgenerator kommt die Funktion choice aus dem secrets-Modul zum Einsatz. Sie wählt aus einer vorgegebenen Zeichenkette (hier pwchars) zufällig ein Zeichen aus. Der Gesamtausdruck mit for _ in range(9) macht daraus eine Menge (*Set Comprehension*), join fügt die Zeichen zu einem Passwort zusammen.

Dateien lesen und schreiben

Mit with/as werden hier gleich zwei Dateien geöffnet, eine zum Lesen, eine zum Schreiben. Die Datei newusers.txt wird zeilenweise verarbeitet, wobei strip nicht nur eventuell vorhandene Leerzeichen vor- und nach dem Accountnamen eliminiert, sondern auch das oder die Zeilentrennzeichen ('\n').

Kommandos aufrufen

Um den Tippaufwand und die Zeilenlänge zu minimieren, habe ich hier nicht das subprocress-Modul importiert, sondern nur die run-Funktion.

```
from subprocess import run
```

Damit wird aus subprocess.run(...) einfach run(...). Bei useradd und chage werden Kommandos und Optionen einfach als Liste übergeben. chpasswd ist insofern komplizierter, als hier eine Ein-/Ausgabeumleitung erforderlich ist. echo gibt die Kombination aus Benutzername und Passwort aus, chpasswd verarbeitet diese Informationen. Deswegen muss das gesamte Kommando von einer Shell ausgeführt werden. (Aus Sicherheitsgründen sieht chpasswd keine Option vor, das Passwort direkt zu übergeben.)

Die run-Funktion sieht für solche Fälle einen zweiten Weg vor. Dazu übergeben Sie die als Standardeingabe zu verarbeitenden Daten an den Parameter input. Allerdings erwartet dieser Parameter eine Bytefolge, weswegen Sie die Zeichenkette, die mit '\n' enden muss, zuerst mit bytes decodieren müssen:

```
pwdata = bytes(pwstr + '\n', 'utf-8')
run(['chpasswd'], input=pwdata, check=True)
```

Script ausführen

Da das Script administrative Aufgaben erledigt, die root vorbehalten sind, müssen Sie das Script mit Administratorrechten ausführen. Bei den meisten Linux-Distributionen stellen Sie dazu einfach sudo voran. Dieses Kommando fragt nach Ihrem Passwort und führt das nachfolgende Kommando dann als root aus (natürlich nur, wenn Ihr Account über sudo-Rechte verfügt):

```
sudo ./create-users.py
```

```
[sudo] Passwort für kofler: *********
huber:f02vlucyh
mueller:76psbgk6e
maier:ijnm9bc1x
```

Accounts wieder löschen

Wenn Sie die Accounts wieder löschen möchten, schreiben Sie ein zweites Script, das ebenfalls die Datei newusers.txt auswertet, jetzt aber für jeden

Accountnamen userdel -r ausführt. (Vorsicht! Die Option -r bewirkt, dass auch die Home- und Mail-Verzeichnisse der Benutzer gelöscht werden.)

```
# Beispieldatei drop-users.py
from subprocess import run
from subprocess import CalledProcessError
try:
    with open('newusers.txt', 'rt') as f:
        for line in f:
            username = line.strip()
            print('Delete', username)
            run(['userdel', '-r', username], check=True)
except CalledProcessError as ex:
    print('Fehler:', ex)
```

16.3 MySQL/MariaDB-Datenbankzugriff

Die Grundidee aller bisherigen Beispiele in diesem Kapitel bestand darin, dass Sie für die administrativen Aufgaben auf vorhandene Linux-Kommandos zurückgreifen und diese mit run ausführen. Der Python-Code kümmert sich quasi nur um das Rundherum. Der Einsatz von Python ist umso lohnender, je größer der Anteil dieses Zusatzcodes ist. Beim vorigen Beispiel zum Einrichten von Linux-Accounts hätte ein vergleichbares Script aber ebenso gut in der Programmiersprache bash formuliert werden können. Es wäre vermutlich sogar kürzer ausgefallen.

Die Vorteile von Python werden umso deutlicher, je stärker Sie auf Module zurückgreifen können, die Ihnen bei Ihren Aufgaben helfen. Als Beispiel für ein derartiges Modul stelle ich Ihnen hier PyMySQL vor. Damit können Sie auf MySQL- bzw. MariaDB-Datenbanken zugreifen, SQL-Kommandos ausführen und die Ergebnisse verarbeiten.

MySQL-Bibliotheken

Es gibt diverse Bibliotheken für den Zugriff von Python-Scripts auf MySQL- oder MariaDB-Datenbanken.

Ich stelle Ihnen hier PyMySQL vor, weil diese Bibliothek selbst vollständig in Python entwickelt wurde und unter allen Plattformen unkompliziert zu installieren ist. Informationen zu anderen Bibliotheken sowie Vergleichstabellen finden Sie hier:

https://stackoverflow.com/questions/372885
https://wiki.openstack.org/wiki/PyMySQL_evaluation

Es gibt auch Bibliotheken, die Datenbanktabellen in Objektmodellen abbilden (*Object-Relational Mapping*, kurz ORM):

https://github.com/coleifer/peewee
http://docs.sqlalchemy.org

Voraussetzungen

PyMySQL setzt voraus, dass Sie zumindest die Python-Version 3.4 verwenden und dass der MySQL- oder MariaDB-Server zumindest in Version 5.5 vorliegt. Die Installation von PyMySQL erfolgt wie üblich durch `pip`:

```
pip install pymysql        (Windows)
pip3 install pymysql       (macOS/Linux)
```

Im folgenden Beispiel setze ich außerdem voraus, dass auf dem lokalen Rechner ein MySQL- oder MariaDB-Server installiert ist und dass es dort eine Datenbank `pytest` gibt, die für den Benutzer `pyuser` mit dem Passwort `geheim` zugänglich ist. Die Datenbank enthält außerdem die Tabelle `mytable` mit drei Spalten: einer ID-Spalte, einer Text- und einer Integer-Spalte.

Um die Datenbank, den Benutzer und die Tabelle einzurichten, starten Sie das Kommando `mysql` mit Administratorrechten und führen dann die folgenden SQL-Anweisungen aus:

```
mysql> CREATE DATABASE pytest;

mysql> GRANT ALL ON pytest.* TO pyuser@localhost
       IDENTIFIED BY 'geheim';
```

```
mysql> USE pytest;

mysql> CREATE TABLE mytable (id SERIAL,
          txt VARCHAR(1000), nmb INT);
```

»Hello, Database!«

Das folgende Programm stellt eine Verbindung zur Datenbank her, fügt einen neuen Datensatz in mytable ein und zeigt anschließend alle gespeicherten Datensätze an:

```python
# Beispielprogramm hello-db.py
import pymysql.cursors
from random import randint
try:
    # Verbindungsaufbau
    conn = pymysql.connect(host='localhost',
                           user='pyuser',
                           password='geheim',
                           db='pytest',
                           charset='utf8mb4',
                           cursorclass=\
                               pymysql.cursors.DictCursor)

    # Datensatz speichern
    with conn.cursor() as cur:
        sql = 'INSERT INTO mytable(txt, nmb) VALUES(%s, %s)'
        cur.execute(sql, ('abc äöü', randint(0, 1000)))
        conn.commit()
        print('ID des neuen Datensatzes:', cur.lastrowid)

    # alle Datensätze abfragen
    with conn.cursor() as cur:
        sql = 'SELECT * FROM mytable'
        cur.execute(sql)
        result = cur.fetchone()
```

```
    while result:
        print('ID=%d txt=%s nmb=%d' %
          (result['id'], result['txt'], result['nmb']))
        result = cur.fetchone()

except BaseException as ex:
    print('Fehler:', ex)
finally:
    conn.close()
```

Verbindungsaufbau

Nun folgen die Erläuterungen zum vorigen Listing: Beim Verbindungsaufbau mit connect geben Sie den Hostnamen des Servers an (localhost, wenn der Datenbank-Server auf demselben Rechner wie Ihr Script läuft), natürlich den Benutzernamen und den Login sowie den Namen der Datenbank, auf die Sie zugreifen möchten. utf8mb4 ist von den vielen UTF-8-Varianten, die MySQL oder MariaDB unterstützen, am besten für das Zusammenspiel mit Python geeignet.

Der Parameter cursorclass steuert, wie PyMySQL SELECT-Ergebnisse zurückgibt. Der Cursortyp DictCursor verpackt jeden Datensatz in ein Dictionary, wobei die Spaltennamen als Schlüssel dienen. Das ermöglicht eine besonders komfortable Weiterverarbeitung der Ergebnisse.

16

SQL-Kommandos ausführen

Jedes Mal, wenn Sie ein SQL-Kommando ausführen möchten, benötigen Sie ein Cursor-Objekt. Es ist empfehlenswert, derartige Cursor mit with zu nutzen – dann ist sichergestellt, dass Sie die Objekte schnellstmöglich wieder freigeben und keine unnötigen Ressourcen blockieren.

An die execute-Methode übergeben Sie die Zeichenkette mit dem SQL-Kommando. Dieses kann beliebig viele %s-Codes enthalten. execute ersetzt diese durch Zeichenketten aus dem im zweiten Parameter übergebenen Tupel. Beachten Sie, dass hier keine anderen Codes zulässig sind, also z. B.

%d für Zahlen! Im Beispielprogramm bildet `execute` ein Kommando, das so ähnlich wie die folgende Zeile aussieht:

```
INSERT INTO mytable(txt, nmb) VALUES('abc äöü', '123')
```

Beachten Sie, dass `execute` das Kommando zwar an den Datenbank-Server weitergibt. Dort wird es aber erst dann dauerhaft ausgeführt, wenn Sie den Vorgang (die *Transaktion*) mit `commit` bestätigen.

Nach dem Einfügen eines neuen Datensatzes wollen Sie normalerweise den ID-Wert des neuen Datensatzes wissen. Dazu werten Sie die `lastrowid`-Eigenschaft des Cursors aus.

SELECT-Ergebnisse verarbeiten

Auch für Abfragen benötigen Sie einen Cursor. An `execute` übergeben Sie wieder das SQL-Kommando. Aber statt mit `commit` die Änderungen zu bestätigen, müssen Sie diesmal die Ergebnisse einlesen. Dazu stehen die Methoden `fetchone` oder `fetchall` zur Wahl. `fetchall` liest alle Datensätze auf einmal in eine Liste. Das geht schnell, beansprucht aber unter Umständen viel Speicherplatz.

Weil beim Verbindungsaufbau ein `DictCursor` angefordert wurde, erhalten Sie die SELECT-Ergebnisse als Dictionaries und können auf die Spalten in der Form `result['spaltenname']` zugreifen.

Weitere Informationen

Der Platz in diesem Buch reicht naturgemäß nicht aus, um auf Datenbankgrundlagen einzugehen oder PyMySQL vollständiger zu beschreiben. Eine Referenz der PyMySQL-Klassen und -Methoden finden Sie hier:

https://pymysql.readthedocs.io/en/latest/modules

Einige Anwendungsbeispiele finden Sie auf diesen Webseiten:

https://www.tutorialspoint.com/python3/python_database_access.htm
https://o7planning.org/en/11463

16.4   Mehrere gleichartige Datenbanken analysieren

Ausgangspunkt für das folgende Beispiel ist eine Webanwendung, bei der die Daten unterschiedlicher Kunden in jeweils eigenen Datenbanken gespeichert werden. Jede Datenbank hat den gleichen Aufbau. Unter anderem wird in einer Login-Tabelle gespeichert, welcher Benutzer sich wann anmeldet. Die Login-Tabelle hat vier Spalten, in der zu jeder Anmeldung die ID-Nummer der Person, die IP-Adresse und der Zeitpunkt gespeichert werden.

```
SELECT * FROM login ORDER BY id DESC LIMIT 5;
```

```
  id   id_person  ip          ts
  ----  ---------  ---------   --------------------
  5739        36  80.121...   2018-07-24 10:07:50
  5738        36  80.121...   2018-07-24 08:35:56
  5737        36  80.121...   2018-07-23 21:58:46
  5736        36  80.121...   2018-07-19 17:44:01
  5735        36  80.121...   2018-07-19 12:47:46
```

Ziel des folgenden Scripts ist es, auszuwerten, wie viele Logins von wie vielen Personen in den letzten 90 Tagen stattgefunden haben, und zwar geordnet nach Aktivität.

16

SELECT-Kommando zusammenstellen

Der Code beginnt mit einigen Importen. Danach wird in der Variablen past das Datum vor 90 Tagen errechnet und in der ISO-Form (also z. B. 2018-12-31) gespeichert. Damit kann dann das SQL-Kommando zusammengestellt werden, das für alle Kundendatenbanken ausgeführt werden soll. Dabei wird """ verwendet, um eine Zeichenkette zu bilden, die über mehrere Zeilen reicht.

```
# Beispieldatei login-stat.py
import pymysql.cursors
from datetime import date, datetime, timedelta
```

```
# Datum vor 90 Tagen
today = datetime.now().date()
day   = timedelta(days=1)
past  = str(today - 90 * day)

# SELECT-Kommando
sql = """SELECT COUNT(*) AS cnt,
                COUNT(DISTINCT id_person) AS cnt_distinct
         FROM login
         WHERE ts>'""" + past + "'"
```

Liste der Kundendatenbanken einlesen

Die Namen aller Datenbanken befinden sich in der Datei dbs.txt. Die folgenden Zeilen lesen die Datei, speichern die Zeilen in einer Liste und entfernen mit strip das von readlines stammende Zeilentrennzeichen \n:

```
# Liste aller Datenbanken einlesen
with open('dbs.txt') as f:
    dbs = f.readlines()
dbs = [ db.strip() for db in dbs ]  # \n entfernen
```

Datenbankverbindung herstellen, Abfragen durchführen

Das Programm stellt die Verbindung zur ersten Kundendatenbank her (dbs[0]), verwendet dabei aber einen Datenbank-User, der Zugriff auf alle Datenbanken hat. Damit ist es im nächsten Schritt möglich, in einer Schleife alle Kundendatenbanken zu durchlaufen und mit select_db die gerade aktive Datenbank zu wechseln. Für diese Datenbank wird die vorbereitete SELECT-Abfrage ausgeführt. Alle Ergebnisse landen in einer Liste (Variable result).

```
try:
    # Verbindungsaufbau
    conn = pymysql.connect(host='localhost',
                           user='adminuser',
                           password='strengGeheim',
```

```
                             db=dbs[0],
                             charset='utf8mb4',
                             cursorclass=\
                               pymysql.cursors.DictCursor)

    # alle Datenbanken durchlaufen
    results = []
    for db in dbs:
        conn.select_db(db)

        # SELECT-Abfrage ausführen, Ergebnisse speichern
        with conn.cursor() as cur:
            cur.execute(sql)
            result = cur.fetchone()
            results += [{'name': db, 'result': result}]

except BaseException as ex:
    print('Fehler:', ex)
finally:
    conn.close()
```

Auswertung

results enthält nun eine Liste, wobei jedes Element wiederum ein ver-
schachteltes Dictionary ist:

```
[{'name': 'datenbankX',
  'result': {'cnt_distinct': 7, 'cnt': 313}},
 {'name': 'datenbankY',
  'result': {'cnt_distinct': 2, 'cnt': 188}}, ...]
```

Diese Liste wird nun in abfallender Reihenfolge sortiert, wobei als Sortierkriterium durch eine Lambda-Funktion die Anzahl der Logins (also das
Dictionary-Element cnt) festgelegt wird:

```
results.sort(reverse=True,
             key=lambda itm: itm['result']['cnt'])
```

```
for itm in results:
    print('%25s %5d %5d' %
          (itm['name'], itm['result']['cnt'],
           itm['result']['cnt_distinct']))
```

Die Ausgabe sieht dann so ähnlich wie dieses Listing aus:

```
kundeEfghi      583     14
kundeXyz        448      1
kundeAb         240      2
kundeIjklmn     222      2
...
```

Kapitel 17

Raspberry Pi

2012 stellte die Raspberry Pi Foundation einen kostengünstigen Mini-Computer vor. Das Gerät wurde vor allem zum Basteln sowie für den Unterricht konzipiert. Im Gegensatz zu »gewöhnlichen« Computern fehlen Gehäuse, Bildschirm und Tastatur. Dafür gibt es eine Pinleiste mit programmierbaren Ein- und Ausgängen (*General Purpose Input/Output*, kurz GPIO).

Was hat der Raspberry Pi mit Python zu tun? Python hat sich als *die* Programmiersprache etabliert, um den Raspberry Pi zu programmieren. Da auf dem Raspberry Pi eine Linux-Distribution (üblicherweise Raspbian) läuft und unzählige andere Programmiersprachen zur Auswahl stellt, ist die Dominanz von Python keineswegs selbstverständlich.

Die Vorteile von Python auf dem Raspberry Pi sind die gleichen wie auf jedem anderen Computer: Die Einstiegshürde ist gering. Python ermöglicht es, viele Aufgaben mit wenigen Zeilen Code und minimalem Overhead zu lösen. Unzählige Anleitungen im Internet sowie eine große Auswahl von Modulen zur Steuerung diverser Hardwarekomponenten waren weitere Faktoren für den Erfolg von Python.

Persönlich habe ich sogar den Eindruck, dass die aktuelle Popularität von Python zumindest teilweise auf den Raspberry Pi zurückzuführen ist. In den vergangenen Jahren lernten Millionen Schüler, Studenten und Bastler über den Raspberry Python kennen.

In diesem Kapitel stelle ich Ihnen grundlegende Python-Module zur Steuerung des Raspberry Pi vor. Aus Platzgründen kann ich hier aber weder auf Raspberry-Pi-Grundlagen eingehen noch eine Elektronikeinführung geben. All das finden Sie im Buch »Raspberry Pi – Das umfassenden Handbuch«, das ich zusammen mit Christoph Scherbeck und Charly Kühnast verfasst und ebenfalls im Rheinwerk Verlag veröffentlicht habe.

17

17.1   GPIO-Zugriff mit RPi.GPIO

Es gibt mehrere Python-Module, die Ihnen beim Lesen bzw. Verändern des Status von GPIO-Pins helfen. Dieser Abschnitt stellt das seit mehreren Jahren bewährte Modul RPi.GPIO vor. Damit können Sie einzelne Pins auslesen oder verändern sowie die Software-Pulse-Width-Modulation verwenden. *Nicht* unterstützt werden momentan serielle Schnittstellen, die Bussysteme SPI und I^{2}C, Hardware-PWM sowie das Auslesen von 1-Wire-Temperatursensoren. Die Onlinedokumentation des RPi.GPIO-Moduls finden Sie hier:

https://pypi.python.org/pypi/RPi.GPIO

Eine Alternative dazu ist das Modul gpiozero, das Ich Ihnen in Abschnitt 17.3, »GPIO-Zugriff mit gpiozero«, näher vorstelle.

Den folgenden Beispielen liegt eine äußerst einfache Beschaltung des Raspberry Pi zugrunde (siehe Abbildung 17.1): Pin 26 des J8-Headers (GPIO 7 in BCM-Notation) ist über einen Vorwiderstand mit einer Leuchtdiode (*Light Emitting Diode*, kurz LED) verbunden, und Pin 21 (GPIO 9) dient als Signaleingang für einen Taster mit Pull-up-Widerstand.

Pin-Nummern versus BCM-Nummern

Der Raspberry Pi verfügt über eine Steckerleiste mit 40 Pins. Diese Leiste wird *J8-Header* genannt. Die Pins sind von 1 bis 40 durchnummeriert. Beim Aufbau einer Schaltung ist also die Pin-Nummer entscheidend.

Bei der CPU des Raspberry Pi handelt es sich um ein *System-on-a-Chip* (SOC) der Firma Broadcom. Dieser Chip stellt weit mehr als 40 GPIOs zur Verfügung. Diese sind intern ganz anders als die Pins nummeriert. Die BCM-Nummer bezieht sich auf die Dokumentation des Chips.

Bei der Programmierung des in diesem Abschnitt behandelten RPi.GPIO-Moduls können Sie wahlweise mit Pin- oder mit BCM-Nummern arbeiten. Das im nächsten Abschnitt vorgestellte gpiozero-Modul erwartet hingegen *immer* BCM-Nummern. Insofern ist es wichtig, dass Sie mit den Nummern nicht durcheinanderkommen.

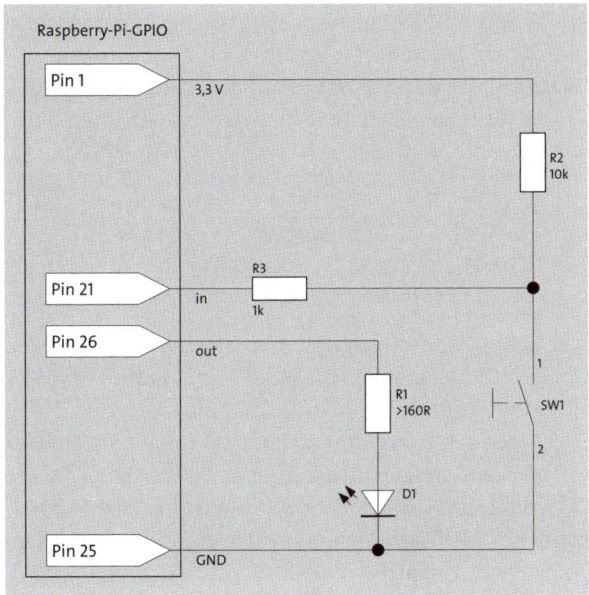

Abbildung 17.1 Versuchsaufbau zum Test der RPi.GPIO-Funktionen

GPIO-Setup

Das Modul `RPi.GPIO` ist unter Raspbian standardmäßig installiert, d. h., Sie können auf das sonst übliche Kommando `pip3 install <modulname>` verzichten. Wegen des langen Modulnamens ist es empfehlenswert, mit `as gpio` ein Kürzel zu definieren.

Vor dem ersten Zugriff auf GPIOs müssen Sie festlegen, ob Sie mit den internen GPIO-Nummern der BCM-CPU arbeiten möchten oder die Pin-Nummerierung des J8-Headers verwenden möchten. Dazu führen Sie *eine* der beiden folgenden `setmode`-Funktionen aus. Alle Beispiele in diesem Abschnitt verwenden die Pin-Nummern des J8-Headers (also `gpio.BOARD`).

```
import RPi.GPIO as gpio
gpio.setmode(gpio.BOARD)    # Pin-Nummern des J8-Headers
gpio.setmode(gpio.BCM)      # oder Broadcom-GPIO-Nummern
```

321

Schließlich müssen Sie jeden GPIO-Pin einrichten, den Sie in Ihrem Script nutzen wollen. Dazu geben Sie mit setup an, ob der Pin zur Ein- oder zur Ausgabe dient. Zulässige Einstellungen sind IN und OUT. Für die Schaltung aus Abbildung 17.1 sind die folgenden Einstellungen erforderlich:

```
# Beispielprogramm gpio-intro.py
import RPi.GPIO as gpio
gpio.setmode(gpio.BOARD)    # Pin-Nummern verwenden
gpio.setup(26, gpio.OUT)    # Pin 26 zur Datenausgabe
gpio.setup(21, gpio.IN)     # Pin 21 zur Dateneingabe
```

Die setup-Funktion liefert unter Umständen eine Warnung, wenn ein anderes Programm den GPIO-Pin ebenfalls nutzt: *RuntimeWarning: This channel is already in use, continuing anyway*. Das Programm wird also trotz der Warnung fortgesetzt, zumal die Warnung oft nur ein Indiz dafür ist, dass Sie selbst oder ein anderes Python-Script beim letzten Durchlauf den erforderlichen cleanup-Aufruf nicht ausgeführt hat (siehe unten). Gegebenenfalls können Sie die Warnung unterdrücken, indem Sie vor dem setup-Aufruf die folgende Zeile einbauen:

```
gpio.setwarnings(False)      # Warnungen unterdrücken
gpio.setup(...)
```

Zum Programmende sollten Sie alle von Ihrem Script genutzten GPIO-Pins wieder freigeben. Dazu führen Sie normalerweise einfach cleanup aus. Stellen Sie durch try/finally sicher, dass cleanup auch dann ausgeführt wird, wenn im Script ein Fehler aufgetreten ist:

```
try:
    gpio-Code
finally:
    gpio.cleanup()
```

Sollten Sie nicht alle GPIO-Pins, sondern nur einen ausgewählten Pin freigeben wollen, übergeben Sie an cleanup je nach setmode-Einstellung die betreffende Pin- oder GPIO-Nummer:

```
gpio.cleanup(n)
```

LED ein- und ausschalten

Nach diesen Vorbereitungsarbeiten können Sie nun endlich GPIOs verändern oder auslesen, je nachdem, ob diese zur Aus- oder Eingabe eingestellt wurden. Um den Ausgangszustand zu verändern, verwenden Sie die output-Funktion:

```
# Beispielprogramm  gpio-intro.py
gpio.output(26, gpio.HIGH)   # GPIO auf High stellen
                             # (LED leuchtet)
time.sleep(2)
gpio.output(26, gpio.LOW)    # GPIO auf Low stellen
                             # (LED leuchtet nicht mehr)
```

LED-Helligkeit steuern

Eigentlich sehen die GPIOs des Raspberry Pi nur eine digitale Steuerung vor, also Ein oder Aus. Durch einen Trick können Sie aber auch die Helligkeit einer Leuchtdiode steuern. Dazu wird die LED pro Sekunde hunderte Male ein- und wieder ausgeschaltet. Das Verhältnis der Zeitanteile, während der die LED leuchtet und während der sie dunkel ist, bestimmt die Helligkeit, die Sie wahrnehmen. Dieses Verfahren wird *Pulsweitenmodulation* (PWM) genannt:

https://de.wikipedia.org/wiki/Pulsweitenmodulation

Mit dem RPi.GPIO-Modul können Sie über ein PWM-Objekt eine softwaregesteuerte PWM für alle Signalausgänge einstellen. Beim Erzeugen des PWM-Objekts geben Sie die gewünschte Frequenz an. start aktiviert PWM, wobei Sie in einem Parameter zwischen 0 und 100 die Leuchtstärke (*duty*) angeben. Später können Sie die Helligkeit mit ChangeDutyCycle ändern oder mit stop die Modulation beenden.

Der folgende Beispielcode macht eine Leuchtdiode über den Verlauf von 4 Sekunden zuerst immer heller und dann immer dunkler. Die zweite for-Schleife durchläuft dabei die Werte von 100 bis 0 absteigend.

17

323

```
# Beispielprogramm  gpio-intro.py (Fortsetzung)
... (Import, Setup)
gpio.setup(26, gpio.OUT)      # Pin 26 zur Datenausgabe
pwm = gpio.PWM(26, 1000)      # Frequenz: 1000 Hertz
pwm.start(0)                  # Duty 0 (dunkel)
print('LED wird immer heller')
for duty in range(0, 101):
    pwm.ChangeDutyCycle(duty)
    time.sleep(0.02)          # 20 ms warten
print('LED wird immer dunkler')
for duty in range(100, -1, -1):
    pwm.ChangeDutyCycle(duty)
    time.sleep(0.02)          # 20 ms warten
pwm.stop()
```

Zustand eines Tasters auswerten

Bei Signaleingängen liefert die `input`-Funktion den aktuellen Zustand 0 oder 1 (entspricht LOW oder HIGH). Aufgrund der Beschaltung mit den Pull-up-Widerständen (siehe Abbildung 17.1) bedeutet der Zustand 1, dass der Taster *nicht* gedrückt ist.

```
status = gpio.input(21)       # 0 = gedrückt
                              # 1 = nicht gedrückt
```

Pull-up- und Pull-down-Widerstände

Pull-up- bzw. Pull-down-Widerstände verhindern, dass bei einer irrtümlichen Verwendung des Eingang-Pins als Ausgang (Output) ein hoher Strom fließt und unter Umständen den Raspberry Pi beschädigt. Eine Erläuterung dieser Schaltungstechnik können Sie in der Wikipedia nachlesen:

*https://de.wikipedia.org/wiki/Open_circuit#Beschaltung_der_
  Signalleitungen*

Taster entprellen

Die Aufgabenstellung klingt trivial: Sie wollen einen Taster dazu verwenden, um eine Leuchtdiode ein- und beim nächsten Drücken wieder auszuschalten. Dabei gibt es aber gleich zwei Probleme:

▶ Wie überwachen Sie den Zustand des Schalters? (Eine Schleife, die den Zustand ständig abfragt, würde viel zu viel CPU-Leistung verbrauchen.)

▶ Mechanische Schalter prellen, d. h. ein Metallplättchen schlägt beim Drücken innerhalb von Millisekunden mehrfach an den Kontakt. Wie verhindern Sie, dass das einmalige Drücken des Tasters von Ihrem Programm mehrfach gezählt wird?

Für das erste Problem sieht das RPi.GPIO-Modul zwei Funktionen vor. Zuerst geben Sie mit add_event_detect an, welchen Input-Pin Sie überwachen möchten. Im zweiten Schritt übergeben Sie an add_event_callback eine Funktion, die automatisch aufgerufen wird, wenn ein Pegelwechsel festgestellt wird. An diese Funktion wird je nach Setup die Pin-Nummer oder die BCM-Nummer übergeben. Eine erste Version des Programms kann so aussehen:

```
import RPi.GPIO as gpio

# LED ein- oder ausschalten
def turnLedOnOff(pin):
    # Pin-Nummer wird hier nicht ausgewertet
    global ledStatus
    ledStatus = 1 - ledStatus
    gpio.output(26, ledStatus)

# Setup
gpio.setmode(gpio.BOARD)      # Pin-Nummern verwenden
gpio.setup(26, gpio.OUT)      # Pin 26: LED
gpio.setup(21, gpio.IN)       # Pin 21: Schalter
ledStatus = 0
gpio.add_event_detect(21, gpio.FALLING, bouncetime=50)
gpio.add_event_callback(21, turnLedOnOff)
```

17

```
# auf Tastendruck warten
print('Programm endet nach 10 Sekunden')
time.sleep(10)
gpio.cleanup()
```

Während einer Zeit von 10 Sekunden wartet das Programm darauf, dass der Signalpegel von Pin 21 fällt (also von HIGH auf LOW wechselt), wenn Sie den Taster drücken. Bei jedem derartigen Pegelwechsel wird die Funktion turnLedOnOff aufgerufen. Sie invertiert die globale Variable status und schaltet die LED entsprechend ein oder aus. Beachten Sie, dass Sie bei der Funktion turnLedOnOff einen Parameter für die Pin-Nummer vorsehen müssen, auch wenn er wie im obigen Code nicht ausgewertet wird.

Allerdings werden Sie feststellen, dass das Programm wegen des Prellens des Tasters unzuverlässig funktioniert. Die LED wird jedes Mal (für das Auge kaum wahrnehmbar) ein paar Mal ein- und ausgeschaltet, und es ist vom Zufall abhängig, ob sie zum Schluss leuchtet oder nicht.

Die Funktion add_event_detect sieht einen optionalen Parameter bounce=n vor, um die Zeitspanne für den Entprellvorgang in Millisekunden anzugeben. Dieser Parameter funktioniert aber leider nicht wie vorgesehen.

Als Programmierer oder Programmiererin können Sie das Entprellen aber leicht selbst lösen – und das Beispielprogramm auf diese Weise ein wenig interessanter machen. Die Idee ist simpel: Sie merken sich den Zeitpunkt des letzten Schaltvorgangs und ignorieren alle weiteren Ereignisse, bis eine vorgegebene Entprellzeit vergangen ist. Diese Technik ist in der verbesserten Variante des Beispielprogramms realisiert.

```
# Beispieldatei gpio-bounce.py
import RPi.GPIO as gpio
import sys, time
from datetime import datetime, timedelta

# LED ein-/ausschalten
def turnLedOnOff(pin):
    global ledStatus, lastTime
    now = datetime.now()
```

```
    # 500 ms Entprellzeit
    if now - lastTime > timedelta(milliseconds=500):
        ledStatus = 1 - ledStatus
        gpio.output(26, ledStatus)
        lastTime = now

# Setup
gpio.setmode(gpio.BOARD)      # Pin-Nummern verwenden
gpio.setup(26, gpio.OUT)      # Pin 26 zur Datenausgabe
gpio.setup(21, gpio.IN)       # Pin 21 zur Dateneingabe
ledStatus = 0
gpio.output(26, ledStatus)  # LED anfänglich aus
lastTime = datetime.now()
gpio.add_event_detect(21, gpio.FALLING, bouncetime=50)
gpio.add_event_callback(21, turnLedOnOff)

# auf Tastendrücke warten
print('Programm endet nach 10 Sekunden')
time.sleep(20)
gpio.cleanup()
```

17.2   LED-Ampel für die CPU-Temperatur

17

Ausgangspunkt für dieses Beispiel ist eine Art LED-Ampel, die anzeigt, wie heiß die CPU des Raspberry Pi ist. Sie müssen dazu drei Leuchtdioden – nach Möglichkeit eine grüne (leuchtet bis 50 Grad), eine gelbe und eine rote (leuchtet ab 60 Grad) – mit drei GPIOs des Raspberry Pi verbinden. Ich habe die Pins 22, 24 und 26 mit den BCM-Nummern 25, 8 und 7 verwendet (siehe Abbildung 17.2).

Auf dem Raspberry Pi können Sie die CPU-Temperatur einer Systemdatei entnehmen. Diese enthält den Zahlenwert in Tausendstel Grad:

```
cat /sys/class/thermal/thermal_zone0/temp
  48312
```

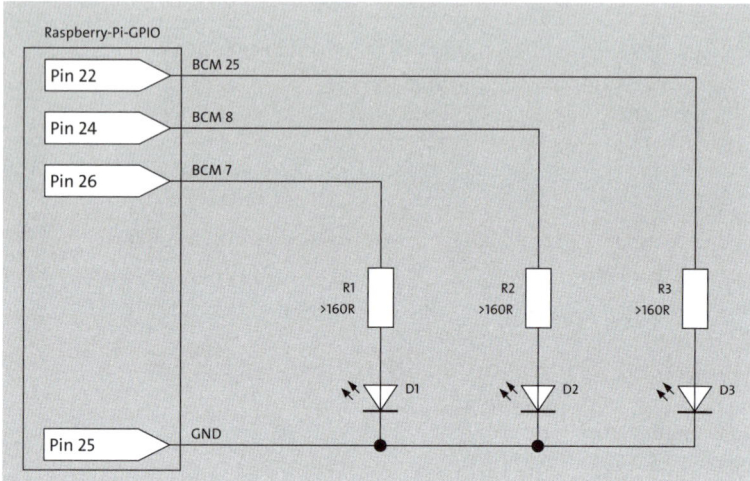

Abbildung 17.2 Eine Leuchtdiodenampel

Code

Das folgende Programm liest die Temperaturdatei einmal pro Sekunde ein und ruft dann die Funktion turnOnOffLEDS auf. Dort wird der gewünschte Status für die drei Leuchtdioden zuerst in den Variablen statR, statY und statG gespeichert. Diese Variablen werden dann in drei output-Aufrufen ausgewertet.

Das Programm läuft nach dem Start unbegrenzt weiter, kann aber mit ⟨Strg⟩+⟨C⟩ jederzeit beendet werden. Die try/except-Konstruktion kümmert sich darum, dass dabei keine unschönen Fehlermeldungen auftreten und alle GPIO-Pins wieder freigegeben werden.

```
# Beispieldatei gpio-cputemp.py
import RPi.GPIO as gpio
import time
```

```
# je nach Temperatur die entsprechende LED einschalten
def turnOnOffLEDs(temp):
    if temp < 50:
      (statR, statY, statG) = (0, 0, 1)
    elif temp > 60:
      (statR, statY, statG) = (1, 0, 0)
    else:
      (statR, statY, statG) = (0, 1, 0)
    gpio.output(r, statR)      # rot
    gpio.output(y, statY)      # gelb
    gpio.output(g, statG)      # grün

# Setup
gpio.setmode(gpio.BOARD)       # Pin-Nummern verwenden
(r, y, g) = (22, 24, 26)
for pin in [r, y, g]:
  gpio.setup(pin, gpio.OUT)    # als Ausgang verwenden
  gpio.output(pin, gpio.LOW)   # ausschalten

# LEDs einmal pro Sekunde aktualisieren
print('Programmende mit Strg+C')
fname = '/sys/class/thermal/thermal_zone0/temp'
try:
    while True:
        with open(fname, 'rt') as f:
            temp = int(f.readline()) / 1000
        print(temp)
        turnOnOffLEDs(temp)
        time.sleep(1)
except KeyboardInterrupt:
    print('Programmende')
finally:
    # GPIOs wieder freigeben
    gpio.cleanup()
```

17

Test

Um das Programm auszuprobieren, installieren und starten Sie in einem zweiten Terminalfenster das Programm `sysbench`. Dieses Benchmark-Programm lastet die CPU für eine Weile voll aus. Die CPU-Temperatur steigt beinahe sofort auf über 50 Grad und überschreitet nach einigen Sekunden auch 60 Grad.

```
sudo apt install sysbench
sysbench --test=cpu --cpu-max-prime=20000 --num-threads=4
    run
```

17.3   GPIO-Zugriff mit »gpiozero«

Das `gpiozero`-Modul ist eine Alternative zu dem in den vorigen beiden Abschnitten präsentierten `RPi.GPIO`-Modul. Sein Hauptvorteil besteht darin, dass das Modul viel stärker objektorientiert ist. Für viele häufig benötigte Hardwarekomponenten gibt es eigene Klassen, beispielsweise:

▶ `LED` (Leuchtdiode)
▶ `PWMLED` (Leuchtdiode mit Software Pulse Width Modulation)
▶ `RGBLED` (dreifarbige LED, die über drei GPIO-Ausgänge gesteuert wird)
▶ `TrafficLights` (Kombination aus einer roten, gelben und grünen LED)
▶ `MotionSensor` (für PIR-Bewegungssensoren)
▶ `LightSensor` (Lichtdetektor)
▶ `Button` (Taster)
▶ `Buzzer` (Summer)
▶ `Motor` (zur Steuerung von zwei GPIOs für Vorwärts- und Rückwärts-Signale)
▶ `Robot` (zur Steuerung mehrerer Motoren)
▶ `MCP3008` (für den gleichnamigen A/D-Konverter)

Einen vollständigen Klassenüberblick finden Sie hier:

https://gpiozero.readthedocs.io/en/v1.4.1/api_generic.html

BCM-Nummern statt Pins

Beim `gpiozero`-Modul werden die GPIOs ausschließlich über die Nummern der BCM-Dokumentation adressiert, nicht über die Pin-Nummern!

Ob Sie die `gpiozero`-Bibliothek oder `RPi.GPIO` vorziehen, ist letztlich eine Geschmacksfrage. Im Internet dominieren Anleitungen für `RPi.GPIO`. Das hat damit zu tun, dass `RPi.GPIO` von Anfang an zur Verfügung stand, während die `gpiozero`-Bibliothek erst viel später entwickelt wurde.

Nochmals die CPU-Temperatur visualisieren

Für eine ausführliche Beschreibung des `gpiozero`-Moduls fehlt hier der Platz. Stattdessen zeige ich Ihnen eine `gpiozero`-Variante des Programms aus Abschnitt 17.2, »LED-Ampel für die CPU-Temperatur«.

Das Listing demonstriert die Anwendung der `LED`-Klasse. Beim Erzeugen der Objekte geben Sie die BCM-Nummer an. In der Folge können Sie die Leuchtdiode mit den Methoden `on` und `off` ein- und ausschalten.

```
from gpiozero import LED
import time

# je nach Temperatur die entsprechende LED einschalten
def turnOnOffLEDs(temp):
    if temp < 50:
      ledG.on();  ledY.off(); ledR.off()
    elif temp > 60:
      ledG.off(); ledY.off(); ledR.on()
    else:
      ledG.off(); ledY.on();  ledR.off()

# Setup
ledR = LED(25)     # BCM-Nummern, entspricht Pin 22
ledY = LED(8)      # ... Pin 24
ledG = LED(7)      # ... Pin 26
```

```
for led in [ledR, ledY, ledG]:
  led.off()

# LEDs einmal pro Sekunde aktualisieren
fname = '/sys/class/thermal/thermal_zone0/temp'
try:
    while True:
        with open(fname, 'rt') as f:
            temp = int(f.readline()) / 1000
        turnOnOffLEDs(temp)
        time.sleep(1)
except KeyboardInterrupt:
    print('Programmende')
```

17.4   Sense HAT

Im letzten Abschnitt dieses Kapitels erkläre ich Ihnen, wie Sie das *Sense HAT* mit Python steuern. Dabei handelt es sich um ein Erweiterungs-Board für den Raspberry Pi (siehe Abbildung 17.3). Es stellt die folgenden Funktionen zur Verfügung:

▶ eine Matrix von 8 × 8 RGB-Leuchtdioden, die in verschiedenen Farben leuchten können

▶ einen Mini-Joystick

▶ diverse Sensoren für Beschleunigung, Rotation, Magnetismus, Temperatur, Luftfeuchtigkeit und Luftdruck

Die Abkürzung HAT steht für *Hardware Attached on Top*. Das bedeutet, dass das Board direkt auf die Steckerleiste des Raspberry Pi gesteckt werden kann. Die zur Ansteuerung des Sense HAT erforderlichen Bibliotheken inklusive des sense_hat-Moduls sind bei aktuellen Raspbian-Versionen standardmäßig installiert. (Bei älteren Raspbian-Installationen führen Sie gegebenenfalls sudo apt install sense-hat aus und starten den Minicomputer dann neu.)

Abbildung 17.3 Raspberry Pi mit aufgesetztem Sense HAT

»Hello, Sense HAT!«

Das sense_hat-Modul macht erste Tests des Boards denkbar einfach. Sie erzeugen ein Objekt der SenseHat-Klasse und können dann mit show_ message eine Laufschrift anzeigen. Je nachdem, in welcher Lage sich der Raspberry Pi Ihnen gegenüber befindet, können Sie das Display durch die Veränderung der rotation-Eigenschaft in 90-Grad-Schritten rotieren.

```python
# Beispieldatei hello-sense.py
from sense_hat import SenseHat
sense = SenseHat()
sense.rotation = 180  # Display-Rotation
sense.show_message('Hello, Sense HAT!')
```

Das Display Pixel für Pixel steuern

Mit clear können Sie das gesamte Display in einer Farbe zum Leuchten bringen. Die Farbe übergeben Sie als Tupel oder Liste mit drei Werten zwischen 0 und 255 für den Rot-, Grün- und Blau-Farbanteil. Das Display leuchtet nach dem Programmende weiter. Wenn Sie das nicht möchten, führen Sie clear ohne Parameter aus und schalten so alle LEDs aus.

```
# Beispieldatei sense-pixel.py
from sense_hat import SenseHat
import time

sense = SenseHat()
blue = (0, 0, 255)
sense.clear(blue)    # ganzes Display leuchtet blau
time.sleep(2)
sense.clear()        # Display ausschalten
```

Mit set_pixel(x, y, farbe) bringen Sie ein Pixel an einem beliebigen Koordinatenpunkt in der gewünschten Farbe zum Leuchten. Das Koordinatensystem hat seinen Ursprung links oben, die Achsen zeigen nach rechts und nach unten.

```
# LED links oben rot
red = (255, 0, 0)
sense.set_pixel(0, 0, red)
```

Wenn Sie alle 64 Pixel auf einmal verändern möchten, verwenden Sie die Methode set_pixels. Sie erwartet eine Liste mit 64 Farbtupeln. Die ersten 8 Listeneinträge gelten für die erste Zeile, die nächsten 8 für die zweite Zeile usw.

In den folgenden beiden Schleifen wird eine geeignete Liste zusammengestellt. Dabei ergibt sich ein Verlauf zwischen den Farben Schwarz, Rot, Grün und Weiß.

```
lst = []
for row in range(8):
    for col in range(8):
        lst += [(row*32, col*32, 0)]
sense.set_pixels(lst)
```

Pixel mit Joystick bewegen

Die Auswertung von Joystick-Bewegungen ist genauso einfach wie die Steuerung der LEDs. Mit `stick.wait_for_event` warten Sie darauf, dass ein Joystick-Ereignis eintritt. Anschließend werten Sie das `InputEvent`-Objekt aus, das `wait_for_event` zurückliefert:

```
from sense_hat import SenseHat
sense = SenseHat()
while True:
    event = sense.stick.wait_for_event()
    print('joystick %s %s' %
        (event.action, event.direction))
# Ausgabe beispielsweise:
#   joystick pressed right
#   joystick released right
#   joystick pressed middle
#   joystick released middle
```

Die Eigenschaften `action` und `direction` liefern simple Zeichenketten. Beachten Sie, dass die `direction`-Eigenschaft unabhängig von der im vorigen Abschnitt vorgestellten `rotation`-Eigenschaft ist. »Rechts« bezieht sich immer auf die Normallage des Raspberry Pi (Stromversorgung unten, USB- und Netzwerkanschlüsse rechts, GPIO-Leiste oben).

Das folgende Beispielprogramm beginnt damit, dass in der Mitte des Displays ein Pixel gesetzt wird. Mit dem Joystick können Sie dieses Pixel nun bis an den Rand des Displays bewegen – aber nicht darüber hinaus. Die Funktion `setLED` ist dafür zuständig, die Leuchtdiode an der gerade aktuellen Position rot leuchten zu lassen, diejenige an der bisherigen Position aber auszuschalten.

In der `while`-Schleife wartet das Programm auf das nächste Joystick-Ereignis, wobei das Loslassen (`'released'`) ignoriert wird. Sofern `x` und `y` den zulässigen Wertebereich nicht über- oder unterschreiten, werden die Koordinaten wunschgemäß angepasst.

17

```python
# Beispielprogramm sense-joystick.py
from sense_hat import SenseHat
from time import sleep

# LED an aktueller Position einschalten, an der
# bisherigen ausschalten
def setLED(x, y):
    global oldX, oldY
    sense.set_pixel(oldX, oldY, (0, 0, 0)) # aus
    sense.set_pixel(x, y, (255, 0, 0))     # rot
    # neue Position merken
    (oldX, oldY) = (x, y)

# Setup
sense = SenseHat()
sense.clear()
(x, y)       = (4, 4)  # Startposition
(oldX, oldY) = (0, 0)  # vorige Position
setLED(x, y)

# Event-Loop, bis Strg+C gedrückt wird
try:
    while True:
        event = sense.stick.wait_for_event()
        if event.action == 'released':
            continue
        direct = event.direction
        if direct == 'left' and x>0:
            x -= 1
        if direct == 'right' and x<7:
            x += 1
        if direct == 'up' and y>0:
            y -= 1
        if direct == 'down' and y<7:
            y += 1
```

```
        # LED an neuer Position einschalten
        setLED(x, y)
except KeyboardInterrupt:
    sense.clear()
```

Pixel mit dem Gyroscope-Sensor bewegen

Das Sense HAT enthält ein Gyroskope, das die aktuelle Drehung des Raspberry Pi um dessen Achsen feststellt. Wenn Sie die Methode get_orientation ausführen, erhalten Sie drei Winkel mit einem Wertebereich von jeweils 0 bis 360 Grad. Uns interessieren hier nur zwei: roll gibt die Drehung um die Längsachse an, pitch die Rotation um die Querachse. Hintergrundinformationen zu diesen Winkeln finden Sie hier:

https://projects.raspberrypi.org/en/projects/sense-hat-marble-maze/7
https://de.wikipedia.org/wiki/Roll-Nick-Gier-Winkel

roll und pitch verraten uns also, ob der Raspberry Pi samt dem aufgesteckten Sense HAT eben liegt (dann sind beide Winkel nahe 0 bzw. 360) oder um seine Achsen gekippt wurde.

Zur anschaulichen Interpretation dieser Daten greifen wir das vorhin präsentierte Beispielprogramm nochmals auf. Aber anstatt die leuchtende LED nun durch den Joystick zu steuern, kippen Sie den Raspberry Pi in die entsprechende Richtung. Die leuchtende LED »rollt« wie eine Kugel in diese Richtung, bis das Ende des Displays erreicht ist. Das funktioniert auch diagonal, wenn der Minicomputer in beiden Achsen verdreht ist.

Am Beispielprogramm ändert sich nur die while-Schleife mit der Auswertung der get_orientation-Ergebnisse:

```
# Beispieldatei sensor-motion.py
# ...
# Importe, setLED() und Setup wie in sensor-joystick.py
while True:
    o = sense.get_orientation()
    # Raspberry Pi nach links gekippt
    if 20 < o['pitch'] < 90 and x>0:
        x -= 1
```

```
# Raspberry Pi nach rechts gekippt
if 270 < o['pitch'] < 340 and x<7:
    x += 1
# nach hinten gekippt
if 270 < o['roll'] < 340 and y>0:
    y -= 1
# nach vorne gekippt
if 20 < o['roll'] < 90 and y<7:
    y += 1
# LED an neuer Position einschalten
setLED(x, y)
sleep(0.3)
```

Kapitel 18

Grafische Benutzeroberflächen

Bisher liefen alle Beispielprogramme in diesem Buch im Textmodus, konnten also nur in einem Terminal- oder Konsolenfenster ausgeführt und bedient werden. In diesem Kapitel werde ich Ihnen zeigen, dass Sie mit Python auch Programme entwickeln können, die über eine grafische Benutzeroberfläche bedient werden können, die also ein *Graphical User Interface* (GUI) aufweisen.

Python stellt zu diesem Zweck verschiedene Module zur Auswahl. Ich konzentriere mich hier auf das `PyQt5`-Modul, das eine Verbindung zwischen Python und der plattformübergreifenden Qt-Bibliothek herstellt. Qt ist eine ausgesprochen professionelle Bibliothek, deren Möglichkeiten ich hier nicht einmal andeuten kann.

https://www.qt.io/developers
http://pyqt.sourceforge.net/Docs/PyQt5

Mögliche Alternativen wären `pygtk`, `tkinter` oder `wxPython`. Der Nachteil dieser Module besteht darin, dass sie weniger Gestaltungsmöglichkeiten bieten und die resultierenden Programme oft nicht so schön aussehen. Ihr Vorteil liegt darin, dass die Handhabung mitunter ein wenig einfacher ist (z. B. bei `tkinter`).

18

Ganz generell ist es unwahrscheinlich, dass Sie mit Python hochkomplexe GUIs entwickeln. Dazu werden in der Regel andere Programmiersprachen verwendet (C#, Java etc.). Vielmehr geht es oft nur darum, den Aufruf eines kleinen Python-Tools ein wenig komfortabler zu machen. Anstelle von Kommandooptionen kann die Steuerung dann über einen kleinen Dialog erfolgen.

18.1   »Hello, Qt!«

Wie üblich müssen Sie PyQt5 zuerst installieren. Dabei ist zu beachten, dass das übliche Kommando pip3 install auf dem Raspberry Pi nicht funktioniert. Dort müssen Sie PyQt5 als Raspbian-Paket installieren:

```
pip install pyqt5              (Windows)
pip3 install pyqt5             (macOS, Linux)
sudo apt install python3-pyqt5 (Raspbian)
```

Hinweis

Auf einem meiner Linux-Testrechner gelang die Installation nur mit der zusätzlichen Option --user, also pip3 install --user pyqt5.

Nun wird es Zeit für das Hello-World-Programm, das diesmal »Hello, Qt!« heißt (siehe Abbildung 18.1). Der Code ist kurz, bedarf aber einiger Erläuterungen, die gleich folgen. (Auf jeden Fall sollten Sie vorher Kapitel 11, »Objektorientierte Programmierung«, lesen!)

```python
# Beispieldatei qt-hw.py
import sys
from PyQt5 import QtCore, QtWidgets
from PyQt5.QtWidgets import QMainWindow, QLabel, QWidget
from PyQt5.QtCore import QSize

class MyWindow(QMainWindow):
    def __init__(self):
        # Konstruktor von QMainWindow aufrufen
        super().__init__()

        # Fenstergröße und Titel einstellen
        self.setMinimumSize(QSize(300, 100))
        self.setWindowTitle('Hello, Qt!')
```

```
          # Title-Widget erzeugen und in Fenster einbetten
          title = QLabel('Hello, Qt!', self)
          title.setAlignment(QtCore.Qt.AlignCenter)
          self.setCentralWidget(title)

# Fenster öffnen; das Programm läuft, bis das
# Fenster geschlossen wird
app = QtWidgets.QApplication(sys.argv)
win = MyWindow()
win.show()
sys.exit(app.exec_())
```

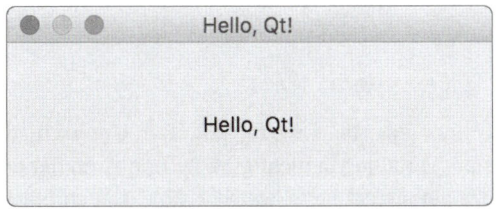

Abbildung 18.1 Das Hello-Qt-Programm unter macOS

Der Code beginnt mit der Definition der Klasse MyWindow. Diese Klasse ist von QMainWindow abgeleitet, einer von Qt vorgesehenen Basisklasse für das Hauptfenster einer Applikation. Im Konstruktor der eigenen Klasse wird zuerst der Konstruktor der Basisklasse aufgerufen. Die folgenden zwei Zeilen stellen die minimale Fenstergröße und den Titel des Fensters ein.

Allerdings wäre das Fenster jetzt leer. Um einen Text anzuzeigen, erzeugt das Programm ein QLabel-Steuerelement mit dem gewünschten Text. (Steuerelemente werden in Qt auch *Widgets* genannt.) Dank setAlignment wird der Text im Steuerelement zentriert dargestellt. Das Fenster muss nun noch in das Hauptfenster eingefügt werden. Diese Aufgabe übernimmt die Methode setCentralWidget.

Die restlichen vier Zeilen erzeugen zuerst ein QApplication-Objekt, an das alle Argumente übergeben werden, die beim Start des Programms angegeben wurden. Im nächsten Schritt wird ein Objekt der MyWindow-Klasse

18

erzeugt und angezeigt. Dank `exec_` läuft das Programm nun, bis das Fenster geschlossen wird. Der Rückgabewert von `exec_` wird an `sys.exit` weitergegeben.

Wenn Sie weder an Kommandoargumenten noch am Rückgabewert von `exec_` interessiert sind, können Sie die letzten vier Zeilen noch ein wenig reduzieren:

```
app = QtWidgets.QApplication([])
win = MyWindow()
win.show()
app.exec_()
```

Beachten Sie aber, dass es nicht zulässig ist, die zweite und dritte Zeile durch die folgende Anweisung zu ersetzen:

```
MyWindow().show()  # funktioniert nicht!
```

Nur auf den ersten Blick sieht das gleichwertig aus. Der Unterschied besteht aber darin, dass es die Variable `win` nicht gibt. Python kann daher nicht erkennen, dass Sie das gerade erzeugte `MyWindow`-Objekt noch brauchen. Die automatische *Garbage Collection* (siehe Abschnitt 13.1) entfernt das Objekt sofort wieder aus dem Speicher. Wenn überhaupt, sehen Sie das Fenster nur für ein paar Millisekunden auf dem Bildschirm aufblitzen.

In den folgenden Beispielprogrammen wird die Struktur des Programms gleich bleiben. Allerdings werden im Fenster nun mehrere Steuerelemente angeordnet und ihre Ereignisse verarbeitet.

Qt Designer

In diesem Kapitel fügen Sie alle Steuerelemente per Code in das Hauptfenster ein. Alternativ besteht die Möglichkeit, die Oberfläche mit dem Programm *Qt Designer* zu erstellen. Für komplexere Oberflächen ist dieser Weg definitiv vorzuziehen, aber in diesem Buch fehlt der Platz, auch noch den Qt Designer, dessen Handhabung und die Nutzung der resultierenden Dateien zur Beschreibung der Oberfläche zu erläutern.

http://pyqt.sourceforge.net/Docs/PyQt5/designer.html

---

libEGL-Warnung auf dem Raspberry Pi

Wenn Sie Python-Programme auf der Basis von PyQt5 auf dem Raspberry Pi ausführen, erscheint die folgende Warnung:

```
libEGL Warning: DRI2: failed to authenticate
qt5ct: using qt5ct plugin
```

Die Warnungen haben damit zu tun, dass unter Raspbian keine Hardware-3D-Unterstützung für Open GL zur Verfügung steht. Qt-Programme laufen dennoch, aber eventuell ein wenig langsamer als auf anderen Systemen. (Wenn Sie tatsächlich 3D-Funktionen nutzen, ist der Geschwindigkeitsnachteil sogar erheblich – aber bei den Beispielprogrammen aus diesem Buch ist das nicht der Fall.)

18.2   Buttons platzieren und nutzen

Zur Gestaltung einer Benutzeroberfläche müssen Sie Steuerelemente (in der Qt-Sprache *Widgets*) erzeugen und innerhalb des Fensters anordnen. In diesem Abschnitt lernen Sie einige grundlegende Steuerelemente kennen, z. B. Buttons, Labels, Textfelder, Optionsfelder und Checkboxes. Außerdem zeige ich Ihnen, wie Sie die Steuerelemente wahlweise manuell oder automatisch durch sogenannte *Layouts* platzieren.

Gewöhnliche Buttons

Wenn Sie einen Button benötigen, erzeugen Sie ein Objekt der QPushButton-Klasse (siehe Abbildung 18.2). An den Konstruktor übergeben Sie den Button-Text und den Container, in dem der Button dargestellt werden soll – im folgenden Beispiel einfach das Hauptfenster (self). Mit den Methoden move und resize bestimmen Sie, wo und in welcher Größe der Button erscheint. Bei der Einstellung der Größe ist die Methode sizeHint praktisch: Sie ermittelt, soweit möglich, die optimale Größe eines Steuerelements.

18

Abbildung 18.2 Buttons ausprobieren

Damit Ihr Programm auf Button-Klicks reagiert, müssen Sie das entsprechende Ereignis mit einer eigenen Funktion verbinden (also clicked.connect(func)).

Die Funktion clicked2 zeigt auch, wie Qt-Programme korrekt beendet werden: mit der quit-Methode, die auf ein QApplication-Objekt (Variable app) angewendet wird.

```
# Beispielprogramm qt-buttons.py
from PyQt5 import QtCore, QtWidgets
from PyQt5.QtWidgets import QMainWindow, QPushButton
from PyQt5.QtCore import QSize

class MyWindow(QMainWindow):
    def __init__(self):
        # Konstruktor von QMainWindow aufrufen
        super().__init__()

        # Fenstergröße und Titel einstellen
        self.setMinimumSize(QSize(300, 100))
        self.setWindowTitle('Buttons')

        # Button-Widgets erzeugen und in Fenster einbetten
        b1 = QPushButton('Button 1', self)
        b1.move(50, 30)
        b1.resize(120, 25)
        b1.clicked.connect(self.clicked1)
```

```
        b2 = QPushButton('Button 2 (Programmende)', self)
        b2.move(50, 60)
        b2.resize(b2.sizeHint())    # optimale Größe
        b2.clicked.connect(self.clicked2)

    # Funktionen zur Reaktion auf Button-Klicks
    def clicked1(self):
        print('Button 1 wurde angeklickt.')

    def clicked2(self):
        print('Button 2 wurde angeklickt. Programmende.')
        app.quit()

# Main-Code wie im Hello-Qt-Beispiel ...
```

Auswahlhäkchen (Checkboxes) und Radio-Buttons

Zur Darstellung von Checkboxes und Radio-Buttons sieht Qt die Klassen QCheckBox und QRadioButton vor. Sie werden im Prinzip wie die Klasse QButton eingesetzt. Bei der Ereignisverarbeitung ist es aber oft zweckmäßig, anstelle von clicked auf toggled zurückzugreifen. Die zugeordnete Funktion wird immer dann aufgerufen, wenn ein Optionsfeld seinen Status ändert. Alle Radio-Buttons in einem Container bilden automatisch eine Gruppe. Beim Anklicken eines Optionsfelds kommt es deswegen meist zu *zwei* Ereignissen: Ein Radio-Button wechselt den Status auf False, ein anderer auf True.

Wenn Sie die Statuswechsel mehrerer Buttons in einer Funktion oder Methode verarbeiten möchten, können Sie auf die sender-Methode zurückgreifen. Diese Methode liefert das Objekt, das das aktuelle Ereignis ausgelöst hat.

Das folgende Beispielprogramm erzeugt einen Dialog mit jeweils fünf Auswahlhäkchen und Radio-Buttons (siehe Abbildung 18.3). Bei jeder Statusänderung wird die Methode toggled aufgerufen. Außerdem listet das Programm nach dem Schließen des Fensters eine Zusammenfassung aller Button-Zustände auf.

18

345

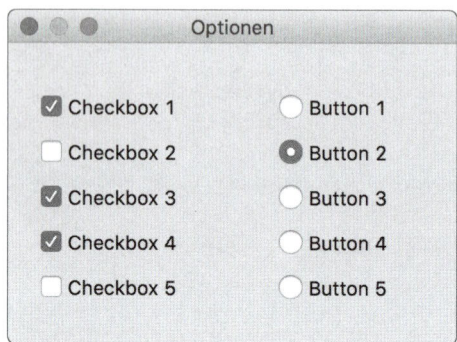

Abbildung 18.3 Checkboxes und Radio-Buttons

```
# Beispieldatei qt-checkboxes.py
from PyQt5 import QtCore, QtWidgets
from PyQt5.QtWidgets import QMainWindow, QCheckBox,
    QRadioButton
from PyQt5.QtCore import QSize

class MyWindow(QMainWindow):
    def __init__(self):
        global checkboxes, radios
        # Konstruktor von QMainWindow aufrufen
        super().__init__()

        # Fenstergröße und Titel einstellen
        self.setMinimumSize(QSize(300, 200))
        self.setWindowTitle('Optionen')

        for i in range(1, 6):
            c = QCheckBox('Checkbox %d' % (i), self)
            c.resize(100, 25)
            c.move(20, 30 * i)
            checkboxes += [c]
            c.toggled.connect(self.toggled)
```

```
            r = QRadioButton('Button %d' % (i), self)
            r.resize(100, 25)
            r.move(180, 30 * i)
            radios += [r]
            r.toggled.connect(self.toggled)

    # Reaktion auf Statusänderung
    def toggled(self):
        c = self.sender()
        print(c.text(), c.isChecked())

# Fenster öffnen; das Programm läuft, bis das
# Fenster geschlossen wird
app = QtWidgets.QApplication([])
checkboxes = []  # alle Optionsfelder in Listen
radios = []      # speichern (zur späteren Auswertung)
win = MyWindow()
win.show()
app.exec_()

# vor dem Programmende den Zustand aller Optionen ausgeben
for c in checkboxes:
    print(c.text(), c.isChecked())

for r in radios:
    print(r.text(), r.isChecked())
```

18.3   Textfelder, Grid-Layout und Nachrichtenboxen

Die QLabel-Klasse haben Sie im Hello-Qt-Beispiel bereits kennengelernt. Sie dient dazu, unveränderliche Texte anzuzeigen, z. B. eine Fehlermeldung oder die Beschriftung eines anderen Steuerelements. Für einzeilige Eingabefelder sieht Qt die Klasse QLineEdit vor. Den eingegebenen Text können Sie über die Methode text auslesen. Bei Passwortfeldern erreichen Sie mit `setEchoMode(QLineEdit.Password)`, dass anstelle der Eingabe nur Punkte angezeigt werden.

Das folgende Beispielprogramm ist schon relativ umfangreich: Der Anwender bzw. die Anwenderin wird in einem Dialog dazu aufgefordert, Name, E-Mail-Adresse und Passwort anzugeben (siehe Abbildung 18.4). Mit OK werden die Eingaben kontrolliert: Name und E-Mail-Adresse dürfen nicht leer sein, die beiden Passworteingaben müssen zumindest acht Zeichen lang sein und übereinstimmen.

Abbildung 18.4 Die Steuerelemente im Hauptfenster sind in einem Raster angeordnet (Grid-Layout).

Der Code beginnt mit den üblichen Importen. Die explizite Nennung aller Klassen können Sie mit `import *` vermeiden – das gilt aber nicht als guter Stil.

Der Konstruktor von `MyWindow` beginnt mit `global txts`. Die Variable `txts` gibt Zugriff auf alle vier Textfelder, bei Bedarf auch außerhalb des Klassencodes.

Grid-Layout

Die bisherigen Beispielprogramme haben Position und Größe der Steuerelemente immer statisch festgelegt. In diesem Beispiel zeige ich Ihnen eine andere Variante: In Qt können Sie leere Steuerelemente (Widgets) mit diversen Layouts verbinden. Diese Layouts kümmern sich dann darum, die im Container enthaltenen Steuerelemente automatisch anzuordnen. Das Layout funktioniert auch dann noch korrekt, wenn sich bei einem Label die Textlänge ändert – und es passt sich automatisch an die Fenstergröße an. Wenn Sie beim Beispielprogramm das Fenster breiter machen, werden auch die Textfelder entsprechend breiter. Das macht die Eingabe langer Texte übersichtlicher.

In diesem Beispiel kommt das Grid-Layout zum Einsatz. Es hilft dabei, Steuerelemente in einer beliebigen Anzahl von Reihen und Spalten anzuordnen. Zu beachten ist, dass Sie mit setLayout nicht das Layout des Hauptfensters verändern dürfen. Deswegen wird dort zuerst ein leeres Widget als Container eingefügt und dessen Layout verändert.

In das Layoutobjekt können Sie nun mit addWidget Steuerelemente an einer beliebigen Zeile und Spalte (2. und 3. Parameter) einfügen. Optional geben Sie im vierten Parameter an, ob das Steuerelement links- oder rechtsbündig angezeigt werden soll. Fehlt diese Information, nutzt das Steuerelement die gesamte zur Verfügung stehende Breite.

```python
# Beispieldatei qt-text.py
from PyQt5 import QtCore, QtWidgets
from PyQt5.QtWidgets import QMainWindow, QWidget,
  QPushButton, QGridLayout, QLabel, QLineEdit, QMessageBox
from PyQt5.QtCore import QSize

class MyWindow(QMainWindow):
    def __init__(self):
        global txts

        # Konstruktor von QMainWindow aufrufen
        super().__init__()

        # Fenstergröße und Titel einstellen
        self.setMinimumSize(QSize(350, 200))
        self.setWindowTitle('Textfelder im Grid-Layout')
```

18

```
# Grid-Layout für Widget in Main-Window (Layout von
# Main-Window kann nicht verändert werden)
wid = QWidget(self)     # vorerst leerer Container
self.setCentralWidget(wid)
grid = QGridLayout()
wid.setLayout(grid)

# erste Reihe: Beschriftung
row = 0
for s in ['Name', 'E-Mail', 'Passwort',
          'Passwort (Wiederholung)']:
    lbl = QLabel(s)
    lbl.resize(lbl.sizeHint())
    grid.addWidget(lbl, row, 1,
                   QtCore.Qt.AlignRight)
    row += 1

# zweite Reihe: Textfelder
for row in range(4):
    txt = QLineEdit()
    if row >= 2:
        txt.setEchoMode(QLineEdit.Password)
    grid.addWidget(txt, row, 2)
    txts += [txt]

# fünfte Zeile: Buttons
b = QPushButton('Abbrechen')
b.clicked.connect(self.cancel)
grid.addWidget(b, 5, 1, QtCore.Qt.AlignRight)
b = QPushButton('OK')
b.clicked.connect(self.ok)
grid.addWidget(b, 5, 2, QtCore.Qt.AlignLeft)
```

Nachrichtenbox anzeigen

Die Methode für den OK-Button überprüft, ob die Eingaben sinnvoll sind. Ist dies nicht der Fall, weist das Programm in einer einfachen Textbox auf den Fehler hin. Stellt die Methode dagegen keine Fehler fest, gibt sie die Eingaben aus und beendet dann das Programm. Die QMessageBox-Klasse bietet auch die Möglichkeit, Boxen mit Warn-Icons und mehreren Buttons darzustellen. Einen Überblick über die Gestaltungsmöglichkeit gibt die API-Referenz der Klasse:

http://pyqt.sourceforge.net/Docs/PyQt4/qmessagebox.html

```
# Beispieldatei qt-text.py (Fortsetzung)
class MyWindow(QMainWindow):
    ...

    # Abbrechen-Button: Programmende
    def cancel(self):
        app.quit()

    # OK-Button: Textfelder auswerten
    def ok(self):
        if txts[0].text().strip() == '':
            QMessageBox.about(self, 'Fehler',
                'Geben Sie Ihren Namen an!')
            return
        if txts[1].text().strip() == '':
            QMessageBox.about(self, 'Fehler',
                'Geben Sie Ihre E-Mail-Adresse an!')
            return
        if txts[2].text() != txts[3].text():
            QMessageBox.about(self, 'Fehler',
                'Die Passwörter stimmen nicht überein!')
            return
        if len(txts[2].text())<8:
            QMessageBox.about(self, 'Fehler',
                'Die Passwörter sind zu kurz!')
            return
```

18

```
# alles OK: Daten ausgeben, Ende
print(txts[0], txts[1], txts[2])
app.quit()
```

Der Main-Code des Scripts ist wie bei den bisherigen Beispielen ausgesprochen kurz:

```
txts = []
app = QtWidgets.QApplication([])
win = MyWindow()
win.show()
app.exec_()
```

18.4   Dateiauswahl

Mit `getOpenFileName` (eine Datei öffnen), `getOpenFileNames` (mehrere Dateien öffnen) oder `getSaveFileName` (eine Datei speichern) können Sie einen Dateiauswahldialog anzeigen.

Die drei statischen Methoden der `QFileDialog`-Klasse geben das Ergebnis der Auswahl in Form eines zweiteiligen Tupels zurück. Das erste Tupelelement enthält den Dateinamen bzw. bei `getOpenFileNames` eine Liste von Dateinamen. Das zweite Element gibt an, welchen Filter der Benutzer im Dateiauswahldialog eingestellt hat (z. B. `'All Files (*)'`). Falls der Benutzer die Auswahl abgebrochen hat, hat das Ergebnistupel eine der beiden folgenden Formen:

```
('', '')
([], '')
```

Durch diverse optionale Parameter können Sie das Startverzeichnis, die zur Auswahl stehenden Dateikennungen (z. B. nur *.pdf-Dateien) etc. steuern. Zur Auswahl eines Verzeichnisses gibt es außerdem die Methode `getExistingDirectory`. Einen guten Überblick über die diversen Varianten finden Sie hier:

http://pyqt.sourceforge.net/Docs/PyQt4/qfiledialog.html

Warnung unter macOS

Unter macOS erscheint beim Anzeigen des Auswahldialogs im Terminal die folgende Warnung (hier etwas gekürzt):

Class FIFinderSyncExtensionHost is implemented in both FinderKit and FinderSyncCollaborationFileProviderOverride. One of the two will be used. Which one is undefined.

Das bedeutet, dass der Dateiauswahldialog in zwei Klassen definiert ist. In der Praxis ergeben sich daraus zum Glück keine Probleme. Für Python-Entwickler ist es aktuell unmöglich, das Problem zu beheben — verantwortlich ist offensichtlich eine Doppelgleisigkeit in den macOS-APIs.

Beispiel

Im folgenden Beispielprogramm können Sie eine Datei auswählen. Das Hauptfenster zeigt anschließend an, wie groß die Datei ist und wie viele Zeilen Text sie enthält (siehe Abbildung 18.5).

Der Code des MyWindow-Konstruktors ist aus Platzgründen nur unvollständig abgedruckt. Das Konzept ist wie im Beispiel aus Abschnitt 18.3, »Textfelder, Grid-Layout und Nachrichtenboxen«. Die Dateiinformationen werden in drei QLabel-Widgets dargestellt, die als Liste in der Instanzvariablen lbls gespeichert werden.

```
# Beispieldatei qt-file
import os, sys
from PyQt5 import QtCore, QtWidgets
from PyQt5.QtWidgets import QMainWindow, QWidget,
    QPushButton, QGridLayout, QLabel, QFileDialog
from PyQt5.QtCore import QSize

class MyWindow(QMainWindow):
    def __init__(self):
        global txts
```

18

```
        # Konstruktor von QMainWindow aufrufen
        super().__init__()

        # Grid-Layout ähnlich wie im Beispiel qt-text.py
        # ...

        # Label für Dateiname, -größe und Zeilen
        self.lbls = []
        for row in range(3):
            self.lbls += [QLabel('---')]
            grid.addWidget(self.lbls[row], row, 2)

    # Dateiauswahl-Button:
    def select(self):
        (fname, _) = QFileDialog.getOpenFileName(self)
        if fname != '':
            self.lbls[0].setText(fname)
            try:
                size = os.path.getsize(fname)
                self.lbls[1].setText(
                    '%d Byte' % (size))
                with open(fname, 'rt') as f:
                    n = len(f.readlines())
                    self.lbls[2].setText(
                        '%d Zeilen' % (n))
            except BaseException as ex:
                print('Fehler', ex)

# Programm läuft, bis das Fenster geschlossen wird
app = QtWidgets.QApplication([])
win = MyWindow()
win.show()
app.exec_()
```

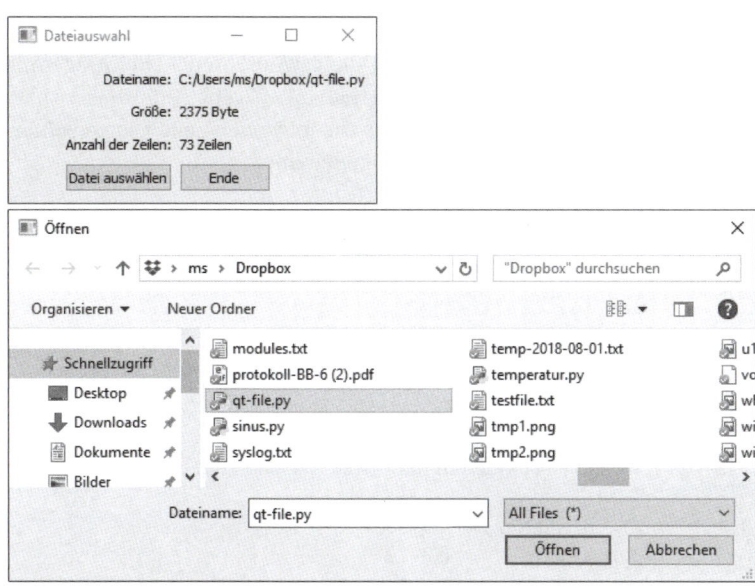

Abbildung 18.5 Datei auswählen und ihre Eigenschaften anzeigen

Der für diesen Abschnitt relevante Code befindet sich in der Methode select, die ausgeführt wird, wenn der Benutzer den Button DATEI AUSWÄHLEN anklickt. Vom Ergebnistupel der getOpenFileName-Methode ist nur der erste Teil interessant. Er wird in fname gespeichert.

Die Größe einer Datei ermitteln Sie mit der Methode getsize der Path-Klasse. Um die Anzahl der Zeilen herauszufinden, wird die ganze Datei mit readlines eingelesen. len ermittelt dann, wie viele Listenelemente es gibt.

18.5 Listenfelder

Die beiden wichtigsten Steuerelemente zur Darstellung von Listen sind die QComboBox (eine Dropdown-Liste mit optionalem Textfeld) und das QListWidget (ein großes Listenfeld, das mehrere Einträge gleichzeitig zur Auswahl stellt). Wie üblich lassen sich beide Steuerelemente durch diverse Eigenschaften auf vielfältige Art und Weise nutzen und darstellen.

18

Aus Platzgründen konzentriere ich mich hier aber auf die einfachste Anwendungsvariante: Dazu fügen Sie die gewünschten Texteinträge mit addItem hinzu und verarbeiten das itemClicked-Event (QListWidget) bzw. das comboIndexChanged-Event (QDropBox). Die folgenden Zeilen zeigen einen minimalen Mustercode für beide Steuerelemente.

```
from PyQt5.QtWidgets import QListWidget, QComboBox
class MyWindow(QMainWindow):
    def __init__(self):
        super().__init__()
        ... (Initialisierungsarbeiten)
        lw = QListWidget()
        lw.addItem('abc')
        lw.addItem('efg')
        lw.itemClicked.connect(self.listItemSelected)

        cb = QComboBox()
        cb.addItem('abc')
        cb.addItem('efg')
        cb.currentIndexChanged.connect(
                            self.comboIndexChanged)
        ... (Widgets in Fenster/Grid einfügen)

    # Listbox-Auswahl
    def listItemSelected(self, item):
        print(item.text())

    # Combobox-Auswahl
    def comboIndexChanged(self, index):
        print(index) # 0 = erster Eintrag
```

Beispiel: Länderauswahl

Das folgende Beispiel ist eine Erweiterung zu dem in Abschnitt 14.6, »XML-Dateien verarbeiten«, vorgestellten Beispiel, das eine Länderliste aus einer XML-Datei liest. Dieselbe XML-Datei wird nun verwendet, um eine

Dropdown-Liste mit Daten zu füllen. Wenn Sie das Programm starten, können Sie ein Land auswählen; die entsprechenden Ländercodes werden dann angezeigt (siehe Abbildung 18.6).

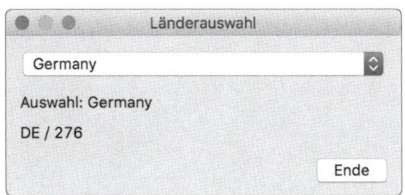

Abbildung 18.6 Dialog zur Länderauswahl

Die Klasse MyWindow verwendet wieder ein Grid-Layout, um eine Combo-Box, zwei Label und einen ENDE-Button in einem kleinen Dialog zu platzieren. Bei jeder Auswahl eines Listenelements wird die Methode comboIndexChanged ausgeführt. Sie aktualisiert die beiden Label.

Im Main-Code wird die XML-Datei in eine Liste mit dem folgenden Aufbau eingelesen (Variable countries).

```
[('Afghanistan', 'AF', '4'),
 ('Albania', 'AL', '8'),
  ...
]
```

```python
#!/usr/bin/env python3
import xml.etree.ElementTree as ET
from PyQt5 import QtCore, QtWidgets
from PyQt5.QtWidgets import QMainWindow, QWidget,
  QPushButton, QGridLayout, QLabel, QListWidget, QComboBox
from PyQt5.QtCore import QSize

# Klasse für Fenster
class MyWindow(QMainWindow):
    def __init__(self):
        super().__init__()
        self.setMinimumSize(QSize(250, 100))
        self.setWindowTitle('Länderauswahl')
```

357

```
    # Grid-Layout
    wid = QWidget(self)
    self.setCentralWidget(wid)
    grid = QGridLayout()
    wid.setLayout(grid)

    # ComboBox initialisieren
    self.cb = QComboBox()
    for c in countries:
        self.cb.addItem(c[0])
    self.cb.currentIndexChanged.connect(
                    self.comboIndexChanged)
    grid.addWidget(self.cb, 1, 1)

    # zwei Labels und ein 'Ende'-Button
    self.lbl1 = QLabel('---')
    grid.addWidget(self.lbl1, 2, 1)
    self.lbl2 = QLabel('---')
    grid.addWidget(self.lbl2, 3, 1)
    b = QPushButton('Ende')
    b.clicked.connect(self.quit)
    grid.addWidget(b, 4, 1, QtCore.Qt.AlignRight)

# ComboBox-Auswahl
def comboIndexChanged(self, index):
    self.lbl1.setText(
                    'Auswahl: ' + countries[index][0])
    self.lbl2.setText(countries[index][1] + ' / ' +
                    countries[index][2])

# Ende-Button: Programmende
def quit(self):
    app.quit()
```

```
# Ländercodes aus XML-Datei in Liste einlesen
tree = ET.parse('countries.xml')
root = tree.getroot()
countries = [ (c.text, c.attrib['code'], c.attrib['iso'])
    for c in root]

# Programmende, wenn das Fenster geschlossen wird
app = QtWidgets.QApplication([])
win = MyWindow()
win.show()
app.exec_()
```

18.6   Oberfläche zur GPIO-Steuerung

Das Abschlussbeispiel dieses Kapitels (siehe Abbildung 18.7) setzt nochmals einen Raspberry Pi voraus. Dort installieren Sie mit `sudo apt install python3-pyqt5` die PyQt-Bibliothek und richten eine einfache Schaltung wie in Kapitel 17, »Raspberry Pi«, ein (siehe Abbildung 17.1).

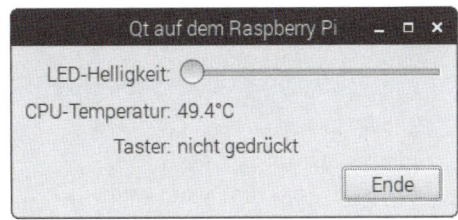

Abbildung 18.7 Qt-Beispielprogramm für den Raspberry Pi

Das Beispielprogramm erfüllt drei Funktionen:

▶ Über einen Schieberegler (Slider) können Sie die Helligkeit der Leuchtdiode steuern, die mit einem Vorwiderstand mit GPIO-Pin 26 verbunden ist.

▶ Ein Textfeld zeigt die aktuelle CPU-Temperatur an. Die Anzeige wird ca. sechs Mal pro Sekunde aktualisiert.

18

▶ Ein weiteres Textfeld zeigt den Zustand eines Tasters an, der über einen Pull-up-Widerstand an GPIO-Pin 21 angeschlossen ist

Programmaufbau

Der Programmaufbau ist wie in den vorangegangenen Beispielen: MyWindow ist eine eigene Klasse für das Hauptfenster. In diesem werden die erforderlichen Steuerelemente mit einem Grid-Layout angeordnet. Das Programm endet, wenn das Fenster geschlossen wird bzw. wenn Sie auf den ENDE-Button klicken. Zur GPIO-Steuerung greift das Programm auf das Modul RPi.GPIO zurück (siehe Abschnitt 17.1, »GPIO-Zugriff mit RPi.GPIO«).

```
# Beispielprogramm qt-pi.py
import RPi.GPIO as gpio
from PyQt5 import QtCore, QtWidgets
from PyQt5.QtWidgets import QMainWindow, QWidget,
        QPushButton, QGridLayout, QLabel, QSlider
from PyQt5.QtCore import Qt, QSize, QTimer

# Klasse für das Hauptfenster
class MyWindow(QMainWindow):
   ... (Code folgt gleich)

# GPIO-Setup
gpio.setmode(gpio.BOARD)     # Pin-Nummern des J8-Headers
gpio.setup(21, gpio.IN)      # Pin 21 zur Dateneingabe
gpio.setup(26, gpio.OUT)     # Pin 26 zur Datenausgabe
pwm = gpio.PWM(26, 1000)     # Frequenz: 1000 Hertz
pwm.start(0)                 # Duty 0 (dunkel)
fname = '/sys/class/thermal/thermal_zone0/temp'

# Fenster öffnen, auf Programmende warten
app = QtWidgets.QApplication([])
win = MyWindow()
win.show()
app.exec_()
gpio.cleanup()
```

Schieberegler (»QSlider«)

Die Helligkeit der Leuchtdiode wird mit einem QSlider-Steuerelement in einem Wertebereich zwischen 0 und 100 eingestellt. Dieses Steuerelement wird im Konstruktor der MyWindow-Klasse eingerichtet. Bei jeder Bewegung wird die Methode sliderChanged aufgerufen, in der der »Duty Cycle« für die Pulsweitenmodulation eingestellt wird.

```
# Beispielprogramm qt-pi.py (Fortsetzung)
class MyWindow(QMainWindow):
    def __init__(self):
        ... (Initialisierungsarbeiten, Grid-Layout)

        # zweite Reihe oben: Slider
        sld = QSlider(Qt.Horizontal)
        sld.setMinimum(0)
        sld.setMaximum(100)
        sld.valueChanged.connect(self.sliderChanged)
        grid.addWidget(sld, 0, 2)

    # Slider-Bewegung
    def sliderChanged(self, value):
        pwm.ChangeDutyCycle(value)
```

Periodischer Aufruf einer Methode (»QTimer«)

Mit der QTimer-Klasse kann das Qt-Programm regelmäßig eine Methode aufrufen, um CPU-schonende GPIO-Zustände auszuwerten.

In der Methode timeout wird einerseits die Datei /sys/class/thermal/ thermal_zone0/temp ausgelesen, um die CPU-Temperatur zu ermitteln und im Label tempLbl anzuzeigen. Andererseits wird der Status von Input-Pin 21 ermittelt und in switchLbl dargestellt.

```
# Beispielprogramm qt-pi.py (Fortsetzung)
class MyWindow(QMainWindow):
    def __init__(self):
        ... (Initialisierungsarbeiten, Grid-Layout)
```

18

```
        # (Fortsetzung von __init__)
        # Timer
        timer = QTimer(self)
        timer.timeout.connect(self.timeout)
        timer.start(150)  # alle 150 ms aufrufen

    # Timeout (wird regelmäßig aufgerufen)
    def timeout(self):
        # Temperatur ermitteln und anzeigen
        with open(fname, 'rt') as f:
            temp = int(f.readline()) / 1000
        print(temp)
        self.tempLbl.setText('%.1f°C' % (temp))

        # Status von Taster ermitteln
        status = gpio.input(21)
        if status == 0:
            self.switchLbl.setText('gedrückt')
        else:
            self.switchLbl.setText('nicht gedrückt')
```

Kapitel 19

Grafikprogrammierung

In diesem Kapitel führe ich Sie in die Grafikprogrammierung ein. Dabei verfolge ich zwei Ziele: Zum einen möchten ich Ihnen einen spielerischen Zugang zur Programmierung von Grafiken vermitteln. Aus didaktischer Sicht sind Grafikprogramme gerade für Einsteiger außerordentlich gut geeignet, weil Sie als Programmier(in) ein unmittelbares visuelles Feedback zu Ihrem Code erhalten. Zum anderen eignen sich Grafiken natürlich wunderbar, um statistische Daten auszuwerten, die Sie zuvor mit einem Python-Programm ermittelt haben – z. B. Netzwerklatenzen, die Größe von Verzeichnissen, das Ausmaß der CPU-Aktivität oder eine mit dem Raspberry Pi gemessene Temperatur.

Wie so oft gibt es unter Python verschiedene Möglichkeiten zum Zeichnen von Grafiken. Ein populärer Weg führt über die `pygame`-Bibliothek, die eigentlich zur Spieleprogrammierung gedacht ist. Ich bleibe in diesem Kapitel aber bei Qt, also bei der im vorigen Kapitel vorgestellten Bibliothek zur Gestaltung grafischer Benutzeroberflächen. Diese Bibliothek bietet nicht nur wesentlich professionellere Funktionen, sondern hat auch den Vorteil, dass Sie das Wissen aus diesem und dem vorangegangenen Kapitel gut kombinieren können.

19

Voraussetzungen

Sie können den Beispielen in diesem Kapitel auch dann folgen, wenn Sie Kapitel 18, »Grafische Benutzeroberflächen«, übersprungen haben. Allerdings müssen Sie vorher mit `pip` bzw. `pip3` das Modul `pyqt5` installieren. Das sollte unter Windows, Linux und macOS ohne Probleme gelingen. Zum besseren Verständnis des Codes sollten Sie außerdem einen Blick in Abschnitt 18.1, »Hello, Qt!«, werfen.

19.1 Grafische Grundfunktionen

Die meisten Beispiele in diesem Kapitel gehen davon aus, dass Sie das gesamte Fenster als Zeichenfläche verwenden. In diesem Fall erzeugen Sie das Fenster als Objekt einer eigenen Klasse, die von QMainWindow abgeleitet ist. Im Konstruktor führen Sie Initialisierungsarbeiten durch. Außerdem müssen Sie die Methode paintEvent implementieren. Diese Methode wird immer dann automatisch aufgerufen, wenn das Fenster auf dem Bildschirm sichtbar wird oder wenn sich seine Größe ändert.

In der paintEvent-Methode erzeugen Sie ein QPainter-Objekt. Es stellt unzählige Grafikmethoden zur Verfügung. Bevor Sie die Grafikausgabe starten, müssen Sie die Methode begin ausführen, und sobald Sie fertig sind, end.

Antialiasing

Auf Bildschirmen mit gewöhnlicher Auflösung erscheinen Grafikausgaben sehr pixelig. Das kann durch *Antialiasing* verhindert werden. Dabei werden Pixel im Randbereich des grafischen Objekts in abgestuften Farbtönen gezeichnet. Eine gute Erklärung dieser Technik finden Sie in der Wikipedia:

https://de.wikipedia.org/wiki/Antialiasing_(Computergrafik)

Antialiasing macht Grafikausgaben langsamer und muss daher explizit mit setRenderHint aktiviert werden. Diese Methode muss nach begin ausgeführt werden.

Ein minimales Programm, das eine 3 Pixel breite blaue Linie zeichnet, sieht so aus:

```python
# Beispieldatei hello-grafik.py
from PyQt5 import QtCore, QtWidgets
from PyQt5.QtWidgets import QMainWindow
from PyQt5.QtGui import QPainter, QPen, QColor
from PyQt5.QtCore import Qt, QSize
```

```
class MyWindow(QMainWindow):
    def __init__(self):
        # Konstruktor von QMainWindow aufrufen
        QMainWindow.__init__(self)
        # Fenstergröße und Titel einstellen
        self.setMinimumSize(QSize(300, 100))
        self.setWindowTitle('Mein erstes Grafikprogramm')

    # Grafik zeichnen, wird automatisch aufgerufen
    def paintEvent(self, event):
        p = QPainter()
        p.begin(self)   # Grafikausgabe starten
        # Antialiasing aktivieren
        p.setRenderHint(QPainter.Antialiasing)
        # Linie zeichnen
        blue = QColor(0, 0, 255)
        p.setPen(QPen(blue, 3))
        p.drawLine(0, 0, 300, 100)
        p.end()          # Grafikausgabe beenden

# das Programm läuft, bis das Fenster geschlossen wird
app = QtWidgets.QApplication([])
win = MyWindow()
win.show()
app.exec_()
```

Im Folgenden erkläre ich Ihnen, wie Sie Linien, Rechtecke, Kreise, Ellipsen und Polygone zeichnen (siehe Abbildung 19.1). Der entsprechende Code ist jeweils in paintEvent einzufügen (nach p.begin und vor p.end).

Mehr Grafikmethoden

Qt stellt wesentlich mehr Grafikmethoden und Varianten zur Auswahl, als ich hier darstellen kann. Eine vollständige Referenz finden Sie hier, allerdings nur in der Syntax der Programmiersprache C++:

http://pyqt.sourceforge.net/Docs/PyQt5/api/qpainter.html

Aus Python-Sicht besser lesbar, aber nicht in jedem Detail aktuell ist die Dokumentation zu PyQt4:

http://pyqt.sourceforge.net/Docs/PyQt4/qpainter.html

In diesem Buch gehe ich davon aus, dass Sie die Methode `paintEvent` für Grafikausgaben verwenden. Eine alternative, etwas kompliziertere Vorgehensweise besteht darin, ein `QGraphicsView`-Steuerelement einzusetzen. Das ermöglicht es, mit objektorientiertem Code Vektorgrafiken zusammenzusetzen, die das Steuerelement dann selbst zeichnet. Hintergründe zu diesem Konzept werden hier erläutert:

https://doc.qt.io/qt-5/graphicsview.html

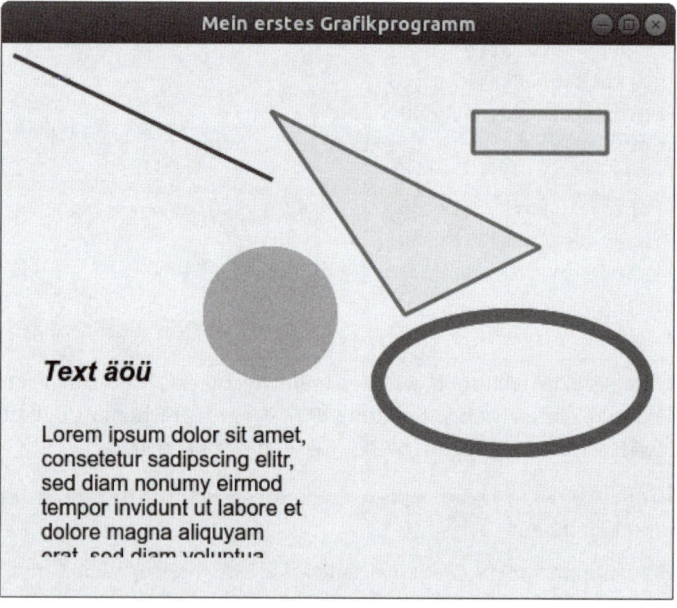

Abbildung 19.1 Test diverser Grafikmethoden unter Ubuntu Linux

Linien

Die Methode `drawLine` zeichnet eine Linie zwischen zwei Punkten, deren Position durch X- und Y-Koordinate gegeben ist. Das Koordinatensystem beginnt beim Punkt (0, 0) in der linken oberen Ecke des Fensters.

Standardmäßig erscheint die Linie schwarz und mit einer Breite von einem Pixel. Die Linienbreite und die Farbe stellen Sie bei Bedarf vorweg mit `setPen` ein. Dieser Methode müssen Sie ein `QPen`-Objekt übergeben.

Zur Einstellung der Farbe können Sie auf diverse von `Qt` vorgegebene Farben zurückgreifen, z. B. `Qt.red`. Alternativ erzeugen Sie ein `QColor`-Objekt mit der gewünschten Farbe, wobei Sie die Farbanteile für Rot, Grün und Blau jeweils im Wertebereich zwischen 0 und 255 angeben. Optional bestimmen Sie mit dem optionalen Parameter `alpha` die Transparenz. Standardmäßig gilt `alpha=0`, das heißt, die Ausgabe erfolgt deckend. `alpha=255` entspricht vollständiger Transparenz.

Rechtecke und Polygone

`drawRect` zeichnet ein gefülltes Rechteck. Beachten Sie, dass die vier Parameter den linken oberen Eckpunkt sowie Breite und Höhe bestimmen, nicht zwei Eckpunkte!

Farbe und Linienstärke der Umrandung geben Sie mit `setPen` an. Die Füllfarbe stellen Sie mit `setBrush` ein, wobei diese Methode ein `QBrush`-Objekt als Parameter erwartet. Im einfachsten Fall übergeben Sie an den `QBrush`-Konstruktur einfach Rot-, Grün- und Blauanteil einer Farbe.

```
# Beispieldatei hello-grafik.py (Fortsetzung)
from PyQt5.QtGui import QBrush
...
# in paintEvent(...)
p.setPen(QPen(Qt.red, 3))
p.setBrush(QBrush(Qt.yellow))
p.drawRect(350, 50, 100, 30) # x, y, w, h
p.end()
```

19

drawPolygon funktioniert ganz ähnlich, allerdings müssen Sie vor dem Aufruf ein QPolygon-Objekt aus einer Liste von QPoints erstellen. Farbe und Füllmuster stellen Sie wie bei drawRect ein.

```
from PyQt5.QtGui import QPolygon
from PyQt5.QtCore import QPoint
...
# in paintEvent(...)
pts = [ QPoint(200, 50), QPoint(300, 200),
        QPoint(400, 150)]
p.drawPolygon(QPolygon(pts))
```

Kreise und Ellipsen

Die Methode drawEllipse zeichnet eine Ellipse, die innerhalb eines vorgegebenen Rechtecks Platz hat. Eine eigene Methode für Kreise gibt es nicht. Achten Sie einfach darauf, dass das Rechteck quadratisch ist – dann erhalten Sie einen Kreis. An den QRect-Konstruktor übergeben Sie wie an drawRect die Koordinaten des Punkts links oben sowie Breite und Höhe.

Die Farbgestaltung erfolgt wie bei Rechtecken und Polygonen, also mit setPen (Umrandung) und setBrush (Füllung). Der folgende Beispielcode zeigt, wie Sie die Umrandung oder die Füllung deaktivieren und so einen Kreis ohne Umrandung bzw. eine Ellipse ohne Füllung zeichnen.

```
# Beispieldatei hello-grafik.py (Fortsetzung)
from PyQt5.QtCore import QRect
...
# in paintEvent(...)
# Kreis ohne Rand
p.setBrush(QBrush(Qt.green))
p.setPen(Qt.NoPen)
p.drawEllipse(QRect(150, 150, 100, 100))

# Ellipse ohne Füllung
p.setBrush(Qt.NoBrush)
p.setPen(QPen(Qt.magenta, 10))
p.drawEllipse(QRect(280, 200, 200, 100))
```

Text

Von der Methode `drawText` gibt es diverse Varianten, von denen ich hier zwei erläutere. An die erste Variante übergeben Sie einen Koordinatenpunkt, der den Startpunkt der Ausgabe bestimmt (an der Unterkante gewöhnlicher Buchstaben, also an der *baseline*). Dabei kann nur einzeiliger Text ausgegeben werden. Die Textfarbe legen Sie vorweg mit `setPen` fest, die Schriftart mit `setFont`.

```
# Beispieldatei hello-grafik.py (Fortsetzung)
from PyQt5.QtGui import QFont
...
# in paintEvent(...)
# einzeiliger Text
p.setFont(QFont('Helvetica', 15, QFont.Bold, italic=True))
p.setPen(Qt.black)
p.drawText(QPoint(30, 250), 'Text äöü')
```

An die folgende `drawText`-Variante übergeben Sie ein Rechteck, innerhalb dessen die Ausgabe erfolgen soll, Formatierungsattribute und eine Zeichenkette. Sofern Sie das Flag `Qt.TextWordWrap` verwenden, bricht `drawText` den Text automatisch um. Alternativ bauen Sie mit \n manuelle Umbrüche in die Zeichenkette ein.

```
# mehrzeiliger Text
p.setFont(QFont('Helvetica', 12))
txt = 'Lorem ipsum dolor sit amet, ...'
p.drawText(QRect(30, 280, 200, 100),
           Qt.AlignLeft | Qt.TextWordWrap,
           txt)
```

Die zweite `drawText`-Variante ist auch dann sinnvoll, wenn Sie (einzeiligen) Text innerhalb eines vorgegebenen Rechtecks mittig, links- oder rechtsbündig ausrichten möchten. Dazu verwenden Sie eine Kombination aus Qt-Konstanten wie `Qt.AlignCenter` (horizontal und vertikal mittig). Alle derartigen Konstanten sind hier dokumentiert:

http://doc.qt.io/qt-5/qt.html#AlignmentFlag-enum

Hintergrundfarbe einstellen

Standardmäßig ist die Zeichenfläche in PyQt-Programmen grau. Wenn Sie eine andere Farbe wünschen, greifen Sie am einfachsten auf die Methode setStyleSheet zurück. An diese Methode übergeben Sie eine Zeichenkette in CSS-Syntax, mit der Sie die gewünschte Farbe einstellen.

```
class MyWindow(QMainWindow):
    def __init__(self, type):
        ...
        self.setStyleSheet('background-color: white;')
```

19.2   Grafik in einem Widget

Im Einführungsbeispiel erfolgten die Grafikausgaben direkt im Hauptfenster. Oft ist es zweckmäßiger, eigene Grafiken nur in einem Teilbereich des Fensters anzuzeigen, dessen Größe durch ein eigenes Widget (Steuerelement) bestimmt ist (siehe Abbildung 19.2). Dazu müssen Sie eine weitere Klasse implementieren, die von QWidget abgeleitet ist. Ihren Grafikcode verfassen Sie dann in der paintEvent-Methode dieses Widgets.

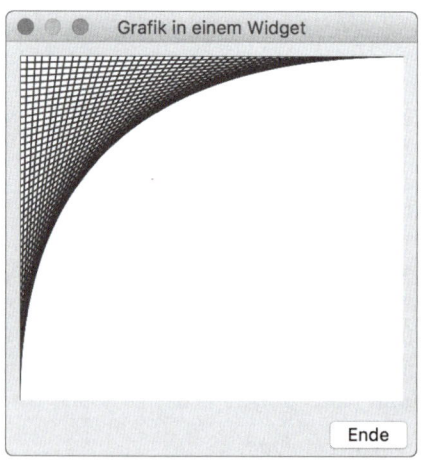

Abbildung 19.2 Die Grafikausgaben sind auf das weiße Widget beschränkt.

Dabei ist zu beachten, dass die oben präsentierte Vorgehensweise zur Einstellung der Hintergrundfarbe nicht funktioniert. Einfacher ist es, mit drawRect ein gefülltes Rechteck in der gewünschten Farbe zu zeichnen. Der folgende, etwas gekürzte Code zeigt die Vorgehensweise:

```python
# Beispieldatei grafik-widget.py
... (diverse Importe)

# Klasse für Fenster
class MyWindow(QMainWindow):
    def __init__(self):
        super().__init__()
        ... (Initialisierungsarbeiten, Button erzeugen)

        # Widget für Grafik erzeugen
        self.mw = MyWidget(self)
        self.mw.move(10, 10)
        self.mw.resize(280, 250)

# Klasse für eigenes Widget
class MyWidget(QWidget):
    def __init__(self, parent):
        super().__init__(parent)

    # Paint-Event für das Widget
    def paintEvent(self, event):
        p = QPainter()
        p.begin(self)
        w = self.geometry().width()
        h = self.geometry().height()
        p.setRenderHint(QPainter.Antialiasing)

        # weißer Hintergrund
        p.setPen(Qt.NoPen)
        p.setBrush(QBrush(Qt.white))
        p.drawRect(0, 0, w, h)
```

19

371

```
        # einfaches Muster zeichnen
        max = 50
        p.setPen(QPen(Qt.blue, 1))
        for i in range(max + 1):
            p.drawLine(0, h / max * i, w - w / max * i, 0)
        p.end()

# Main-Code
app = QtWidgets.QApplication([])
win = MyWindow()
win.show()
app.exec_()
```

Grafik in PNG-Datei speichern

Um eine auf dem Bildschirm gezeichnete Grafik zu speichern, führen Sie
für das betreffende Widget die Methode grab aus. Damit erhalten Sie ein
QPixmap-Objekt mit einer Bitmap der Grafik. Diese können Sie dann unkompliziert mit save speichern. Das ist im Code des ENDE-Buttons des oben
präsentierten Beispielprogramms realisiert:

```
# Beispieldatei grafik-widget.py
# clicked ist mit dem 'Ende'-Button verbunden
def clicked1(self):
    # Bitmap speichern
    bitmap = self.mw.grab()
    bitmap.save('test.png')
    app.quit()
```

Vorsicht, endlose Rekursion

Beachten Sie, dass Sie die grab-Methode *nicht* innerhalb einer paint-
Event-Methode aufrufen dürfen. Dadurch lösen Sie ein neuerliches Paint-
Ereignis aus, es kommt zu einer endlosen Rekursion.

19.3 Spaß mit Sinus und Cosinus

Vielleicht haben Sie den Schulunterricht zu den trigonometrischen Funktionen Sinus und Cosinus in schrecklicher Erinnerung. Das muss nicht sein. Mit wenigen Zeilen Code können Sie diese Funktionen zum Leben erwecken und Kreise, Spiralen und grafische Gebilde zeichnen (siehe Abbildung 19.3).

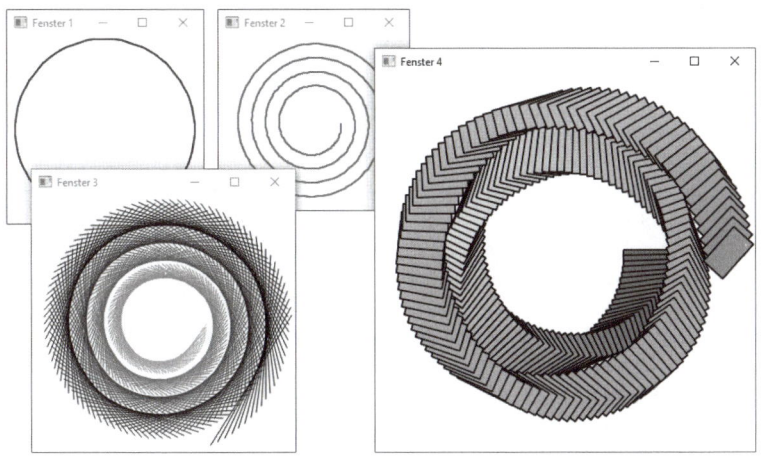

Abbildung 19.3 Mit trigonometrischen Funktionen lassen sich schöne Grafiken gestalten.

Ausgangspunkt für alle Grafiken in diesem Kapitel sind diese beiden elementaren Formeln:

$x = x0 + cos(winkel) \times radius$
$y = y0 + sin(winkel) \times radius$

Die Formeln zeigen die Berechnung der X- und Y-Koordinate eines Kreises um den Punkt (x0, y0) mit einem beliebigen Radius. Dabei ist zu beachten, dass der Winkel an die Python-Funktionen sin und cos in Bogenmaß angegeben werden muss: 360° entspricht also $2 \times \pi$. Damit sin, cos und pi in Python einfach zugänglich sind, empfiehlt sich folgender Import:

```
from math import sin, cos, pi
```

Programmaufbau

Das folgende Programm unterscheidet sich im Aufbau in zwei Punkten vom Einführungsbeispiel:

▶ Zum einen werden beim Start gleich vier Fenster auf einmal geöffnet. Die vier Fensterobjekte werden in winlist gespeichert. Das Programm endet erst, wenn alle Fenster geschlossen werden.

An jedes Fenster wird eine Nummer übergeben (Variable type). Sie bestimmt, welche Art von Grafik im Fenster angezeigt wird. Die Auswertung des Grafiktyps erfolgt in paintEvent. Dort wird je nach Typ eine von vier verschiedenen Methoden aufgerufen (paintCircle, paintSpiral etc.), die ich Ihnen in den weiteren Abschnitten erläutern werde.

Damit die Fenster nicht alle übereinander erscheinen, legt der Konstruktor mit setGeometry für jedes Fenster eine andere Position fest. Die vier Fenster haben jeweils einen Innenbereich von 300 × 300 Pixel und werden am Bildschirm in einem Raster angezeigt.

▶ Zum anderen passt sich die Grafik jeweils an die Fenstergröße an. Wenn Sie also Fenster 1 vergrößern oder verkleinern, wird der Kreis mittig im Fenster ebenfalls vergrößert bzw. verkleinert.

Der dafür erforderliche Code befindet sich in paintEvent. Die Methoden size, width und height geben Auskunft über die Größe des Innenbereichs des Fensters (Variablen w und h). Daraus werden der Mittelpunkt des Fensters und der maximale Radius eines Kreises berechnet (Variablen x0, y0 und r).

```
# Beispieldatei sinus.py
# diverse Importe ...
class MyWindow(QMainWindow):
    def __init__(self, type):

        # Konstruktor von QMainWindow aufrufen
        QMainWindow.__init__(self)

        # Typ, Fenstergröße, Titel und Hintergrundfarbe
        self.type = type
```

```python
        self.setGeometry(50 + (i % 2) * 350,
                         50 + (i // 2) * 350, 300, 300)
        self.setWindowTitle('Fenster %d' % (type+1))
        self.setStyleSheet('background-color: white;')

    # Fensterinhalt neu zeichnen
    def paintEvent(self, event):
        p = QPainter()
        p.begin(self)
        p.setRenderHint(QPainter.Antialiasing)
        # Größe und Mittelpunkt des maximalen Kreises
        # im Fenster
        w = self.size().width()
        h = self.size().height()
        (x0, y0) = (w/2, h/2)
        r = min(w, h) / 2 - 3
        if r<0: return
        if self.type==0: self.paintCircle(p, x0, y0, r)
        if self.type==1: self.paintSpiral(p, x0, y0, r)
        if self.type==2: self.paintLines(p, x0, y0, r)
        if self.type==3: self.paintPolygones(p, x0, y0, r)
        p.end()

    # Code für paintCircle, paintSpiral etc. folgt ...

# Main-Code: vier Fenster öffnen
app = QtWidgets.QApplication([])
winlist = []
for i in range(4):
    win = MyWindow(i)
    win.show()
    winlist += [win]
app.exec_()
```

19

Einen Kreis zeichnen

Die Methode `drawEllipse` zum Zeichnen von Kreisen und Ellipsen habe ich Ihnen ja schon vorgestellt. Sie können Kreise aber auch selbst zeichnen, indem Sie den Kreis durch viele kleine Linien annähern und die Start- und Endkoordinaten dieser Linien mit den eingangs erwähnten Formeln berechnen. Der entsprechende Code sieht so aus:

```
# Beispieldatei sinus.py (Fortsetzung)
class MyWindow(QMainWindow):
    # Kreis zeichnen
    def paintCircle(self, p: QPainter, x0, y0, r):
        p.setPen(QPen(Qt.blue, 2))
        n = 100 # Kreis aus 100 kleinen Linien
        for i in range(n+1):
            x = x0 + cos(2 * pi / n * i) * r
            y = y0 + sin(2 * pi / n * i) * r
            if i>0:
                p.drawLine(xprev, yprev, x, y)
            (xprev, yprev) = (x, y)
```

Dabei durchläuft die Schleifenvariable i einen Wertebereich von 0 bis einschließlich 100 (Variable n). Der Ausdruck `2 * pi / n * i` macht daraus Zahlenwerte zwischen 0 und $2 \times \pi$. x und y sind der Endpunkt der Linie. In xprev und yprev wird der vorige Endpunkt gespeichert und bei der nächsten Linie als Startpunkt verwendet. Nur beim ersten Schleifendurchgang funktioniert das noch nicht – deswegen ist die Bedingung i > 0 erforderlich.

Spiralkurve zeichnen

Wie machen Sie aus einem Kreis eine Spirale? Ganz einfach, indem Sie bei der Berechnung jedes Punkts nicht nur den Winkel ändern, sondern auch den Radius. Die Berechnung des Radius könnte ganz einfach mit der Anweisung `radius = r / n * i` erfolgen, wobei r der maximale Radius ist. Damit würde die Spirale exakt im Mittelpunkt beginnen.

r / (n + 200) * (i + 200) bewirkt hingegen, dass die Spiralkurve etwas weiter außen beginnt. Außerdem müssen Sie den Winkelbereich nun mehrfach abdecken, damit die Spirale mehrere Windungen macht. i durchläuft deswegen den Wertebereich von 0 bis 400 statt wie bisher von 0 bis 100.

```
def paintSpiral(self, p: QPainter, x0, y0, r):
    p.setPen(QPen(Qt.red, 2))
    n = 400
    xprev = x0 + r
    yprev = y0

    for i in range(n+1):
        radius = r / (n + 200) * (i + 200)
        x = x0 + cos(2 * pi / 100 * i) * radius
        y = y0 + sin(2 * pi / 100 * i) * radius
        if i>0:
            p.drawLine(xprev, yprev, x, y)
        (xprev, yprev) = (x, y)
```

Linienmuster zeichnen

Ein Linienmuster wie jenes in Fenster 3 (siehe Abbildung 19.3) entsteht, wenn Start- und Endpunkt jedes Linienstücks nicht direkt aneinanderpassen, sondern sich auf weiter entfernten Punkten der Spiralkurve befinden. Für den Start- und Endpunkt jeder Linie gelten daher unterschiedliche Winkel (Variablen ang1 und ang2), die um 0,4 × 180° = 56° gegeneinander versetzt sind.

Um zusätzlich einen Effekt der Tiefenwirkung zu erzeugen, werden die weiter innen befindlichen Linien in immer helleren Grautönen gezeichnet. Sie wirken damit dünner.

```
def paintLines(self, p: QPainter, x0, y0, r):
    n = 400
    xprev = x0 + r
    yprev = y0
```

19

```
for i in range(n):
    gray = 190 / n * (n-i)
    p.setPen(QPen(QColor(gray, gray, gray), 1))
    radius = r / (n+200) * (i+200)
    ang1 = 2 * pi / 100 * i
    ang2 = ang1 + pi * 0.4
    x1 = x0 + cos(ang1) * radius
    y1 = y0 + sin(ang1) * radius
    x2 = x0 + cos(ang2) * radius
    y2 = y0 + sin(ang2) * radius
    p.drawLine(x1, y1, x2, y2)
```

Bunte, verdrehte Rechtecke auf einer Spiralkurve zeichnen

Für die Grafik in Fenster 4 sind gleich zwei Methoden erforderlich: paint-Polygones berechnet wieder die X- und Y-Koordinaten von Punkten entlang einer Spiralkurve. Außerdem wird mit der Methode fromHSV ein QColor-Objekt aus HSV-Werten erzeugt (*Hue*, *Saturation* und *Value*).

Für jeden dieser Punkte wird nun die Methode paintOnePolygon aufgerufen, die rund um den Punkt (x0, y0) ein um den Winkel baseangle verdrehtes buntes Rechteck zeichnet. Die Eckpunkte dieses Rechtecks liegen auf einem Kreis an den Winkelpositionen 30°, 150°, 210° und 330°. Diese Winkel werden in Bogenmaß umgerechnet. Die for-Schleife berechnet nun die resultierenden Koordinaten der Eckpunkte, wobei wiederum die schon bekannten Sinus- und Cosinus-Formeln zum Einsatz kommen.

Aus den Koordinaten werden QPoint-Objekte erzeugt, in eine Liste verpackt und in ein QPolygon-Objekt umgewandelt. Damit kann drawPolygon das Rechteck zeichnen. Der Tiefeneffekt entsteht, weil die Rechtecke von innen nach außen übereinander gezeichnet werden.

```
# bunte, verdrehte Polygone entlang eines
# spiralförmigen Pfads zeichnen
def paintPolygones(self, p: QPainter, x0, y0, r):
    n = 200
```

```
    for i in range(n):
        radius = r / (n+250) * (i+200)
        ang = 2 * pi / 100 * i
        x = x0 + cos(ang) * radius
        y = y0 + sin(ang) * radius
        color = QColor.fromHsv(i % 360, 255, 255)
        self.paintOnePolygon(p, x, y, -i / 50, color)

# beliebig gedrehtes Dreieck rund um (x0, y0) zeichnen
# color gibt die Füllfarbe an
def paintOnePolygon(self, p: QPainter, x0, y0,
                    baseangle, color):
    radius = 30
    degrees = [30, 150, 210, 330] # Grad -> Bogengrad
    angles = list(map(lambda x: x / 180 * pi, degrees))
    pts = []   # Koordinaten des Polygons
    for i in range(len(angles)):
        x = x0 + cos(baseangle + angles[i]) * radius
        y = y0 + sin(baseangle + angles[i]) * radius
        pts += [ QPoint(x, y) ]
    p.setPen(QPen(Qt.black, 2))
    p.setBrush(QBrush(color))
    p.drawPolygon(QPolygon(pts))
```

19.4   Temperaturkurve anzeigen

Als Ausgangspunkt für das zweite längere Beispiel in diesem Kapitel dient
eine Textdatei, in der minütlich Temperaturen eines Tages gespeichert
sind:

```
2018-08-01 00:00        24.062
2018-08-01 00:01        24.062
...
2018-08-01 23:59        24.625
```

Die beiden Spalten (also Zeit und Temperatur) sind durch ein Tabulatorzeichen getrennt. Ziel des Programms ist es, den Verlauf der Temperatur in einem Fenster variabler Größe anzuzeigen (siehe Abbildung 19.4).

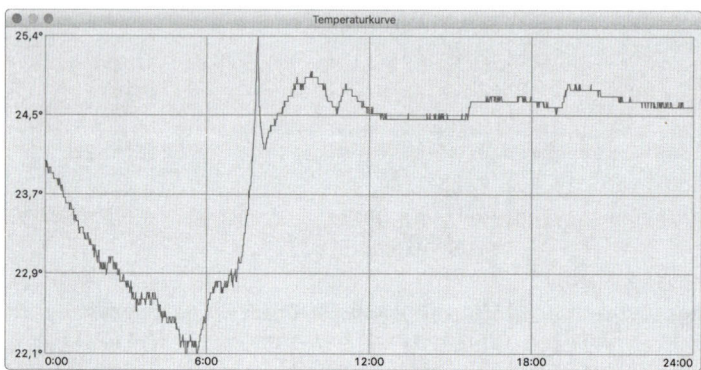

Abbildung 19.4 Der starke Anstieg der Temperaturkurve zwischen 8 und 9 Uhr resultiert aus einer direkten Sonneneinstrahlung. Danach wurde das Fenster beschattet.

Programmaufbau

Um Ihnen bei der Orientierung im fast 100 Zeilen langen Code zu helfen, erläutere ich Ihnen den Code stückweise. Der Gesamtaufbau des Codes sieht so aus:

```
# Beispieldatei temperatur.py
from datetime import datetime
from functools import reduce
from PyQt5 import ... # diverse Qt-Importe

# Fenster-Klasse
class MyWindow(QMainWindow):
    # Konstruktor
    def __init__(self):
        ... (Initialisierung wie in den bisherigen
            Qt-Programmen)
```

```
    # Temperaturkurve zeichnen
    def paintEvent(self, event):
        ...


# Textdatei einlesen. Die Funktion gibt die Daten
# als Python-Liste zurück.
def readData(fname):
    ...


# Main-Code. Das Programm läuft, bis das Fenster
# geschlossen wird.
app = QtWidgets.QApplication([])
win = MyWindow()
win.show()
app.exec_()
```

Daten einlesen

Die Funktion readData hat mit der Grafikprogrammierung an sich nichts zu tun. Der Code ist aber eine gute Wiederholung der Funktionen, die Sie in Kapitel 5, »Zeichenketten«, in Kapitel 6, »Datum und Zeit«, und schließlich in Kapitel 14, »Dateien lesen und schreiben«, kennengelernt haben.

Die Funktion soll die eingelesenen Daten in einer verschachtelten Liste zurückgeben, die so aufgebaut ist:

```
[ [n1, t1], [n2, t2], [n3, t3] ...]
```

Dabei ist n ein Zeitpunkt gerechnet in Minuten seit Mitternacht und t die gemessene Temperatur als Fließkommazahl. Der Zeitpunkt wird mit strptime in ein datetime-Objekt umgewandelt, aus dem dann der Minuten- und Stundenanteil extrahiert wird.

```
def readData(fname):
    result = []
    try:
        # alle Zeilen der Datei lesen
```

19

```
    with open(fname, 'rt') as f:
        for line in f:
            # Zeile teilen in Zeitpunkt und Temperatur
            parts = line.strip().split('\t')
            if len(parts) != 2: continue
            dt = datetime.strptime(parts[0],
                                    '%Y-%m-%d %H:%M')
            minutes = dt.minute + dt.hour * 60
            temp = float(parts[1])
            result += [[minutes, temp]]
except BaseException as err:
    print('Es ist ein Fehler aufgetreten:', err)
return result
```

Gitter zeichnen und beschriften

Die `paintEvent`-Methode beginnt mit dem Aufruf von `readData`. Anschließend wird wie in den bisherigen Beispielprogrammen ein `QPainter`-Objekt
eingerichtet und der Zeichenvorgang mit `begin` eingeleitet. `w` und `h` geben
die Innenmaße des Fensters an. Die Funktionen `min` und `max` ermitteln die
kleinste und größte Temperatur innerhalb der Messdaten. Die Variablen
`mintemp` und `maxtemp` sind sowohl zur Beschriftung des Diagramms als auch
zur Skalierung der Temperaturkurve wichtig.

```
def paintEvent(self, event):
    data = readData('temp-2018-08-01.txt')
    p = QPainter()
    p.begin(self)
    p.setRenderHint(QPainter.Antialiasing)
    w = self.size().width()
    h = self.size().height()
    mintemp = min(itm[1] for itm in data)
    maxtemp = max(itm[1] for itm in data)
    tempdelta = maxtemp - mintemp
```

In den nächsten Zeilen werden die Variablen x0, y0 sowie x1 und y1 berechnet. Sie geben die Koordinaten des Rechtecks an, in dem die Temperaturkurve später gezeichnet werden soll. Dabei muss etwas Platz für die
Beschriftung des Diagramms bleiben.

In der for-Schleife durchläuft i die Werte von 0 bis 4. Damit werden fünf
horizontale und vertikale Linien gezeichnet, die das Diagramm in beide
Richtungen vierteln.

Relativ aufwendig ist die Beschriftung der Achsen. Um Platz zu sparen,
werden die Zeiten bei der X-Achse unterschiedlich ausgerichtet: 0 Uhr
linksbündig, 24 Uhr rechtsbündig und die restlichen drei Zeiten mittig.
Damit die Textausgabe überhaupt ausgerichtet werden kann, wird an
drawText jeweils ein Rechteck mit dem zulässigen Zeichenbereich übergeben.

Bei der Y-Achse ist wiederum darauf zu achten, dass die Achse im Qt-
Koordinatensystem von oben nach unten zeigt. Im Diagramm sollen aber
niedrige Temperaturen wie üblich unten angezeigt werden. Diese Umkeh-
rung spiegelt sich in der Berechnung der Variablen temp wider, die oben
mit der Maximaltemperatur beginnt.

```
# (Fortsetzung paintEvent)
x0 = 50      # links oben
y0 = 10
x1 = w - 10  # rechts unten
y1 = h - 20
gridw = x1 - x0
gridh = y1 - y0
labels = ['0:00', '6:00', '12:00', '18:00', '24:00']
# Gitterlinien zeichnen
for i in range(5): # von 0 bis 4
    # horizontale Linien
    y = y0 + gridh / 4 * i
    p.setPen(QPen(Qt.gray, 1))
    p.drawLine(x0, y, x1, y)
```

19

```
# vertikale Linien
x = x0 + gridw / 4 * i
p.drawLine(x, y0, x, y1)
# Beschriftung der X-Achse (unten)
p.setPen(QPen(Qt.black, 1))
if i==0:        # erster Eintrag linksbündig
    p.drawText(QRect(x, y1+2, 40, 14),
               Qt.AlignLeft | Qt.AlignTop,
               labels[i])
elif i==4:      # letzter Eintrag rechtsbündig
    p.drawText(QRect(x-40, y1+2, 40, 14),
               Qt.AlignRight | Qt.AlignTop,
               labels[i])
else:           # sonst: mittig
    p.drawText(QRect(x-20, y1+2, 40, 14),
               Qt.AlignCenter | Qt.AlignTop,
               labels[i])

# Beschriftung der Y-Achse (links)
temp = maxtemp - tempdelta / 4 * i
txt = '%.1f°' % (temp)
p.drawText(QRect(0, y-10, 47, 20),
           Qt.AlignRight | Qt.AlignVCenter,
           txt.replace('.', ','))
```

Temperaturkurve zeichnen

Vergleichsweise kurz ist schließlich der Code, der die eigentliche Temperaturkurve innerhalb des Rechtecks zwischen (x0, y0) und (x1, y1) zeichnet. In einer Schleife werden alle Datenpunkte durchlaufen und jeweils kurze Linien von einem Punkt zum nächsten gezeichnet. itm[0] enthält dabei die Zeit in Minuten (Wertebereich 0 bis 60 × 24 = 1.440), itm[1] die Temperatur in Grad. Bei der Berechnung der Y-Koordinate wird wiederum das (im mathematischen Sinn) verkehrte Koordinatensystem von Qt berücksichtigt – und der Sonderfall, dass alle Temperaturen gleich sind (z.B. wegen eines Ausfalls des Temperatursensors).

Der jeweils letzte Koordinatenpunkt der Temperaturkurve wird in den Variablen xprev und yprev gespeichert. Diese Variablen enthalten beim ersten Schleifendurchgang noch None, weswegen der drawLine-Aufruf an dieser Stelle übersprungen wird.

```
# (Fortsetzung paintEvent)
p.setPen(QPen(Qt.red, 1))
(xprev, yprev) = (None, None)
for itm in data:
    x = x0 + itm[0] / 60 / 24 * gridw
    if tempdelta == 0:
        y = y1 - gridh / 2
    else:
        y = y1 - (itm[1] - mintemp) / tempdelta * gridh
    if xprev != None:
        p.drawLine(xprev, yprev, x, y)
    (xprev, yprev) = (x, y)

p.end() # Ausgabe abschließen
```

Verbesserungsmöglichkeiten

Die Temperaturkurve erfüllt ihren Zweck. Gemessen am relativ hohen Codeaufwand genügt die eckige Kurve aber keinen hohen ästhetischen Ansprüchen. Eine mögliche Verbesserung bestünde darin, die Daten vorweg statistisch aufzuarbeiten, z. B. viertelstündliche Durchschnittstemperaturen zu berechnen, und die Punkte durch Bézierkurven statt durch Linien zu verbinden.

In Kapitel 20, »Wissenschaftliche Anwendung«, zeige ich Ihnen, wie Sie ein vergleichbares Diagramm unter Zuhilfenahme der Bibliotheken *pandas* und *Matplotlib* mit wesentlich weniger Aufwand zeichnen können.

Eine Alternative zu Matplotlib ist die Bibliothek *plotly*. Sie basiert auf dem *Freemium*-Geschäftsmodell. Zwar stehen die Grundfunktionen kostenlos zur Verfügung, viele Zusatzfunktionen erfordern aber einen Account mit jährlichen Benützungsgebühren (siehe *https://plot.ly/python*).

19

Kapitel 20

Wissenschaftliche Anwendung

Python hat sich in den vergangenen Jahren in verschiedenen wissenschaftlichen Communities etabliert. Beispielsweise erfolgt die Forschung rund um die künstliche Intelligenz häufig mit Python. Das liegt nicht nur daran, dass Python eine tolle Programmiersprache ist, sondern auch an der Verfügbarkeit vieler Module mit spezifischen Funktionen für die jeweilige Aufgabenstellung.

Es liegt in der Natur der Sache, dass ich diesem kurzen Kapitel die Anwendung von Python in (natur)wissenschaftlichen Gebieten nicht enzyklopädisch beschreiben kann. Selbst ein ganzes Buch würde dazu nicht ausreichen. Daher konzentriere ich mich hier auf einige Module, die unabhängig vom jeweiligen Themengebiet besonders häufig zum Einsatz kommen.

Das Kapitel beginnt mit einer Vorstellung der Python-Distribution *Anaconda*: Ihre Besonderheiten bestehen in den interaktiven Möglichkeiten, Python-Code auszuführen und Ergebnisse zu visualisieren, unter anderem in der Weboberfläche Jupyter.

Lesestoff

Es gibt diverse Bücher, die sich mit der wissenschaftlichen Anwendung von Python beschäftigen. Besonders empfehlen kann ich diese Bücher:

► »Neuronale Netze selbst programmieren« von Tariq Rashid (O'Reilly 2017) gibt eine gute Einführung in die mathematischen Grundlagen von neuronalen Netzen und die Umsetzung der Formeln mit Python.

► »Python for Data Analysis« von Wes McKinney (O'Reilly 2017) beschreibt Module zur Analyse und Verarbeitung von großen Datenmengen. Von der stark erweiterten 2. Auflage gab es zuletzt noch keine deutsche Übersetzung.

20.1   Anaconda, IPython und Jupyter-Notebooks

In Kapitel 1, »Hello, World!«, habe ich Ihnen empfohlen, die Python-Version Ihrer Linux-Distribution zu verwenden oder unter macOS oder Windows das Standardinstallationsprogramm von *https://www.python.org/ downloads* einzusetzen. Gerade im wissenschaftlichen Umfeld kommt mit *Anaconda* aber häufig eine andere Python-Distribution zum Einsatz.

Der Name Anaconda leitet sich vom Paketmanager `conda` ab. Dieses Kommando wird in Anaconda anstelle von `pip` verwendet, um Zusatzmodule zu installieren. Anaconda zeichnet sich durch zwei Besonderheiten aus:

▶ Das Modulangebot ist speziell auf den wissenschaftlichen Einsatz ausgerichtet. `conda` kümmert sich dabei nicht nur um die Installation von Python-Modulen, sondern auch um erforderliche Bibliotheken, die in anderen Programmiersprachen (oft in C) entwickelt wurden.

▶ Neben Python enthält Anaconda die Programme IPython und Jupyter. Sie erleichtern die interaktive Nutzung von Python. Das ist gerade dann praktisch, wenn Sie mit großen Datenmengen experimentieren und die Ergebnisse visualisieren möchten.

Vielleicht fragen Sie sich, warum nicht überhaupt jeder Python-Programmierer Anaconda verwendet. Dafür gibt es mehrere Gründe:

▶ Anaconda basiert nicht immer auf der allerneuesten Python-Version. Als ich dieses Kapitel im September 2018 verfasste, verwendete die aktuelle Anaconda-Version noch Python 3.6. Zu diesem Zeitpunkt gab es aber schon seit Monaten Python 3.7.

Anaconda wartet mit Versions-Updates, bis sichergestellt ist, dass alle wichtigen Module kompatibel mit der neuen Python-Version sind. Hohe Stabilität ist für Anaconda wichtiger als die gerade neueste Version.

▶ Anaconda verfolgt das *Freemium*-Geschäftsmodell: Alle Grundfunktionen sind frei und als Open-Source-Code implementiert. Es gibt aber auch kostenpflichtige Erweiterungen und kommerziellen Support.

▶ Selbst in der Minimalvariante ist Anaconda ein vergleichsweise riesiges Softwarepaket. Für Python-Einsteiger ist dieser Overhead überflüssig.

20

▶ Manche Plattformen oder Geräte, z. B. der Raspberry Pi, werden von Anaconda gar nicht unterstützt.

Installation

Auf der Webseite *https://www.anaconda.com/download* finden Sie Installationsprogramme für Windows, macOS und Linux. Unter Windows bzw. macOS führen Sie einfach das grafische Setup-Programm aus. Das Programm bietet auch an, den kostenlosen Editor Visual Studio Code zu installieren. Diesen Schritt können Sie ohne Weiteres überspringen. Beachten Sie, dass das Windows-Installationsprogramm davon abrät, die Umgebungsvariable PATH zu verändern.

Das Installationsprogramm für Linux ist dagegen ein Shell-Script. Sie starten es nach dem Download wie folgt:

```
bash Downloads/Anaconda-<n.n>.sh
```

Die Installation erfolgt innerhalb des eigenen Heimatverzeichnisses und erfordert keine Administratorrechte. Das Installationsprogramm fragt, ob es das Verzeichnis mit den Anaconda-Binärdateien in die Umgebungsvariable PATH einfügen soll. Diese Frage beantworten Sie mit Yes. Nach Abschluss der Installation müssen Sie das Terminalfenster schließen und neu öffnen, damit die Änderungen an PATH wirksam werden:

```
echo $PATH
  /home/kofler/.local/bin:/home/kofler/anaconda3/bin:...
```

Parallelinstallationen

Die parallele Installation eines traditionellen Python-Pakets und Anaconda führt dazu, dass nur die zuletzt installierte Python-Variante aktiv ist. Wenn Sie also beispielsweise zuerst Python 3.7 und danach Anaconda mit Python 3.6 installieren, dann zeigt python --version die ältere Python-Versionsnummer von Anaconda. Auch Ihre Scripts werden nun standardmäßig mit der älteren Python-Version ausgeführt.

Um die Standard-Pythonversion zu reaktivieren, ändern Sie in der Datei `.bashrc` (Linux) bzw. in `.profile` (macOS) die PATH-Konfiguration.

Windows verhält sich diesbezüglich anders. Wenn Sie die Defaulteinstellungen des Installationsprogramms belassen, bleibt PATH unverändert. Um Anaconda zu nutzen, müssen Sie im Startmenü explizit den ANACONDA PROMPT oder den ANACONDA NAVIGATOR ausführen. Python-Scripts, die Sie abseits dieser Wege ausführen, nutzen weiterhin die bisher installierte Python-Version.

Paketmanager »conda«

Eine zentrale Komponente von Anaconda ist das Kommando conda zur Verwaltung von Python-Modulen. Einen Überblick über die standardmäßig installierten Module bzw. Pakete gibt das Kommando conda list, das Sie in einem Terminal bzw. unter Windows in cmd.exe oder in der PowerShell ausführen. Das folgende Listing ist unter macOS entstanden:

```
conda list

  # packages in environment at /Users/kofler/anaconda3:
  # Name                     Version          Build
  _ipyw_jlab_nb_ext_conf     0.1.0            py36h2fc01ae_0
  alabaster                  0.7.10           py36h174008c_0
  anaconda                   5.2.0                  py36_3
  anaconda-client            1.6.14                 py36_0
  anaconda-navigator         1.8.7                  py36_0
  anaconda-project           0.8.2            py36h9ee5d53_0
  appnope                    0.1.0            py36hf537a9a_0
  appscript                  1.0.1            py36h9e71e49_1
  ...
```

Grundsätzlich ist conda ganz ähnlich wie pip zu bedienen (siehe auch Abschnitt 12.3, »Module installieren (pip)«): install lädt ein Paket oder Modul herunter und installiert es. search sucht nach Modulen. update aktualisiert ein Modul, remove entfernt es. Bei allen Kommandos zeigt die

389

nachgestellte Option `--help` einen umfassenden Hilfetext an. Die vollständige Dokumentation zu `conda` finden Sie hier:

https://conda.io/docs/commands.html

Beachten Sie bitte, dass `pip` und `conda` intern fundamental unterschiedlich arbeiten und nicht parallel eingesetzt werden sollten. In einer herkömmlichen Python-Installation verwenden Sie ausschließlich `pip` zur Installation von Modulen, in Anaconda ausschließlich `conda`!

IPython

Bereits in Kapitel 1, »Hello, World!«, habe ich Ihnen gezeigt, dass Sie das Programm `python` auch interaktiv ausführen können, um dort Python-Kommandos auszuprobieren. *IPython* greift dieses Konzept auf und verbessert es gleichzeitig in vielen Punkten.

Sie starten IPython nach der Installation von Anaconda in einem Terminal bzw. unter Windows im Anaconda Prompt mit dem Kommando `ipython`. Sollte das nicht funktionieren, müssen Sie IPython noch installieren. Dazu führen Sie `conda install ipython` aus.

Der erste offensichtliche Unterschied zwischen IPython und Python besteht darin, dass IPython alle Ein- und Ausgaben mit einem farbigen Prompt nummeriert (`In[1]` etc.):

```
ipython

Python 3.6.5 |Anaconda, Inc.| (default, Apr 26 2018,
08:42:37) . Type 'copyright', 'credits' or 'license'
for more information ...

In [1]: s = 'Hello, IPython!'

In [2]: s
Out[2]: 'Hello, IPython!'
```

Der eigentliche Pluspunkt von IPython besteht aber in den sogenannten *magischen Kommandos*, die mit einem Prozentzeichen beginnen (siehe

Tabelle 20.1). Beispielsweise zeigt `%page` den Inhalt einer Variablen an. Bei umfangreichen Daten, z.B. bei einer riesigen Liste, können Sie mit den Cursortasten durch die Ausgabe scrollen (wie beim Kommando `less` unter Linux).

Kommando	Funktion
`%load script.py`	Lädt eine Script-Datei.
`%magic`	Zeigt eine Referenz aller magischen Kommandos an.
`%matplotlib`	Zeigt Grafiken in einem eigenen Fenster an.
`%page variable`	Gibt den Inhalt des Objekts seitenweise aus.
`%quickref`	Zeigt einen allgemeinen IPython-Hilfetext an.
`%reset`	Setzt alle Variablen zurück.
`%run script.py`	Führt das Script aus.
`%time anweisung`	Führt anweisung aus und misst die Laufzeit.
`%timeit anweisung`	Wie oben, aber mit mehreren Durchläufen.

Tabelle 20.1 Die wichtigsten magischen IPython-Kommandos

Mit `%run` ausgeführte Scripts laufen in einem leeren Namensraum, werden also durch bereits definierte Variablen oder andere Symbole nicht beeinflusst. `%load` lädt eine Codedatei. Der Code kann anschließend verändert und durch [↵] in der letzten Zeile ausgeführt werden.

Ausgesprochen praktisch ist schließlich `%matplotlib`: Wird dieses Kommando einmalig ausgeführt, dann öffnet IPython nach dem ersten `plot`-Kommando ein Fenster und zeigt das resultierende Diagramm dort an (siehe Abbildung 20.1). Beachten Sie, dass weitere `plot`-Kommandos die vorhandene Grafik ergänzen. Ein neues Diagramm samt dazugehörigem Fenster erzeugen Sie mit `plt.figure()`. Hintergrundinformationen zu den Modulen `numpy` und `matplotlib` folgen in Abschnitt 20.2 und in Abschnitt 20.5.

20

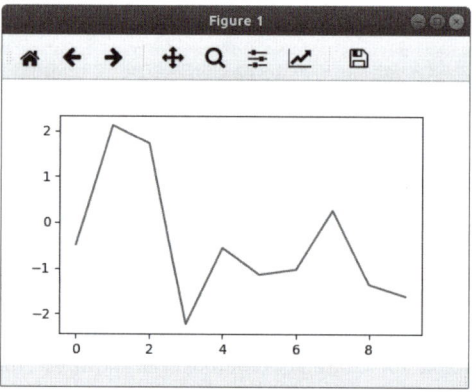

```
kofler@u1804:~$ ipython
Python 3.6.5 |Anaconda, Inc.| (default, Apr 29 2018, 16:14:56)
Type 'copyright', 'credits' or 'license' for more information
IPython 6.4.0 -- An enhanced Interactive Python. Type '?' for help.

In [1]: import numpy as np

In [2]: import matplotlib.pyplot as plt

In [3]: %matplotlib
Using matplotlib backend: Qt5Agg

In [4]: plt.plot(np.random.randn(10))
Out[4]: [<matplotlib.lines.Line2D at 0x7f6c30b56278>]

In [5]: 
```

Abbildung 20.1 In IPython generierte Diagramme werden in eigenen Fenstern dargestellt.

Wozu so viel Interaktivität?

Vermutlich ist es Ihnen aufgefallen: Ein Pluspunkt von Anaconda, egal, ob in IPhyton oder in den im nächsten Abschnitt vorgestellten Jupyter-Notebooks, liegt in den umfassenden Möglichkeiten zum interaktiven Arbeiten. Das ist im wissenschaftlichen Umfeld oft von Vorteil, besonders wenn es darum geht, große Datenmengen zu analysieren, zu verarbeiten und zu visualisieren.

> Bevor dieser Schritt mit einem Programm automatisiert werden kann, muss oft erst der richtige Weg gesucht werden. Das gelingt durch interaktives Probieren oft rascher als durch systematisches Programmieren.

Jupyter-Notebooks

Wenn Sie sich in Terminals nicht so wohl fühlen, können Sie *Jupyter-Notebooks* als Alternative zum interaktiven Arbeiten nutzen. Unter Linux und macOS öffnen Sie die Jupyter-Oberfläche, indem Sie im Terminal das Kommando `jupyter notebook` ausführen. Hinter den Kulissen wird dabei ein lokaler Webserver gestartet. Die Kommunikation erfolgt über einen Webbrowser, der automatisch geöffnet wird.

Unter Windows führen Sie im Startmenü den ANACONDA NAVIGATOR aus und klicken beim Eintrag JUPYTER NOTEBOOK auf den Button LAUNCH. Auch in diesem Fall erscheint ein neuer Tab in Ihrem Default-Webbrowser. Mit NEW • PYTHON 3 öffnen Sie nun ein neues Notebook, in dem Sie Python-3-Code eingeben und ausführen können. Bei der Bedienung des Notebooks helfen ein im Browser dargestelltes Menü, eine Symbolleiste sowie einige Tastenkürzel (siehe Tabelle 20.2 sowie HELP • KEYBOARD SHORTCUTS).

Tastenkürzel	Funktion
`Strg`+`⏎`	Führt den Code in der Zelle aus.
`Esc`	Wechselt in den Kommandomodus.
`A` im Kommandomodus	Erzeugt eine neue Zelle oberhalb der aktuellen Zelle.
`B` im Kommandomodus	Erzeugt eine neue Zelle unterhalb der aktuellen Zelle.
`D`, `D` im Kommandomodus	Löscht die aktuelle Zelle.
`⏎` im Kommandomodus	Aktiviert den Edit-Modus für die aktuelle Zelle.

Tabelle 20.2 Die wichtigsten Tastenkürzel in Jupyter-Notebooks

20

Die in Abbildung 20.2 dargestellten Kommandos werden in Abschnitt 20.2, »NumPy«, sowie in Abschnitt 20.5, »matplotlib« erläutert. in Jupyter-Notebooks können Sie auf %matplotlib verzichten. Diagramme werden automatisch korrekt angezeigt.

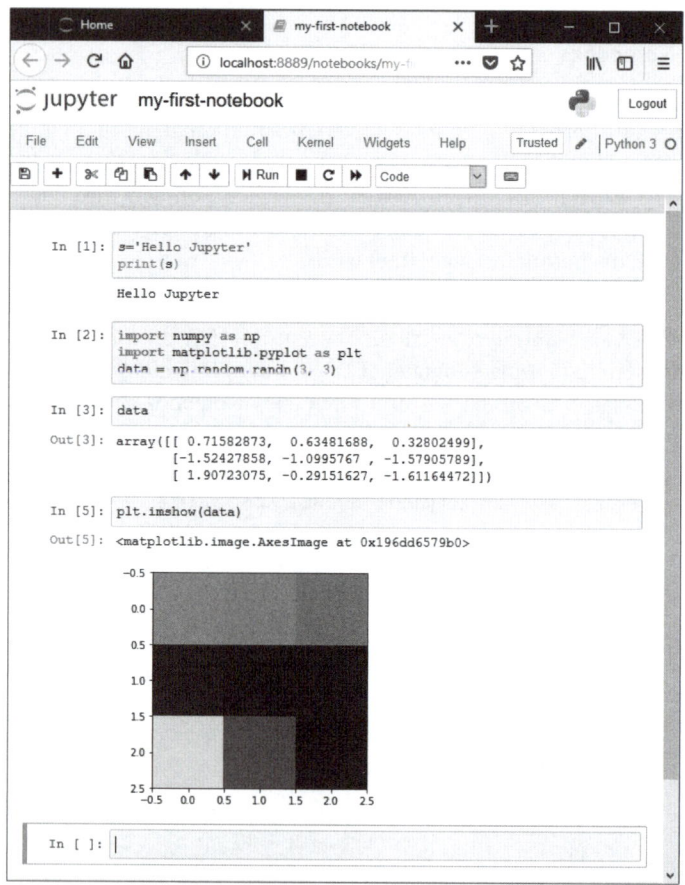

Abbildung 20.2 Ein einfaches Jupyter-Notebook

Jupyter-Notebooks können mit FILE • SAVE als Dateien mit der Kennung
`*.ipynb` im lokalen Dateisystem gespeichert und später wieder geöffnet
werden. Die Möglichkeit, interaktiv ausgeführten Python-Code zu speichern und weiterzugeben, ist der wohl größte Vorteil im Vergleich zu
IPython.

20.2 NumPy

NumPy (Modulname numpy) stellt Funktionen zur Erzeugung und Verarbeitung von (mehrdimensionalen) Arrays zur Verfügung. Damit können Sie
mit Vektoren und Matrizen effizient rechnen, was in nahezu allen naturwissenschaftlichen Disziplinen erforderlich ist.

Prinzipiell könnten Sie in Python zu diesem Zweck auch verschachtelte
Listen verwenden. Ein entscheidender Vorteil von NumPy besteht aber
darin, dass die Arrays und die Funktionen zur Durchführung grundlegen-
der Berechnungen intern in C implementiert sind. Daraus ergibt sich ein
spürbarer Geschwindigkeitsvorteil.

NumPy steht unter Anaconda standardmäßig zur Verfügung. Sie können
NumPy aber auch in traditionellen Python-Installationen nutzen. Dazu
installieren Sie das Modul numpy mit pip (Windows) bzw. pip3 (macOS,
Linux).

Dokumentation ohne Ende

In diesem Abschnitt kann ich NumPy nur ganz kurz vorstellen. Auf
der Projektwebsite *https://www.numpy.org* finden Sie den *NumPy User
Guide* und die wesentlich ausführlichere *NumPy Reference*. (Die PDF-Ver-
sionen der beiden Dokumente umfassen zusammen rund 1.500 Seiten!)
Eine ausgezeichnete Einführung gibt auch das schon erwähnte Buch
»Python for Data Analysis« von Wes McKinney (O'Reilly 2017).

20

Matrizen erzeugen und speichern

Es ist üblich, das numpy-Modul mit dem Alias np zu importieren:

```
# Beispieldatei numpy-intro.py
import numpy as np
```

Eine leere Matrix beliebiger Größe erzeugen Sie mit zeros. Alle Elemente der Matrix enthalten den Wert 0,0. Analog können Sie mit ones neue Arrays erzeugen, deren Elemente jeweils den Wert 1,0 enthalten.

Intern verwendet NumPy zur Darstellung der Arrays den Datentyp ndarray. Dessen Eigenschaft shape gibt Auskunft über die Größe des Arrays. dtype verrät den Datentype der Array-Elemente. Standardmäßig handelt es sich dabei um 64-Bit-Fließkommazahlen. NumPy unterstützt auch andere Zahlenformate (ganze Zahlen, komplexe Zahlen, Fließkommazahlen mit kleinerer oder größerer Genauigkeit), worauf ich hier aber nicht eingehe.

```
a = np.zeros([3, 3])
print(a)
# Ausgabe [[0. 0. 0.]
#          [0. 0. 0.]
#          [0. 0. 0.]]

print(a.shape, a.dtype)
# Ausgabe (3, 3) float64
```

Um eine Liste in ein Array umzuwandeln, verwenden Sie asarray:

```
lst = [[0.1, 0.2], [-0.3, 0.4]]
b = np.asarray(lst)
print(b)
# Ausgabe [[ 0.1  0.2]
#          [-0.3  0.4]]
```

Anders als bei Listen, wo der Zugriff auf verschachtelte Strukturen durch entsprechend viele Klammernpaare erfolgt (z. B. lst[1][1]), dürfen Sie bei NumPy-Arrays alle Indizes auch in einer Klammernebene angeben (b[1, 1]):

```
print(b[0, 1])   # Ausgabe 0.2
print(b[1, 1])   # Ausgabe 0.4
```

Arrays sind veränderlich (*mutable*). Nach der Zuweisung c = b verweisen die Variablen b und c daher auf die gleichen Daten. Veränderungen an b wirken sich auch auf c aus (und umgekehrt). Wenn Sie eine unabhängige Kopie eines Arrays brauchen, müssen Sie die copy-Methode verwenden:

```
# Array/Matrix kopieren
c = b.copy()
```

Um ein Array mit Zufallszahlen zu initialisieren, rufen Sie die rand-Methode auf. Anders als bei zeros geben Sie die Array-Größe hier ohne eckige Klammern an. rand generiert Zufallszahlen zwischen 0 und 1. Wenn Sie stattdessen normalverteilte Zufallszahlen benötigen, sollten Sie randn verwenden (gaußsche Normalverteilung mit dem Mittelwert 0 und der Varianz 1).

```
# 3x3 Matrix mit Zufallszahlen
d = np.random.rand(3, 3)
print(d)
# Ausgabe [[0.39103229 0.2193554  0.29231735]
#          [0.58571226 0.88640133 0.16246062]
#          [0.42515469 0.01117847 0.991628  ]]
```

Slicing

Die Slicing-Syntax zum Zugriff auf Teilzeichenketten oder Teile einer Liste kennen Sie ja schon (siehe Abschnitt 5.2, »Zugriff auf Teilzeichenketten«). NumPy sieht zusätzliche Slicing-Varianten vor, mit denen Sie z. B. eine Zeile, eine Spalte oder einen Bereich aus einer Matrix auslesen oder verändern können.

20

Die folgenden Beispiele zeigen einige Anwendungsfälle. Neu ist hier auch die reshape-Funktion, die hier eine eindimensionale Liste in ein 4 × 4-Array umwandelt.

```
# weiterhin Beispieldatei numpy-intro.py
m = np.reshape(range(16), (4, 4))
print(m)
# Ausgabe [[ 0  1  2  3]
#          [ 4  5  6  7]
#          [ 8  9 10 11]
#          [12 13 14 15]]

# dritte Zeile
print(m[2, :])
# Ausgabe  [ 8  9 10 11]

# dritte Spalte
print(m[: ,2])
# Ausgabe [ 2  6 10 14]

# Schnittmenge aus 2. bis 3. Zeile und 3. bis 4. Spalte
print(m[1:3, 2:4])
# Ausgabe [[ 6  7]
#          [10 11]]
```

Natürlich gilt die Slicing-Syntax auch für Zuweisungen:

```
# alle Elemente der 2. und 3. Zeile ändern
m[1:3, :] = 0
print(m)
# Ausgabe [[ 0  1  2  3]
#          [ 0  0  0  0]
#          [ 0  0  0  0]
#          [12 13 14 15]]
```

Mit Matrizen rechnen

Den Charme von NumPy erkennen Sie, sobald Sie beginnen, mit Skalaren (also einzelnen Werten), Vektoren und Matrizen zu rechnen. Einfacher geht es nicht! Beachten Sie, dass bei der Multiplikation zweier Matrizen mit dem Operator * lediglich die Elemente an der jeweils übereinstimmenden Position multipliziert werden. Eine »richtige« Matrizenmultiplikation erfolgt mit dem Operator @ oder mit np.dot(m1, m2).

```
# weiterhin Beispieldatei numpy-intro.py
m1 = np.asarray([[1.0, 2.0],
                 [3.0, 2.5]])
m2 = np.asarray([[2.0, 0],
                 [2.2, 4.0]])


# Multiplikation mit Skalar
print(m1 * 2)
# Ausgabe [[2. 4.]
#          [6. 5.]]


# Addition mit Skalar
print(m1 + 3)
# Ausgabe [[4.  5. ]
#          [6.  5.5]]


# Matrizenaddition
print(m1 + m2)
# Ausgabe [[ 2.   0. ]
#          [ 6.6 10. ]]


# elementweise Matrixmultiplikation (Hadamard-Produkt)
print(m1 * m2)
# Ausgabe  [[1.   4.  ]
#          [9.   6.25]]


# 'gewöhnliche' Matrixmultiplikation
print(m1 @ m2)
# Ausgabe  [[ 6.4  8. ]
#           [11.5 10. ]]
```

Sie können auch diverse mathematische Grundfunktionen wie sqrt, sin und cos auf alle Elemente eines Arrays anwenden:

20

```
print(np.sqrt(m1))
# Ausgabe [[1.          1.41421356]
#          [1.73205081 1.58113883]]
```

Funktionen wie `maximum`, `minimum` oder `add` werden jeweils auf die korrespondierenden Elemente mehrerer Matrizen angewendet:

```
print(np.maximum(m1, m2))
# Ausgabe [[2. 2.]
#          [3. 4.]]
```

Die Methoden `mean`, `sum`, `max` und `min` ermitteln den Mittelwert und die Summe aller Werte sowie das größte bzw. kleinste Element:

```
print(m1.sum())
# Ausgabe 8.5
```

Um eine Matrix zu transponieren, also Zeilen und Spalten zu vertauschen, lesen Sie einfach die Eigenschaft `T` aus. Beachten Sie, dass sich bei nicht quadratischen Matrizen die Größe ändert, das heißt, aus einer 2 × 3-Matrix wird eine 3 × 2-Matrix.

```
print(m1.T)
# Ausgabe [[1.  3. ]
#          [2.  2.5]]
```

20.3   pandas

pandas ist ein Modul zur Datenanalyse. Ähnlich wie mit NumPy können Sie damit numerische Tabellen verwalten. Allerdings bietet pandas zusätzliche Möglichkeiten, Zeilen und Spalten zu benennen und die Daten statistisch auszuwerten.

Im Prinzip stehen Ihnen mit pandas die meisten Funktionen zur Verfügung, die Sie aus Tabellenkalkulationsprogrammen wie Excel kennen – aber ohne Benutzeroberfläche und dafür mit Programmiermöglichkeiten. Darüber hinaus kann pandas mit Zeitreihen umgehen. Weitere Informationen und ein 2.500-seitiges (!) PDF-Handbuch finden Sie auf der Projektwebsite *https://pandas.pydata.org*.

NumPy versus pandas

Die Trennung zwischen NumPy und pandas fällt anfänglich oft schwer, auch weil es teilweise überlappende Funktionen gibt. NumPy ist für mathematische bzw. numerische Berechnungen optimiert. Die Schwerpunkte von pandas liegen dagegen in der Datenanalyse, Statistik sowie im Import und Export der Daten (JSON, CSV etc.). In der Praxis werden beide Module oft kombiniert eingesetzt.

Das `pandas`-Modul steht in Anaconda standardmäßig zur Verfügung. Wenn Sie eine gewöhnliche Python-Installation nutzen, führen Sie `pip`[3] `install pandas` aus.

Serien (»Series«-Klasse)

Üblicherweise wird das Modul mit dem Alias `pd` importiert. Außerdem ist es oft zweckmäßig, auch die beiden wichtigsten Klassen `Series` und `DataFrame` zu importieren. Da oft auch NumPy-Funktionen benötigt werden, ergeben sich diese `import`-Anweisungen:

```
# Beispieldatei pandas-series.py
import numpy as np
import pandas as pd
from pandas import Series, DataFrame
```

Ein `Series`-Objekt hat auf den ersten Blick viele Ähnlichkeiten mit einem eindimensionalen Array. Im folgenden Code steht `np.nan` für *Not a Number*, also z. B. für einen fehlenden Messwert.

```
s = Series( [7, 12, 13, 9, np.nan, 20] )
print(s)
# Ausgabe 0      7
#         1     12
#         2     13
#         3      9
#         4     NaN
#         5     20
#         dtype: int64
```

20

```
print(s[2:4])
# Ausgabe 2    13
#          3     9
#          dtype: int64
```

print zeigt, dass Serien automatisch mit einem numerischen Index verbunden werden. Wenn Sie eine Serie aus einem Dictionary erzeugen, übernimmt pandas dessen Schlüssel. Alternativ können Sie eigene Schlüssel auch nachträglich hinzufügen:

```
s.index = ['a', 'b', 'c', 'd', 'e', 'f']
print(s['c'], s[2])
# Ausgabe 13.0 13.0
```

Anstelle der üblichen Slicing-Syntax können Sie in eckigen Klammern auch Bedingungen formulieren:

```
print(s[s>10])
# Ausgabe b    12.0
#         c    13.0
#         f    20.0
#         dtype: float64
```

Auf Serien können Sie diverse Aggregatfunktionen anwenden, z. B. sum zur Berechnung der Summe aller Werte oder mean zur Berechnung des Mittelwerts. Fehlende Werte (nan) werden dabei ignoriert.

```
print(s.sum())   # Ausgabe 61.0
print(s.mean())  #         12.2
```

Tabellen (»DataFrame«-Klasse)

Die DataFrame-Klasse ist ähnlich konzipiert wie Series, kann aber mit mehreren Spalten umgehen. Dabei hat jede Spalte üblicherweise einen Namen. Die Eigenschaft columns verweist auf ein Index-Objekt, das die Namen aller Spalten als Liste enthält.

Die folgenden Anweisungen zeigen anhand eines konkreten Beispiels einige elementare DataFrame-Funktionen. Als Ausgangspunkt dient die

Datei bundeslaender.txt mit den (nicht ganz aktuellen) Daten der deutschen Bundesländer. Die durch Tabulatorzeichen getrennten Spalten enthalten außer dem Namen des Bundeslands und der Hauptstadt auch die Fläche und die Anzahl der Einwohner:

```
Baden-Württemberg    35751,36    10569111    Stuttgart
Bayern               70550,23    12519571    München
Berlin                 891,70     3375222    Berlin
Brandenburg          29485,63     2449511    Potsdam
...
```

Mit der Funktion read_csv können Sie die Datei unkompliziert einlesen. Dank decimal=',' kommt die Funktion auch mit deutschen Dezimalkommas zurecht. header=None bedeutet, dass die erste Zeile der Textdatei keine Spaltenbeschriftung, sondern bereits Daten enthält.

```python
# Beispieldatei pandas-dataframe.py
import numpy as np
import pandas as pd
from pandas import Series, DataFrame

# Daten einlesen
data = pd.read_csv('bundeslaender.txt',
                   sep='\t', decimal=',',
                   header=None)
print(data)
# Ausgabe
#                       0          1          2          3
# 0    Baden-Württemberg  35751.36   10569111   Stuttgart
# 1               Bayern  70550.23   12519571    München
# 2               Berlin    891.70    3375222     Berlin
# 3          Brandenburg  29485.63    2449511    Potsdam
# 4               Bremen    419.24     654774     Bremen
# ...
```

Die Ausgabe mit print zeigt, dass pandas die Spalten und Zeilen automatisch durchnummeriert. Besser verarbeitbar wird die Tabelle, wenn

20

die Spalten richtige Namen erhalten und der Inhalt der ersten Spalte als Index für die Zeilen verwendet wird. Dazu weisen Sie zuerst `columns` die gewünschten Spaltennamen zu und regenerieren den `DataFrame` dann mit `set_index`, wobei Sie die Bundesland-Spalte als Index verwenden. Die Methode `head` bewirkt, dass nur die ersten fünf Zeilen ausgegeben werden.

```
data.columns = ['Bundesland', 'Fläche',
                'Einwohner', 'Hauptstadt']
data = data.set_index('Bundesland')
print(data.head())
# Ausgabe
#                           Fläche   Einwohner Hauptstadt
# Bundesland
# Baden-Württemberg      35751.36    10569111   Stuttgart
# Bayern                 70550.23    12519571    München
# Berlin                   891.70     3375222     Berlin
# Brandenburg            29485.63     2449511    Potsdam
# Bremen                   419.24      654774     Bremen
```

Mit `data['spaltenname']` greifen Sie auf eine Spalte zu. Sie erhalten dabei ein `Series`-Objekt.

```
print(data['Einwohner'])
# Ausgabe
# Bundesland
# Baden-Württemberg        10569111
# Bayern                   12519571
# ...
```

Die Summe aller Einwohner oder den Mittelwert der Flächen der Bundesländer berechnen Sie, indem Sie die Methoden `sum` bzw. `mean` anwenden:

```
print('Summe der Einwohner:', data['Einwohner'].sum())
print('Mittlere Fläche:   ', data['Fläche'].sum(), 'km2')
# Ausgabe
# Summe der Einwohner:  80523746
# Mittlere Fläche:      357167.94 km2
```

Mit der Methode loc wenden Sie Bedingungen auf den DataFrame an. Im folgenden Beispiel verweist die Variable big auf einen neuen DataFrame, der nur die Bundesländer mit mehr als 2.000.000 Einwohnern enthält. Deren Anzahl ermitteln Sie am effizientesten durch die Auswertung der shape-Eigenschaft des DataFrame-Objekts. shape liefert einen Tupel mit der Anzahl der Zeilen und Spalten der Tabelle.

```
big = data.loc[data['Einwohner'] > 2000000]
cnt = big.shape[0]
print(cnt, 'Bundesländer mit mehr als 2 Mill. Einwohnern')
print(big)
# Ausgabe
# 12 Bundesländer mit mehr als 2 Mill. Einwohnern
#                        Fläche  Einwohner  Hauptstadt
# Bundesland
# Baden-Württemberg    35751.36   10569111   Stuttgart
# Bayern               70550.23   12519571    München
# ...
```

Die Methode sort_values erzeugt einen neuen DataFrame, dessen Zeilen nach einem Kriterium sortiert sind. Im folgenden Beispiel werden die Bundesländer mit mehr als 2.000.000 Einwohnern absteigend nach ihrer Fläche sortiert. Wegen head werden nur die ersten fünf Ergebnisse angezeigt:

```
sorted = big.sort_values(by=['Fläche'], ascending=False)
print(sorted.head())
# Ausgabe
#                        Fläche  Einwohner  Hauptstadt
# Bundesland
# Bayern               70550.23   12519571    München
# Niedersachsen        47613.78    7778995    Hannover
# Baden-Württemberg    35751.36   10569111   Stuttgart
# Nordrhein-Westfalen  34109.70   17554329  Düsseldorf
# Brandenburg          29485.63    2449511     Potsdam
```

20

20.4 SciPy

SciPy ist eine Bibliothek mit zahlreichen mathematischen Funktionen, die vor allem im naturwissenschaftlichen Bereich benötigt werden. Zu ihren den Themenfeldern zählen:

▸ numerische Optimierung, Interpolation und Integration
▸ Statistik
▸ Fourier-Transformationen
▸ Bild- und Signalverarbeitung

SciPy baut auf NumPy auf und wird fast immer in Kombination mit diesem Modul eingesetzt. Den 2.500-seitigen *SciPy Reference Guide* finden Sie als PDF-Dokument unter *https://docs.scipy.org/doc*. (Keine Angst! Das in der Referenz enthaltene Tutorial hat mit 250 Seiten eine vergleichsweise überschaubare Größe und gibt einen guten Einstieg.) Lesenswert ist auch das folgende Tutorial:

https://www.davekuhlman.org/scipy_guide_01.html

Wie NumPy und pandas ist auch SciPy integraler Bestandteil von Anaconda. Wenn Sie nicht mit Anaconda arbeiten, installieren Sie SciPy wie jedes andere Modul mit `pip[3]`: `pip[3] install scipy`.

Beispiel 1: Minimum einer Funktion suchen

Angesichts der Größe ist eine systematische Beschreibung der SciPy-Bibliothek in diesem Buch aussichtslos. Stattdessen beschränke ich mich hier auf zwei einfache Beispiele. Im ersten Beispiel habe ich in einem Jupyter-Notebook versucht, das Minimum der Funktion $x/8 + 2/x$ numerisch zu berechnen und darzustellen (siehe Abbildung 20.3).

Natürlich können Sie den Code auch ohne ein Jupyter-Notebook als Python-Script ausführen. Das setzt voraus, dass alle erforderlichen Module zur Verfügung stehen. Unter Linux müssen Sie eventuell außerdem `tkinter` installieren (z. B. mit `sudo apt install python3-tk`).

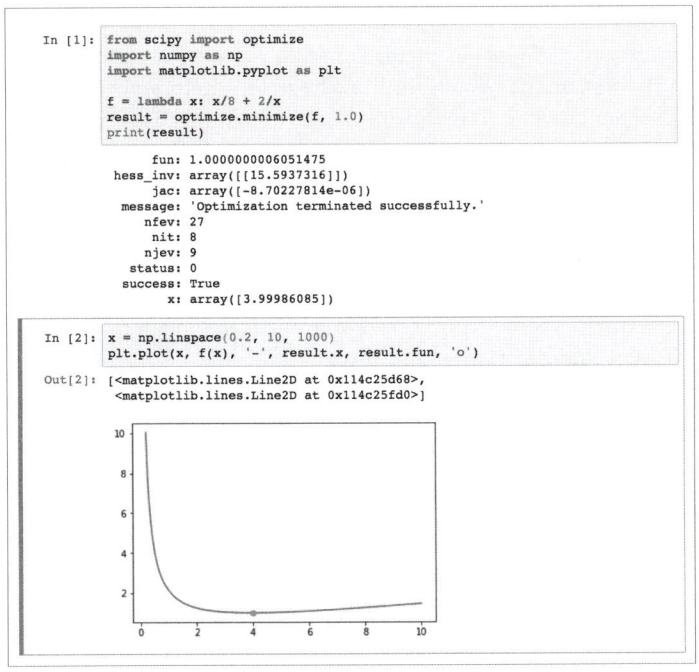

Abbildung 20.3 Numerische Suche nach dem Minimum einer Funktion

```
# Beispieldatei scipy-minimum.py
from scipy import optimize
import numpy as np
import tkinter
import matplotlib.pyplot as plt
f = lambda x: x/8 + 2/x
result = optimize.minimize(f, 1.0)
x = np.linspace(0.2, 10, 1000)
plt.plot(x, f(x), '-', result.x, result.fun, 'o')
plt.savefig('minimum.png', dpi=200)
```

20

Kurz einige Erläuterungen zum Code: In f wird die Funktion mit einem Lambda-Ausdruck definiert. Die scipy-Funktion minimize verwendet numerische Verfahren, um das Minimum von *f(x)* zu ermitteln, wobei als Startwert x=1 verwendet wird. Die Variable result enthält das Ergebnisobjekt, dessen Eigenschaften x und fun am interessantesten sind. fun enthält das gesuchte Minimum, x den Parameter bzw. je nach Funktion ein Array mit mehreren Parametern, an denen das Minimum gefunden wurde.

Zur Visualisierung der Funktion erzeugt die Funktion linspace ein Array mit 1.000 Werten zwischen 0,2 und 10. plot zeichnet einerseits eine Kurve mit dem Funktionsverlauf für diesen Wertebereich, andererseits einen Punkt an den Koordination result.x und result.fun. savefig speichert das Bild in einer PNG-Datei. (Hintergrundinformationen zu plot folgen in Abschnitt 20.5, »Matplotlib«.)

Beispiel 2: Interpolationsfunktion

Die Idee des zweiten Beispiels stammt direkt aus dem Tutorial des *SciPy Reference Guide*. Der Python-Code erzeugt zuerst ein Array mit zehn X-Koordinaten im Wertebereich von 1,0 bis 10,0 und dann ein Array mit zehn zufälligen Y-Koordinaten zwischen 0,0 und 5,0. Die Funktion interp1d berechnet dann eine kubische Funktion, die durch alle zehn Punkte führt (siehe Abbildung 20.4). Wenn Sie kein Jupyter-Notebook einsetzen möchten, verwenden Sie den folgenden Code:

```
# Beispieldatei scipy-interpolate.py
from scipy.interpolate import interp1d
import numpy as np
import tkinter
import matplotlib.pyplot as plt
x = np.linspace(1.0, 10.0, 10)
y = np.random.rand(10) * 5
f = interp1d(x, y, kind='cubic')
xvalues = np.linspace(1.0, 10.0, 1000)
plt.plot(x, y, 'o', xvalues, f(xvalues), '-')
plt.savefig('interpolate.png', dpi=200)
```

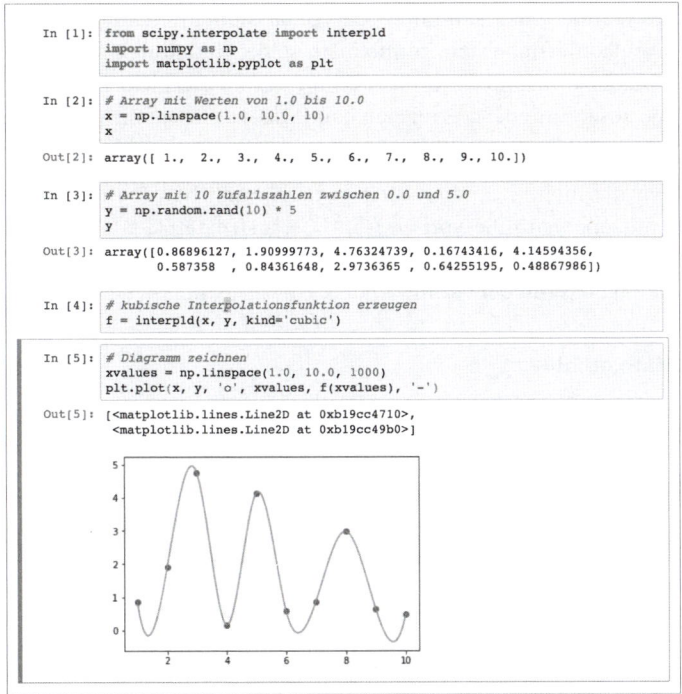

```
In [1]:  from scipy.interpolate import interp1d
         import numpy as np
         import matplotlib.pyplot as plt

In [2]:  # Array mit Werten von 1.0 bis 10.0
         x = np.linspace(1.0, 10.0, 10)
         x
Out[2]:  array([ 1.,  2.,  3.,  4.,  5.,  6.,  7.,  8.,  9., 10.])

In [3]:  # Array mit 10 Zufallszahlen zwischen 0.0 und 5.0
         y = np.random.rand(10) * 5
         y
Out[3]:  array([0.86896127, 1.90999773, 4.76324739, 0.16743416, 4.14594356,
                0.587358  , 0.84361648, 2.9736365 , 0.64255195, 0.48867986])

In [4]:  # kubische Interpolationsfunktion erzeugen
         f = interp1d(x, y, kind='cubic')

In [5]:  # Diagramm zeichnen
         xvalues = np.linspace(1.0, 10.0, 1000)
         plt.plot(x, y, 'o', xvalues, f(xvalues), '-')
Out[5]:  [<matplotlib.lines.Line2D at 0xb19cc4710>,
          <matplotlib.lines.Line2D at 0xb19cc49b0>]
```

Abbildung 20.4 Kubische Interpolationsfunktion durch 10 Punkte

20.5 Matplotlib

Matplotlib ist eine Bibliothek zur Erzeugung von mathematischen Diagrammen. Einige Anwendungsbeispiele des gleichnamigen Moduls (also `matplotlib`) habe ich in diesem Kapitel bereits präsentiert. An dieser Stelle möchte ich die Bibliothek ausführlicher vorstellen. Allerdings kann ich dabei, wie in den vorangegangenen Abschnitten, nur an der Oberfläche kratzen. Das offizielle Handbuch (PDF) stößt wiederum an die 2.500-Seitengrenze und ist hier zu finden:

https://matplotlib.org/contents.html

20

Das Modul `matplotlib` steht unter Anaconda standardmäßig zur Verfügung. Am komfortabelsten können Sie seine Funktionen in einem Jupyter-Notebook ausprobieren. In IPython dürfen Sie nicht vergessen, `%matplotlib` auszuführen: Sie erreichen damit, dass die Diagramme in eigenen Fenstern erscheinen.

Sie können die Bibliothek aber auch in herkömmlichen Python-Installationen nutzen, wenn Sie vorher `pip[3] install matplotlib` ausführen. Unter Linux muss außerdem die `tkinter`-Bibliothek installiert sein. Unter Ubuntu gelingt das mit dem Kommando `sudo apt install python3-tk`.

»Hello, Matplotlib!«

Um einen Linienzug zu zeichnen, übergeben Sie an die Funktion `plot` zwei Arrays mit den X- und Y-Koordinaten. Im folgenden Beispiel erzeugt die Funktion `linspace` ein Array mit 1.000 Werten zwischen 0 und 2 π.

`np.sin` erzeugt daraus ein zweites Array mit den dazugehörigen Sinus-Werten. `plot` verbindet die Punkte zu einem Linienzug und stattet das Diagramm mit einem beschrifteten Rahmen aus.

```
# Beispieldatei hello-matplotlib.py bzw.
# Jupyter-Notebook hello-matplotlib.ipynb
import numpy as np
import tkinter  # (nur unter Linux erforderlich)
import matplotlib.pyplot as plt
x  = np.linspace(0, 2 * np.pi, 1000)
y1 = np.sin(x)
plt.plot(x, y1)
```

Wenn Sie den Code in einem Python-Script ausführen, bleibt das von `plot` erzeugte Diagramm unsichtbar. Sie können das Diagramm aber mit `savefig` in einer Datei speichern. Dabei bestimmt die Kennung des Dateinamens das Format (z. B. PNG für *.png, JPEG für *.jpg oder EPS für *.eps). Bitmaps haben standardmäßig eine Größe von 640 × 480 Pixel. Mit `dpi=200` verdoppeln Sie die Auflösung.

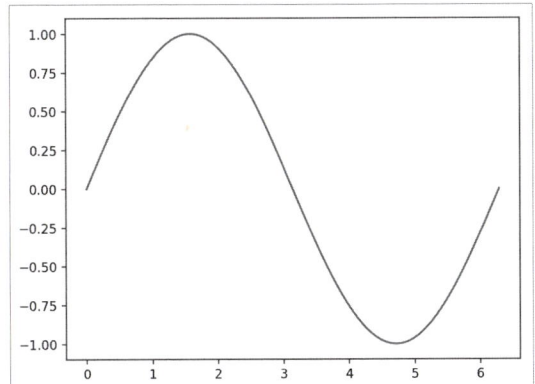

Abbildung 20.5 Ein erstes Matplotlib-Diagramm

```
plt.savefig('sinus.png')  # PNG mit 640 x 480 Pixeln
plt.savefig('sinus-highres.png', dpi=200)  # 1280 x 960 Px.
plt.savefig('sinus.jpg')  # JPEG
plt.savefig('sinus.eps')  # EPS
```

Etwas verwirrend ist das Verhalten der Matplotlib, wenn Sie plot mehr-fach ausführen. Damit entsteht nicht etwa ein neues Diagramm, vielmehr wird die erste Grafik mit der zweiten verbunden. Immerhin bekommt dabei jede Kurve eine eigene Farbe. (Grundsätzlich gilt dies auch in Jupyter-Notebooks. Allerdings beginnt dort mit jeder neuen Eingabezelle automa-tisch eine neue Grafik.)

```
# das Diagramm enthält nun eine Sinus- und eine
# Cosinus-Kurve
y2 = np.cos(x)
plt.plot(x, y2)
```

Zum gleichen Ergebnis kommen Sie, wenn Sie anstelle der beiden plot-Kommandos zwei Sets von X- und Y-Koordinaten auf einmal übergeben:

```
plt.plot(x, y1, x, y2)
```

20

Um die Kurven voneinander zu unterscheiden, können Sie im Anschluss an die Koordinaten einen Zeichenstil angeben. Dabei steht '-' für eine durchgängige Linie, '--' für eine gestrichelte Linie, 'o' für einzelne Punkte etc.

```
# Sinus als Linie, Cosinus strichliert
plt.plot(x, y1, '-', x, y2, '--')
```

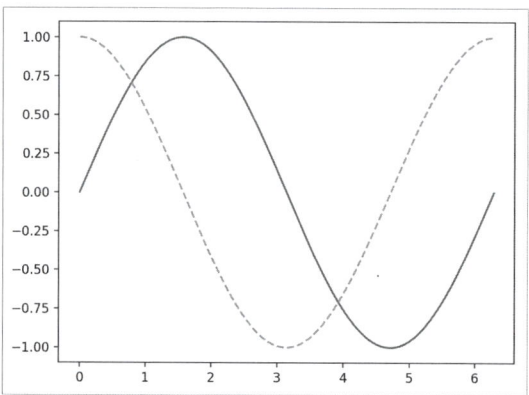

Abbildung 20.6 Zwei Funktionen in einem Diagramm

Um ein neues Diagramm zu starten, führen Sie die Funktion figure aus bzw. platzieren Sie in einem Jupyter-Notebook den Code in eine neue Zelle:

```
plt.plot(x, y1)   # Abbildung 1: Sinus
plt.figure()      # neue Abbildung starten
plt.plot(x, y2)   # Abbildung 2: Cosinus
```

»vectorize«-Funktion

Nach Möglichkeit sollten Sie versuchen, eigene Funktionen ausschließlich aus np.fname-Ausdrücken zusammenzusetzen, im folgenden Beispiel also z. B. so:

```
# am effizientesten:
f  = lambda x: np.sin(x) * np.exp(-0.1 * x)
x  = np.linspace(0, 25, 1000)
y  = f(x)
plt.plot(x, y)
```

Der Vorteil derartiger Funktionen besteht darin, dass sie direkt auf Arrays angewendet werden können und als Ergebnis ein neues Array zurückgeben. Wenn Sie hingegen auf Funktionen zurückgreifen müssen, die in NumPy nicht zur Verfügung stehen, ist es am besten, aus dieser Funktion zuerst mit vectorize eine Vektorfunktion zu bilden. Diese können Sie dann auf NumPy-Arrays anwenden. Das erspart umständliche map-Ausdrücke.

```
# Beispieldatei hello-matplotlib.py (Fortsetzung)
# allgemeingültiger Ansatz mit vectorize:
import math
f  = lambda x: math.sin(x) * math.exp(-0.1 * x)
vf = np.vectorize(f)
x  = np.linspace(0, 25, 1000)
y  = vf(x)
plt.plot(x, y)
```

Diagramm und Achsen beschriften

Um ein Diagramm individuell zu gestalten und zu beschriften, erzeugen Sie am besten zuerst mit subplots gleich zwei neue Objekte: ein Figure- und ein Axes-Objekt. plot wenden Sie anschließend auf das Axes-Objekt an. (x und y stammen vom vorigen Beispiel.)

In der Folge können Sie mit set verschiedene Komponenten des Diagramms beschriften und bei Bedarf mit grid ein Gitternetz hinzufügen (siehe Abbildung 20.7). Zum Speichern wenden Sie savefig auf das Figure-Objekt an.

```
# Beispieldatei hello-matplotlib.py (Fortsetzung)
fig, ax = plt.subplots()
ax.plot(x, y)
```

20

```
ax.set(xlabel='x', ylabel='f(x)',
       title='Gedämpfte Schwingung')
ax.grid()
fig.savefig('sinus-exp-grid.png', dpi=200)
```

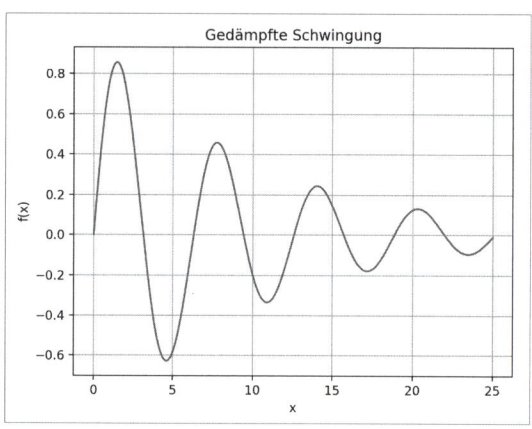

Abbildung 20.7 Diagramm mit eigener Beschriftung und Gitternetz

Mehrteilige Diagramme

Mit der `subplot`-Funktion, die Sie nicht mit `subplots` aus dem vorigen Abschnitt verwechseln dürfen, können Sie mehrteilige Diagramme bilden. Dabei geben Sie jeweils vor `plot` an, wie groß das gesamte Raster ist und für welche Position im Raster das nächste Zeichenkommando gelten soll (siehe Abbildung 20.8).

```
x = np.linspace(0, 2 * np.pi, 1000)
y1 = np.sin(x)
y2 = np.cos(x)
plt.figure()           # neues Diagramm starten
plt.subplot(2, 1, 1)   # 2 Zeilen, 1 Spalte, Position 1
plt.plot(x, y1)        # erster Plot an dieser Position
plt.subplot(2, 1, 2)   # wie bisher, Position 2
```

```
plt.plot(x, y2)        # zweiter Plot an dieser Position
plt.savefig('plot-in-array.png', dpi=200)
```

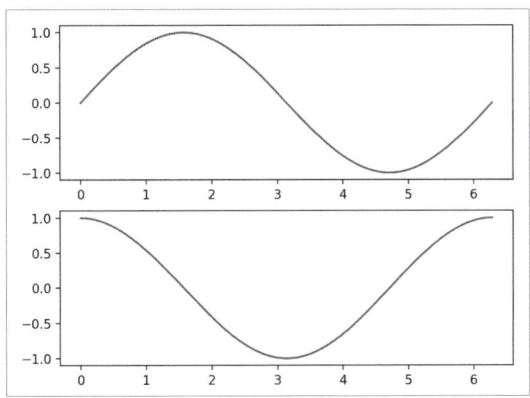

Abbildung 20.8 Ein zweiteiliges Diagramm

Temperaturkurve

Das letzte Beispiel greift die Temperaturkurve aus dem vorigen Kapitel
nochmals auf (siehe Abschnitt 19.4, »Temperaturkurve anzeigen«). Zum
Erstellen eines vergleichbaren Diagramms reichen wenige Zeilen Code
aus:

```
# Beispieldatei temperatur.py
import pandas as pd
import matplotlib.pyplot as plt
import matplotlib.dates as mdates
from datetime import timedelta

# Daten einlesen
data = pd.read_csv('temp-2018-08-01.txt',
                   parse_dates=[0],
                   sep='\t',
                   header=None,
                   names = ['datetime', 'temp'])
```

20

```
# Zeitspalte als Index verwenden
data.index = data['datetime']
del data['datetime']

# X-Achse bei 0:00, 3:00 ... 0:00 beschriften
mindate = data.index.min()
xticks = [ mindate.replace(hour=h, minute=0, second=0)
           for h in range(0, 23, 3)]
last = mindate + timedelta(days=1)
xticks += [ last.replace(hour=0, minute=0, second=0) ]

# Diagramm erzeugen
fig, ax = plt.subplots(1)
ax.plot(data)
xfmt = mdates.DateFormatter('%H:%M')
ax.xaxis.set_major_formatter(xfmt)
plt.xticks(xticks)
ax.set(title='Temperatur [°C]')
ax.grid()
fig.savefig('tempplot.png', dpi=200)
```

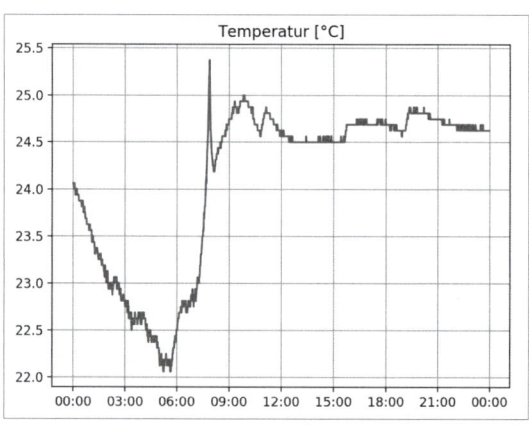

Abbildung 20.9 Temperaturkurve

Einige Erklärungen zum Code: `read_csv` liest die Textdatei mit den Temperaturdaten, wobei die erste Spalte als Zeitangabe interpretiert wird (`parse_dates`). Im nächsten Schritt wird die Tabelle dahingehend umgebaut, dass die erste Spalte als Index verwendet wird.

> **Tipp**
>
> Wenn beim Import oder bei der Veränderung des `DataFrame`-Objekts Probleme auftreten, können Sie mit `data.info()` und `data.dtypes` Informationen über den Inhalt des Objekts und die Datentypen der Spalten ermitteln.

Wenn Sie das Diagramm ohne weitere Vorbereitungsmaßnahmen zeichnen, beschriftet `plot` die X-Achse mit dem Datum statt der Uhrzeit und an den Zeiten 23:00 Uhr, 2:00 Uhr, 5:00 Uhr usw. Es bedarf einiger Mühe, die X-Achse sinnvoller zu beschriften:

▶ Zum einen bewirkt `set_major_formatter`, dass anstelle des Datums die Uhrzeit verwendet wird. Die erforderliche `DateFormatter`-Klasse ist in `matplotlib.dates` versteckt und muss extra importiert werden.

▶ Zum anderen werden mit `xticks` exakt die Zeitpunkte vorgegeben, die an der Achse beschrift werden sollen – und zwar von 0:00 Uhr bis 0:00 Uhr am nächsten Tag in 3-Stunden-Schritten.

Andere Diagrammtypen

Ich habe Ihnen in diesem Abschnitt nur gezeigt, wie Sie mathematische Kurven mit »gewöhnlichen« `plot`-Funktion darstellen können. Matplotlib kennt aber unzählige weitere Diagrammtypen:

▶ Darstellung von Arrays (`imshow`, `contour`, `pcolormesh`)
▶ Balken- und Tortendiagramme (`hist`, `pie`, `table`)
▶ X/Y-Datenpaare (`scatter`, `path`)
▶ Vektorfelder (`streamplot`, `quiver`)
▶ mehrdimensionale Funktionen (`mplot3d`)

20

417

Einen guten Überblick mit vielen Beispielen und Abbildungen gibt die folgende Seite:

https://matplotlib.org/tutorials/introductory/sample_plots.html

Interessante Beispiele finden Sie auch in der Wikipedia-Beschreibung von *pandas*:

https://de.wikipedia.org/wiki/Pandas_(Software)

Anhang A
Lösungen

Dieser Anhang fasst die Lösungen zu den Wiederholungsfragen und Übungen zusammen. Beachten Sie, dass es sich bei Codelösungen immer um Lösungs*vorschläge* handelt. Zu fast allen Aufgabenstellungen gibt es viele Lösungswege.

A.1 Kapitel 1: »Hello, World!«

W1: Interpreter

Python-Scripts müssen vor der Ausführung nicht kompiliert werden. Stattdessen liest `python.exe` bzw. `python3` den Code (also gewissermaßen einen Text mit Python-Anweisungen) direkt aus der Script-Datei und führt ihn aus. `python.exe` bzw. `python3` werden deswegen als *Interpreter* bezeichnet.

W2: Python-Scripts unter Windows ausführen

Das Python-Script muss die Endung `*.py` aufweisen. Außerdem muss natürlich Python (also das Programm `python.exe`) installiert sein.

W3: Python-Scripts unter Linux oder macOS ausführen

Es gibt gleich vier Voraussetzungen, damit Python-Scripts ausgeführt werden können:

▶ Das Script muss in der ersten Zeile den sogenannten Shebang enthalten. Das ist ein Kommentar, der mit `#!` beginnt und den Ort des Programms `python3` angibt. Betriebssystemübergreifend funktioniert `#!/usr/bin/env python3`.

▶ Die Script-Datei muss mit `chmod +x` als »ausführbar« gekennzeichnet werden.

▶ Soweit die Script-Datei nicht in einem in `PATH` aufgezählten Verzeichnis gespeichert ist, muss beim Ausführen auch das Verzeichnis angegeben werden. Normalerweise beziehen Sie sich dabei auf das aktuelle Verzeichnis, das Sie mit `./` angeben, also z. B. `./meinScript.py`.

▶ Wie unter Windows muss natürlich auch unter macOS bzw. Linux Python selbst installiert sein.

W4: Mehrzeilige Anweisungen

Mehrzeilige Anweisungen sind möglich. Bei offenen Klammern ist in mehrzeiligen Anweisungen nicht einmal eine Kennzeichnung notwendig. Wenn aus der Struktur des Codes hingegen nicht klar hervorgeht, dass die aktuelle Zeile unvollständig ist und in der nächsten Zeile fortgesetzt wird, dann müssen Sie das Zeichen \ als Indikator für die mehrzeilige Konstruktion verwenden.

W5: Mehrere Anweisungen pro Zeile

Um mehrere Anweisungen in einer Zeile auszuführen, trennen Sie sie durch Semikola – also z. B. `a=3; print(a)`.

W6: Eingerückter Code

In Python wird die Struktur von Code in Verzweigungen, Schleifen und Funktionen nicht durch geschwungene Klammern definiert, sondern durch Einrückungen. Die Einrückungen sind daher zwingend erforderlich. Die übliche Einrücktiefe beträgt vier Zeichen pro Ebene.

W7: »print« ohne Zeilenumbruch

`print(x, end='')` gibt den Inhalt der Variablen x ohne einen nachfolgenden Zeilenumbruch aus.

W8: Module

Module sind Erweiterungen zu Python. Damit die in einem Modul definierten Funktionen verwendet werden können, muss am Anfang Ihres Codes import modulname stehen. (Zum Modulimport gibt es auch andere Syntaxvarianten, siehe Kapitel 12, »Module«.)

W9: Kommentare

Kommentare werden in Python mit dem Zeichen # eingeleitet und gelten bis zum Ende der Zeile. Mehrzeilige Kommentare beginnen wie mehrzeilige Zeichenketten mit """ und enden mit """.

A.2   Kapitel 2: Variablen

W1: Fehler bei »print(x+y+z)«

Jeder Python-Variablen muss ein Wert zugewiesen werden, bevor sie ausgewertet werden kann. Das war bei z nicht der Fall. Es gibt keinen Defaultzustand (etwa 0). So funktioniert der Code:

```
x=1; y=2; z=0
print(x+y+z)
```

W2: Typ einer Variablen

In Python haben Variablen keinen Typ! Nach i=3 zeigt i auf ein Objekt mit der ganzen Zahl 3. Dieses *Objekt* (nicht die Variable) hat also den Typ int. Dementsprechend liefert type(i) das Ergebnis <class 'int'>. Allerdings kann bereits in der nächsten Anweisung i='abc' ausgeführt werden. Dann zeigt i auf ein Objekt mit einer Zeichenkette.

W3: Konstanten

Python kennt keine Konstanten. Wenn Sie in einer Variablen einen unveränderlichen Wert speichern möchten, ist es üblich, die Variable mit lauter

Großbuchstaben zu benennen, z. B. `EPSILON=0.1`. Sie geben damit zum Ausdruck, dass `EPSILON` als Konstante zu betrachten ist. Aber weder Sie noch Python können verhindern, dass diese Variable später geändert wird.

W4: Mutable und immutable

Das folgende Programm endet mit der Ausgabe `abcde`. Die Zeichenketten, auf die a und b verweisen, sind voneinander unabhängig, weil es sich beim `str`-Typ um einen unveränderlichen Datentyp handelt (*immutable*). Die Veränderung von a hat daher keinen Einfluss auf b.

```
a='abcde'
b=a
a=a+'fg'
print(b)
   abcde
```

W5: Nochmals mutable und immutable

Das folgende Programm gibt zweimal dieselbe Liste aus. Der Grund: Der Datentyp `list` ist veränderlich (*mutable*). Deswegen zeigen die Variablen `wordlist1` und `wordlist2` intern auf dasselbe Objekt. Jede Veränderung, egal, ob sie für `wordlist1` oder an `wordlist2` durchgeführt wird, wirkt sich daher auf beide Variablen aus.

```
wordlist1=['Python', 'ist', 'cool']
wordlist2=wordlist1
wordlist1.insert(2, 'total')
print(wordlist1)
   ['Python', 'ist', 'total', 'cool']
print(wordlist2)
   ['Python', 'ist', 'total', 'cool']
```

W6: Typumwandlungen

Python führt nur in Ausnahmefällen eine automatische Typumwandlung durch. Der Code aus der Wiederholungsfrage versucht, eine Zeichenkette und eine Zahl zu verbinden. Das ist in Python nicht zulässig. Die Fehlermeldung lautet *unsupported operand*, weil der Operator + nicht eine Zahl und eine Zeichenkette verarbeiten kann. Eine mögliche Lösung besteht darin, die Zahl mit der str-Funktion explizit in eine Zeichenkette umzuwandeln:

```
msg='Die Temperatur beträgt ' + str(n) + ' Grad.'
```

A.3   Kapitel 3: Operatoren

W1: Restwertoperator

Den Rest der Division 225 / 17 ermitteln Sie mit dem %-Operator:

```
print(225 % 17) # Ergebnis 4
```

W2: Short-Circuit-Evaluation

Die logischen Operatoren and und or verzichten auf die Auswertung des zweiten Operanden, wenn der erste Operand bereits zum Ergebnis führt. Wenn im folgenden Beispiel rechenfunktion(x) den Wert 0 oder eine negative Zahl liefert, dann wird rechenfunktion(y) nicht aufgerufen. Das ist nicht notwendig, weil and nur dann True liefern kann, wenn beide Teilergebnisse True sind.

```
x=2
y=3
if rechenfunktion(x)>0 and rechenfunktion(y)>0:
    # Code ...
```

W3: Operatorhierarchie

a wird als $1 + (2 \times (3^4))$ errechnet, es ergibt sich der Wert 163. Danach testet 100 < a < 200, ob a zwischen 100 und 200 liegt. Das ist der Fall, in b wird daher True gespeichert.

A.4 Kapitel 4: Zahlen

W1: Ganzzahlige Division

Ganzzahlige Divisionen werden mit dem Operator // durchgeführt. 12//7 ergibt 2.

W2: Oktal- und Binärdarstellung

```
print(bin(0o750))
  0b111101000
```

W3: Ganze Zufallszahlen

```
from random import randint
print(randint(1, 49))
  30
```

W4: Fließkommazufallszahlen

```
from random import uniform
r1 = uniform(0.0, 10.0)
r2 = uniform(0.0, 10.0)
```

W5: Geldbeträge ohne Rundungsfehler

Eine Möglichkeit besteht darin, in Cent zu rechnen und ganze Zahlen zu verwenden. Der Wert 250 entspräche dann 2,50 EUR.

Eine andere Variante ist das decimal-Modul. Achten Sie aber darauf, dass Sie Kommazahlen als Zeichenketten übergeben, um Rundungsfehler zu vermeiden, die schon bei der Konvertierung in den Decimal-Typ auftreten.

```
from decimal import *
preis = Decimal('3.99')
```

W6: Zahlenwerte boolescher Zustände

Wenn True in eine ganze Zahl umgewandelt wird, hat der Zustand den Wert 1:

```
print(int(True))
  1
```

A.5   Kapitel 5: Zeichenketten

W1: Apostrophe in Zeichenketten

Eine Möglichkeit besteht, zur Abgrenzung von Zeichenketten das jeweils andere Zeichen zu verwenden, also:

```
s1="O'Reilly"
s2='<a href="https://kofler.info">Link</a>'
```

Eine zweite Möglichkeit bieten die Spezialcodes \' und \":

```
s3='abc \" def \' ghi'  # ergibt: abc " def ' ghi
```

W2: Backslash in Zeichenketten

Wenn der Backslash nicht zur Kennzeichnung von Sonderzeichen verwendet werden soll, formulieren Sie Zeichenketten am besten in der Raw-Syntax mit vorangestelltem r:

```
s=r'C:\verzeichnis\readme.txt'
```

W3: Zeichenkette extrahieren

```
s='bla [wichtig] mehr bla'
start=s.find('[')+1    # Startposition
end=s.rfind(']')       # Endposition
print(s[start:end])    # Teilzeichenkette auslesen
  'wichtig'
```

W4: Dateinamen zerlegen

```
s='/home/kofler/Bilder/foto1.jpg'
pos=s.rfind('/')+1
pfad=s[:pos]
```

```
datei=s[pos:]
print('Pfad:', pfad, 'Datei:', datei)
  Pfad: /home/kofler/Bilder/   Datei: foto1.jpg
```

W5: Eingabe von Leerzeichen am Beginn und Ende säubern

```
name = input('Geben Sie Ihren Namen an: ')
name = name.strip()
```

W6: Zahlen rechtsbündig ausgeben

```
n1=17
n2=5
n3=99999
# Variante 1
print('%5d\n%5d\n%5d' % (n1, n2, n3))
   17
    5
99999
# Variante 2
print('{:>5d}\n{:>5d}\n{:>5d}'.format(n1, n2, n3))
   17
    5
99999
```

W7: Zeichenkette umkehren

```
hello = 'Hello, World!'
print(hello[::-1])
  !dlroW ,olleH
```

A.6 Kapitel 6: Datum und Uhrzeit

W1: Datum formatieren

Die folgende Lösung erfüllt die Fragestellung weitgehend. Ein wenig störend ist aber die Null beim Monat (also 06. anstelle von 6.).

```
from datetime import datetime
import locale
now = datetime.now()
locale.setlocale(locale.LC_ALL, 'de_DE.utf8')  # Linux
locale.setlocale(locale.LC_ALL, 'de_DE.UTF-8') # macOS
locale.setlocale(locale.LC_ALL, 'german')       # Windows
print(now.strftime('%A, %d.%m.'))
  Mittwoch, 27.06.
```

Python sieht keinen Formatcode für die Monatszahl ohne führende Null vor. Um diesen Mangel zu beheben, können Sie .0 durch . ersetzen:

```
s=now.strftime('%A, %d.%m.')
print(s.replace('.0', '.'))
  Mittwoch, 27.6.
```

W2: Ende des Kinofilms

Python kann zu time-Objekten keine Zeitspannen addieren. Deswegen bildet das folgende Script aus dem time-Objekt (Variable start) zuerst ein entsprechendes datetime-Objekt (Variable starttoday) und führt die Zeitrechnung dann durch:

```
from datetime import datetime, time
start = time(19, 30)
starttoday = datetime.combine(datetime.today(), start)
length = timedelta(minutes=132)
end = starttoday + length
print(end.time())
  21:42:00
```

W3: Sekunden seit Mitternacht

Um die Anzahl der Sekunden seit Mitternacht zu berechnen, wird in midnight ein neues datetime-Objekt gespeichert, das sich aus dem aktuellen Datum ohne Stunden, Minuten und Sekunden zusammensetzt. Damit kann die Differenz zur aktuellen Zeit berechnet werden.

427

```
from datetime import datetime, timedelta
now = datetime.now()
midnight = datetime(now.year, now.month, now.day)
sincemidnight = now - midnight
print('Uhrzeit: ', now.time())
  Uhrzeit:  20:28:36.657155
print('Sekunden seit Mitternacht:', sincemidnight.seconds)
  Sekunden seit Mitternacht: 73716
```

A.7 Kapitel 7: Listen, Tupel, Sets und Dictionaries

W1: Vielfache von 7

Der einfachste und effizienteste Weg, eine Liste mit Vielfachen von 7 kleiner 100 zu generieren, bietet die range-Funktion:

```
lst = list(range(7,100,7))
print(lst)
  [7, 14, 21, 28, 35, 42, 49, 56, 63, 70, 77, 84, 91, 98]
```

Deutlich umständlicher ist es, von einer Liste aller Zahlen zwischen 1 und 100 auszugehen und dann die herauszufiltern, die durch 7 teilbar sind:

```
hundred = list(range(1,101))  # [1, 2, ..., 100]
lst = list(filter(lambda x: x%7==0, hundred))
```

> **Lambda-Funktionen**
>
> filter lässt sich am elegantesten mit Lambda-Funktionen anwenden. Hintergrundinformationen zu solchen Funktionen finden Sie in Abschnitt 9.5, »Lambda-Funktionen«.

Eine weitere Variante besteht darin, mit den Zahlen von 1 bis 14 zu beginnen und jedes Element mit 7 zu multiplizieren. Im folgenden Beispiel kommt dabei die *List-Comprehension*-Syntax zur Anwendung.

```
fourteen = list(range(1,15))  # [1, 2, ..., 14]
lst = [ x*7 for x in fourteen ]
```

Zum gleichen Ergebnis kommt list(map(...)) mit der Funktion x*7:

```
lst = list(map(lambda x: x*7, fourteen))
```

W2: Vokale in »Hello, World!«

Diese Übung ist schon etwas schwieriger! list bildet aus der Zeichenkette eine Liste. list(filter(...)) bildet daraus eine neue Liste, die nur Vokale enthält. Den dabei eingesetzten in-Operator haben Sie bereits in Kapitel 3, »Operatoren«, kennengelernt. join fügt diese Liste wieder zu einer Zeichenkette zusammen.

```
lst = list('Hello, World!')
vocals = list(filter(
  lambda x: x in ('a', 'e', 'i', 'o', 'u'), lst))
print(vocals)
  ['e', 'o', 'o']
result = ''.join(vocals)
print(result)
  eoo
```

Der obige Code hat den Nachteil, dass er nur für Kleinbuchstaben funktioniert. Dieser Mangel lässt sich beheben, indem Sie im Filterausdruck Großbuchstaben mit lower in Kleinbuchstaben umwandeln:

```
vocals = list(filter(
  lambda x: x.lower() in ('a', 'e', 'i', 'o', 'u'), lst))
```

W3: Lottozahlen

Hier gibt es keine eindeutige Antwort: Eine Grundregel bei Lottozahlen ist, dass sie eindeutig sein müssen. Es darf also keine Zahl mehrfach vorkommen. Aus diesem Grund bieten sich Sets an.

429

Oft sollen Lottozahlen aber geordnet dargestellt werden – und das können nur Listen. Die folgenden Zeilen zeigen, wie Sie Lottozahlen zuerst als Set speichern und daraus bei Bedarf eine geordnete Liste machen.

```
lotto = {34, 12, 25, 26, 3, 40}
geordnet = sorted(lotto)
print(geordnet)
  [3, 12, 25, 26, 34, 40]
```

W4: Gemeinsame Zeichen finden

Um die gemeinsamen Zeichen von zwei Zeichenketten zu finden, bilden Sie daraus Sets und finden dann mit & die Schnittmenge:

```
s1 = 'Python'
s2 = 'Programmierung'
set(s1) & set(s2)          # gemeinsame Zeichen
  {'n', 'P', 'o'}
sorted(set(s1) & set(s2)) # sortiert
  ['P', 'n', 'o']
```

W5: Doppelgänger entfernen

Durch die Umwandlung in ein set werden alle Doppelgänger eliminiert. sorted macht aus dem Set eine geordnete Liste.

```
lst = [1, 2, 3, 2, 7, 3, 9]
result = sorted(set(lst))
print(result)
  [1, 2, 3, 7, 9]
```

W6: Wörterbuch

Wie die Aufgabenstellung schon andeutet, ist hier ein Dictionary die optimale Datenstruktur. Beachten Sie aber, dass das Wörterbuch nur in eine Richtung funktioniert! woerter['three'] würde einen *Key Error* liefern, weil ja ausschließlich deutsche Wörter als Schlüssel verwendet wurden.

```
woerter = { 'eins': 'one', 'zwei': 'two', 'drei': 'three'}
woerter['zwei']
  'two'
```

W7: Lorem ipsum

Das folgende Lösungs-Script wandelt die Zeichenkette zuerst in eine Liste um, entfernt daraus alle Satzzeichen und fügt die Ergebnisliste wieder zu einer neuen Zeichenkette zusammen (Variable plain). Als Filterkriterium gilt eine Lambda-Funktion, die testet, ob das Zeichen ein Leerzeichen oder Buchstabe ist (isalpha). Lambda-Funktionen sind in Kapitel 7 zwar schon vorgekommen, eine richtige Beschreibung befindet sich aber erst in Abschnitt 9.5, »Lambda-Funktionen«.

Die Funktion split macht daraus eine Liste von Wörtern. Nun gibt es zwei Varianten:

▶ In der ersten Variante werden die Wörter sortiert, allerdings nicht alphabetisch, sondern nach ihrer Länge (key=len) und mit den längsten Wörtern zuerst (reverse=True). Danach muss nur noch die Länge des ersten Elements ausgelesen werden.

▶ Sortieren ist immer ein sehr aufwendiger Prozess. *Viel* schneller ist die zweite Variante, wobei zuerst mit map aus der Wortliste eine Liste mit der Länge jedes Worts gemacht wird. reduce wendet darauf die max-Funktion an und ermittelt so blitzschnell die größte Wortlänge.

```
# Beispielprogramm loremipsum.py
from functools import reduce
s='Lorem ipsum dolor sit amet, consetetur sadipscing ...'

# Satzeichen eliminieren
plain = ''.join(filter(lambda c: str.isalpha(c) or c==' ',
                list(s)))
# Lorem ipsum dolor sit amet consetetur sadipscing ...

# Wörter bilden
words = plain.split(' ')
# ['Lorem', 'ipsum', 'dolor', 'sit', 'amet',...
```

```
# Variante 1 (langsam): nach Länge sortieren
sortedwords = sorted(words, key=len, reverse=True)
print('Maximale Wortlänge:', len(sortedwords[0]))

# Variante 2 (viel schneller): reduce und map
maxlen = reduce(max, map(len, sortedwords))
print('Maximale Wortlänge:', maxlen)
```

A.8   Kapitel 8: Verzweigungen und Schleifen

W1: Schaltjahr und Monate

Der Codeausschnitt zur Bestimmung der Tage des Monats kann z. B. so aussehen:

```
# einige Zeilen aus loesungen-kap08/schaltjahr.py
if monat in (1, 3, 5, 7, 8, 10, 12):
  tage = 31
elif monat in (4, 6, 9, 11):
  tage = 30
elif monat == 2:
  tage = 28 if schaltjahr else 29
else:
  print('Ungültiges Monat!')
  tage = 0
```

Die vollständige Lösung zu diesem Beispiel finden Sie in den Beispieldateien zu diesem Buch.

W2: Fakultät

Indem Sie Zwischenergebnisse in der Variablen f speichern, können Sie die Fakultäten von 1 bis 20 sehr einfach so ausrechnen:

```
f = 1
for i in range(1, 21):
  f = f * i
  print('Die Fakultät von', i, 'beträgt', f)
```

W3: Summe

Die Summe von $1/2 + 1/4 + 1/9 + \ldots + 1/900$ berechnen Sie z. B. so:

```
sum = 0
for i in range(2, 31):
    sum += 1 / (i*i)
```

W4: Verschachtelte Schleifen

Das Programm gibt die Zahlen 1, 2 und 3 aus. Die Begründung lautet: In der äußeren Schleife hat i zuerst den Wert 0. Für die innere Schleife gilt nun range(1), was eine Kurzschreibweise für range(0, 1) ist. Da die obere Schranke exklusiv, wird die Schleife nur einmal mit j=0 ausgeführt. Das führt zur Ausgabe 1.

In der äußeren Schleife erhält i nun den Wert 2. Die j-Schleife durchläuft mit range(2) (entspricht range(0, 2)) die Werte 0 und 1. Damit werden die Zahlen 2 und 3 ausgegeben.

W5: Schleife mit »break«

Das Programm gibt die folgenden Zahlenpaare aus, bevor die Schleife aufgrund der erfüllten break-Bedingung abgebrochen wird:

```
0 9    1 8    2 7    3 6
```

W6: Rückwärtsschleife

```
i=100
while i>=0:
  print(i)
  i-=5
```

W7: Schleife von 125 bis 160

Der Lösungscode beginnt mit der Definition von vier Variablen: min und max legen die obere und untere Grenze des Zahlenbereichs fest. nmax bestimmt die Anzahl der Schleifendurchläufe. delta gibt an, wie stark sich

die Zielvariable x mit jedem Durchlauf ändern soll. In der Schleife durchläuft i die Werte von 0 bis einschließlich nmax.

```
min = 125.0
max = 160.0
nmax = 11
delta = (max - min) / (nmax - 1)

for i in range(nmax):
  x = min + delta * i
  print(x)
# Ausgabe: 125.0   128.5 132.0 135.5 ... 156.5 160.0
```

W8: Liste mit Zufallszahlen initialisieren und auswerten

In traditioneller Programmierung würden Sie eine Liste mit 50 Zufallszahlen wie folgt erstellen, indem Sie eine Schleife 50 Mal durchlaufen und
der Liste jedes Mal eine Zufallszahl hinzufügen:

```
# Beispieldatei zufallsliste.py
from random import randint
lst = []
for _ in range(50):
  lst.append(randint(0, 10))
```

Kürzer und Python-typischer ist der folgende Code in der List-Comprehension-Syntax. Dabei wird jedes Element einer Liste mit 50 Elementen durch
eine Zufallszahl ersetzt:

```
lst = [ randint(0, 10) for _ in list(range(50)) ]
```

Die Summe aller Elemente ermitteln Sie so:

```
sum = 0
for itm in lst:
    sum += itm
```

Die Anzahl der Nullen können Sie mit lst.count(0) oder mit der folgenden
Schleife herausfinden:

```
for itm in lst:
    if itm==0:
        cnt+=1
```

Die Position der ersten Null ermittelt `lst.index(0)` oder die folgende Schleife, die nur ausgeführt wird, wenn zuvor zumindest eine Null gezählt wurde, `cnt` also ungleich 0 ist. Die Positionsausgabe erfolgt in Python-Zählweise, das heißt, 0 entspräche dem ersten Element, 1 dem zweiten Element usw. `break` bricht die Schleife ab, die Positionen weiterer Nullen sind nicht gefragt.

```
if cnt:
    for i in range(len(lst)):
        if lst[i]==0:
            print('Postion der ersten Null:', i)
            break
else:
    print('Die Liste enthält keine Null.')
```

W9: List Comprehension versus Generator Expression

Eine *List Comprehension* ist eine besondere Syntaxvariante der `for`-Schleife, bei der die Ergebnisse gleich in einer Liste gespeichert werden. (Analog können auch Sets, Tupel und Dictionaries mit *Set*, *Tupel* bzw. *Dictionary Comprehension* gebildet werden.)

```
lst = [ i for i in range(5, 10) ]
# lst enthält [5, 6, 7, 8, 9]
```

Eine *Generator Expression* liefert eine Art Funktion, deren Auswertung das jeweils nächste Element liefert. Diese Funktion wird aber nur bei Bedarf ausgewertet. Das ist dann sinnvoll, wenn Sie die Elemente einer List Comprehension ohnedies sofort weiterverarbeiten und nicht speichern wollen. In solchen Fällen spart eine Generator Expression Speicherplatz.

```
summe = sum(i for i in range(5, 10))   # 35
```

Falls nicht von vornherein klar ist, ob überhaupt alle Elemente benötigt werden, kann eine Generator Expression auch Rechenzeit sparen.

A.9   Kapitel 9: Funktionen

W1: »minmax«-Funktion

Die triviale Lösung zur Aufgabenstellung greift auf die vorgegebenen min- und max-Funktionen zurück und gibt die beiden Ergebnisse als Tupel zurück:

```
def minmax(lst):
    return min(lst), max(lst)
```

Wenn Sie die Funktion selbst implementieren, müssen Sie in einer Schleife alle Elemente der Liste durchlaufen – das ist Ihnen vermutlich klar. Schwierig ist es, Startwerte für die beiden Ergebnisvariablen min und max zu wählen. Sie könnten für min eine sehr große und für max eine sehr kleine Zahl nehmen (min=100000 und max=-100000). Wenn die Liste dann allerdings noch kleinere oder noch größere Werte enthält, erhalten Sie ein falsches Ergebnis.

Auf der sicheren Seite sind Sie, wenn Sie als Startwerte einfach das jeweils erste Element der Liste verwenden. Wenn Sie Glück haben, ist das schon das Endergebnis. Wenn nicht, werden min bzw. max in der for-Schleife immer wieder korrigiert, bis die beiden Variablen schließlich den kleinsten bzw. größten Wert enthalten.

```
# Beispieldatei minmax.py
def minmax(lst):
    min = lst[0]
    max = lst[0]
    for itm in lst:
        if itm < min:
            min = itm
        if itm > max:
            max = itm
    return (min, max)  # Tupel zurückgeben
```

Validitätskontrollen

minmax liefert Fehler, wenn als Parameter eine leere Liste oder eine Liste mit Zeichenketten oder überhaupt ein ganz anderer Datentyp übergeben wird. Derartige Fehler können Sie vermeiden, indem Sie zu Beginn der Funktion überprüfen, ob die Parameter überhaupt sinnvolle Typen bzw. Werte enthalten. In den hier präsentierten Lösungen habe ich darauf zugunsten einer größeren Übersichtlichkeit verzichtet. Ein Beispiel für eine derartige Absicherung gibt die Übung W3 aus Kapitel 10, »Umgang mit Fehlern (Exceptions)«.

W2: Palindrom

Die Lösungsfunktion wandelt die übergebene Zeichenkette zuerst in Kleinbuchstaben um und bildet daraus eine Liste. Aus dieser Liste filtert sie nun mit isalpha alle Buchstaben heraus und eliminiert so Leer- und Satzzeichen. join bildet aus den verbliebenen Listenelementen wieder eine Zeichenkette. Als Rückgabeergebnis gilt der Test, ob diese Zeichenkette identisch ist mit einer Zeichenkette in umgekehrter Reihenfolge (Slicing-Notation [::-1]).

```
# Beispieldatei palindrom.py
def palindrom(s):
    lst = list(s.lower())
    plainlst = filter(str.isalpha, lst)
    plain = ''.join(plainlst)
    return plain == plain[::-1]
```

W3: Passwortqualität

Die folgende Funktion vergibt je nach der Qualität des Passworts unterschiedlich viele Punkte. Wenn die Länge der Zeichenkette kleiner als 8 ist, wird die Funktion sofort mit return 0 verlassen. Andernfalls erhält das Passwort den ersten Punkt (q=1). Einen weiteren Punkt gibt es, wenn die Zeichenkette aus zumindest 6 unterschiedlichen Zeichen besteht. Dies können Sie ganz einfach testen, indem Sie die Zeichenkette in ein Set umwandeln.

Für die restlichen Tests müssen alle Zeichen in einer Schleife durchlaufen werden. In der Schleife werden verschiedene Attribute getestet und in hasxxx-Variablen gespeichert. Diese Variablen werden nach der Schleife ausgewertet. Die Vorgehensweise wirkt umständlich, verhindert aber, dass ein Passwort mit zwei oder drei Sonderzeichen zwei oder drei Extrapunkte erhält. Die Aufgabenstellung besagt ja, dass es für das Vorkommen von Sonderzeichen einen Zusatzpunkt gibt, ganz egal, um wie viele Sonderzeichen es sich handelt.

```python
# Beispieldatei pwquality.py
def pwquality(s):
    if len(s)<8:
        return 0
    q = 1

    # >6 unterschiedliche Zeichen
    if len(set(s)) > 6: q+=1

    # Groß- und Kleinbuchstaben, Ziffern, Sonderzeichen
    hasdigit = False
    hasspecial = False
    hasupper = False
    haslower = False
    for c in s:
        if str.isupper(c): hasupper = True
        if str.islower(c): haslower = True
        if str.isdigit(c): hasdigit = True
        if not str.isalnum(c): hasspecial = True
    if hasupper and haslower: q+=1
    if hasdigit: q+=1
    if hasspecial: q+=1

    # Endergebnis zurückgeben
    return q
```

W4: Multiplikationsfunktion

Der entscheidende Punkt bei dieser Aufgabe ist die variable Parameteranzahl, die Sie in der Schreibweise *para realisieren. Innerhalb der Funktion können Sie auf die übergebenen Elemente in Form einer Liste
zugreifen. Davon ausgehend gibt es mehrere Lösungsvarianten. Am naheliegendsten ist die Programmierung einer Schleife. Dabei wird der erste
Parameter in der lokalen Variablen result gespeichert und in der Folge mit
allen weiteren Parametern (Slicing-Notation [:1]) multipliziert.

```
# Beispieldatei prod.py
def prod(*f):
    result = f[0]
    for factor in f[1:]:
        result = result * factor
    return result
```

»Schöner« wird der Code (zumindest in Python-Denkweise), wenn Sie die
reduce-Funktion anwenden. An reduce müssen Sie eine Lambda-Funktion
übergeben, die die Multiplikation durchführt:

```
from functools import reduce
def prod(*f):
    if len(f)<2:
        return f[0]
    else:
        return reduce(lambda x, y: x*y, f)
```

Auf die Lambda-Funktion können Sie verzichten, wenn Sie wissen, dass sie
alle Python-Operatoren im operator-Modul auch als Funktionen zur Verfügung stehen:

```
import operator
def prod(*f):
    if len(f)<2:
        return f[0]
    else:
        return reduce(operator.mul, f)
```

W5: Zeichenkette durchsuchen

findAll sucht zuerst nach dem ersten Vorkommen von pattern in s. Wenn es eines gibt, also pos einen Wert ungleich −1 enthält, wird dieser Wert in der while-Schleife dem Ergebnis hinzugefügt. Danach wird die Suche an der Stelle pos+1 fortgesetzt.

```
# Beispieldatei findall.py
def findAll(s, pattern):
    matches = []
    pos = s.find(pattern)
    while pos != -1:
        matches += [pos]
        pos = s.find(pattern, pos+1)
    return matches
```

W6: Größter gemeinsamer Teiler

Genau genommen ist die Fragestellung schwieriger als die Lösung. Sehen Sie selbst!

```
# Beispieldatei ggt.py
def ggt(a, b):
    if a < b:
        a, b = b, a
    rest = a % b
    if rest == 0:
        # ggT gefunden
        return b
    else:
        # rekursiver Aufruf
        return ggt(b, rest)
```

Die Funktion ggt stellt zuerst sicher, dass der erste Parameter die größere Zahl ist. Gegebenenfalls werden die Werte der beiden Parameter vertauscht. Danach wird der Rest der Division a / b ermittelt. Ist dieser 0, ist die Funktion auch schon fertig; andernfalls wird ggt einfach nochmals rekursiv aufgerufen, wobei die kleinere Zahl b und der Restwert als Parameter dienen.

A.10   Kapitel 10: Umgang mit Fehlern

W1: Code absichern

In der allgemeinsten Form sichern Sie fehleranfälligen Code so ab:

```
try:
  # kritischer Code ...
except xxxError:
  # Verarbeitung des Fehlers ...
```

Soweit es im Kontext Ihres Programms sinnvoll ist, können Sie die Methode nach try/except weiter fortsetzen.

W2: Fehler auslösen

raise XxxError('Fehlermeldung') löst eine Exception aus. Exceptions sind ein Kommunikationsmechanismus, der die Anwender einer Funktion oder Methode darüber informiert, dass bei der Ausführung ein Fehler aufgetreten ist.

W3: »shrink«-Funktion

Der Teil der shrink-Funktion, der die Zeichenkette verkürzt, sollte kein Problem sein – wenn doch, sollten Sie sich Kapitel 5, »Zeichenketten« nochmals ansehen. Für die Fehlerabsicherung ist die Überprüfung der Parameter am Beginn der Funktion entscheidend. isinstance überprüft, ob die Typen korrekt sind. Außerdem muss n natürlich eine positive Zahl sein.

```
# Beispieldatei shrink.py
def shrink(s, n):
    if not isinstance(s, str):
        raise TypeError('s muss eine Zeichenkette sein.')
```

```
if not isinstance(n, int):
    raise TypeError('n muss eine ganze Zahl sein.')

if n < 0:
    raise ValueError('n muss größer 0 sein.')

if n < 15:
    return s[:n]
elif n >= len(s):
    return s
else:
    return s[:n-10] + ' ... ' + s[-5:]
```

A.11   Kapitel 11: Objektorientierte Programmierung

W1: Klasse versus Objekt

Grundsätzlich gibt der Code einer Klasse vor, welche Funktionen die Klasse erfüllt, das heißt, welche Variablen und Methoden es gibt. Wenn Sie so wollen, ist die Klasse ein Bauplan.

Objekte werden von der Klasse abgeleitet. Wenn Sie also eine Auto-Klasse programmiert haben, können Sie im laufenden Programm daraus unzählige Auto-Objekte erzeugen. Anstelle von Objekten sind auch die Begriffe *Instanz* oder *Exemplar* üblich.

Python ist insofern ein Sonderfall, als auch die Klasse an sich als Objekt gilt.

W2: Instanzmethoden versus statische Methoden

Damit Instanzmethoden verwendet werden können, muss zuerst ein Objekt erzeugt werden. Instanzmethoden werden dann in der Form objvar.meth() auf das Objekt angewendet. Sie haben vollen Zugriff auf alle im Objekt gespeicherten Daten (also auf alle Instanzvariablen).

Statische Methoden benötigen dagegen kein Objekt. Beim Aufruf muss der Klassenname vorangestellt werden, z. B. `MyClass.meth()`. Alle zu verarbeitenden Daten müssen als Parameter übergeben werden.

W3: Konstruktor

Die Aufgabe des Konstruktors besteht darin, die Daten (Instanzvariablen) eines neuen Objekts zu initialisieren. Oft werden im Konstruktor auch die übergebenen Parameter daraufhin überprüft, ob es sich um sinnvolle Daten handelt. Ist das nicht der Fall, kann ein Fehler ausgelöst werden.

Innerhalb der Klasse wird der Konstruktor als spezielle Methode mit dem Namen `__init__` implementiert. Der erste Parameter lautet immer `self` und gibt Zugriff auf die neue Objektinstanz.

Zum Aufruf des Konstruktors kommt es, wenn Sie ein Objekt erzeugen, also `var = MyClass(parameter)` aufrufen.

W4: Instanzvariablen nutzen

`MyClass.a` ist nicht zulässig. `a` ist eine Instanzvariable, der Zugriff kann nur über ein Objekt erfolgen.

```
# Beispieldatei instancevar.py
obj = MyClass(3, 4)
print(MyClass.a)  # Fehler, MyClass hat kein Attribut 'a'
print(obj.a)      # Ausgabe 3
```

Im Gegensatz zu den meisten anderen Programmiersprachen sind Objekte zur Laufzeit um zusätzliche Attribute (also Variablen und Methoden) erweiterbar. Daher funktioniert dieser Code ohne Probleme:

```
obj.c = 7
print(obj.c)        # Ausgabe 7
```

W5: Bankkonto

Die Klasse für ein Bankkonto kann z. B. so aussehen:

```
# Beispieldatei konto.py
class Konto():
    # Konstruktor
    def __init__(self, name, startguthaben=0, rahmen=0):
        # private Instanzvariablen
        self.__name = name
        self.__guthaben = startguthaben
        self.__rahmen = rahmen

    # Instanzmethoden
    def einzahlen(self, betrag):
        if betrag<=0:
            raise ValueError('Ungültige Parameter!')
        self.__guthaben += betrag

    def abheben(self, betrag):
        if betrag<=0:
            raise ValueError('Ungültige Parameter!')
        if betrag > self.__guthaben + self.__rahmen:
            print('Zu wenig Geld auf dem Konto.')
            return False
        else:
            self.__guthaben -= betrag
            return True

    # Objekt ausgeben
    def __str__(self):
        s = 'Konto von %s:\n  Guthaben: %d\n' + \
            '  Überziehungsrahmen: %d\n'
        return s % (self.__name, self.__guthaben,
                    self.__rahmen)
```

W6: Musikalbum

Die größte Herausforderung bei diesem Beispiel ist der richtige Umgang mit den Zeiten (siehe auch Kapitel 6, »Datum und Zeit«). Die folgende

Lösung verwendet time-Objekte, um die Länge der Tracks zu speichern. Eigentlich wäre für derartige Informationen der timedelta-Typ gedacht, dieser lässt sich aber nur schwer mit Minuten und Sekunden initialisieren.

Zur Berechnung der Gesamtlänge des Albums müssen aus den time-Objekten timedelta-Objekte gemacht werden. Dazu wird die Zeitangabe zuerst mit dem kleinstmöglichen Datum kombiniert, dieses wird anschließend wieder subtrahiert.

Dank der Verwendung des @dataclass-Dekorators kann auf die Programmierung des Konstruktors verzichtet werden.

```python
# Beispielprogramm album.py
from datetime import date, datetime, time, timedelta
from dataclasses import dataclass
from typing import List


@dataclass()
class Track:
    title: str
    mp3name: str
    length: time

@dataclass()
class Album:
    title: str
    interpret: str
    tracks: List[Track]

    # Albumlänge ausrechnen
    def getTotalTime(self):
        result = timedelta(0, 0, 0)
        for t in self.tracks:
            delta = datetime.combine(date.min, t.length) - \
                    datetime.min
            result = result + delta
        return result
```

```
# ganzes Album anzeigen
def printInfo(self):
    print('Album:  %s' % (self.title))
    print('Von:    %s' % (self.interpret))
    print('Länge:  ', self.getTotalTime())
    print()
    n=1
    for t in self.tracks:
        print('Track %d: %s [%s]' % (n, t.title,
                                     t.length))
        n+=1
```

Die Anwendung der Klassen sieht so aus:

```
t1 = Track('Speak to Me', 'fname1.mp3', time(0, 3, 57))
t2 = Track('On the Run', 'fname2.mp3', time(0, 3, 34))
t3 = Track('Time', 'fname3.mp3', time(0, 7, 5))
a = Album('The Dark Side of the Moon', 'Pink Floyd',
          [t1, t2, t3])
a.printInfo()
```

W7: Turm und Dame

Die Methode findMoves der Rook-Klasse sieht wie folgt aus:

```
# Beispieldatei chess.py, Klasse für Turm
class Rook(Figure):
    def __init__(self, pos: str): ...

    def __str__(self): ...

    def findMoves(self) -> List[str]:
        positions = []
        for i in range(-7, 8):
            if i==0:
                continue
```

```
        # von links nach rechts
        newpos = Figure.position(self.col + i,
                                 self.row)
        if newpos:
            positions += [newpos]
        # von unten nach oben
        newpos = Figure.position(self.col,
                                 self.row + i)
        if newpos:
            positions += [newpos]
    return positions
```

Den vollständigen Code inklusive der Queen-Klasse finden Sie in den Beispieldateien zu diesem Buch.

A.12   Kapitel 12: Module

W1: Module importieren

Zur Nutzung von Funktionen aus einem Modul gibt es drei Varianten. Die einfachste Spielart besteht darin, das gesamte Modul zu importieren und dann über den Modulnamen auf seine Attribute zuzugreifen:

```
import mymodule
print(mymodule.f1() + mymodule.f2())
```

Damit Sie lange Modulnamen nicht immer ausschreiben müssen, können Sie dem Namen einen Alias geben:

```
import mymodule as mm
print(mm.f1() + mm.f2())
```

Schließlich können Sie mit from mname import aname aus einem Modul einzelne Attribute (hier Funktionen) direkt in den aktuellen Namensraum einfügen:

```
from mymodule import f1, f2, f3
print(f1() + f2())
```

W2: »arrow«-Paket installieren und anwenden

Zur Installation führen Sie in `cmd.exe` oder in einem Terminal eines der folgenden Kommandos aus:

```
pip install arrow     (Windows)
pip3 install arrow    (macOS, Linux)
```

Sie können das Paket direkt im Python-Interpreter ausprobieren:

```
import arrow
print(arrow.utcnow())
# Ausgabe z. B. 2018-07-16T05:49:29.331145+00:00
```

Ein übersichtliches Handbuch zum `arrow`-Paket finden Sie hier:

https://arrow.readthedocs.io

W3: Python-Projekt zerlegen

Um ein umfangreiches Python-Projekt auf mehrere Dateien aufzuteilen, lagern Sie eigenständig verwendbare Funktionen sowie Klassen in *.py-Dateien im gleichen Verzeichnis aus. In der verbleibenden Hauptdatei bauen Sie Anweisungen wie `from modulname import funktionsname` oder `from modulname import klassenname` ein, damit Sie die Funktionen bzw. Klassen unverändert weiternutzen können.

A.13   Kapitel 14: Dateien lesen und schreiben

W1: Textdatei schreiben

Der Lösungscode setzt zuerst den Dateinamen zusammen und erzeugt die Datei zum Schreiben von Text (Modus `'wt'`). Dank `with/as` ist es nicht notwendig, die Datei zu schließen – darum kümmert Python sich.

```
# Beispieldatei textfile.py
import getpass
from datetime import datetime
from pathlib import Path
```

```
user = getpass.getuser()  # Login-Name
now  = datetime.now()     # Datum + Uhrzeit
home = Path.home()        # Heimatverzeichnis
testfile = home.joinpath('testpython-test-file.tmp')

# Textdatei zum Schreiben öffnen
with open(testfile, 'wt') as f:
    f.write(user + '\n')
    f.write(str(now) + '\n')
```

W2: Größe aller Python-Dateien summieren

Mit der glob-Methode ist es einfach, das gesamte Heimatverzeichnis nach
*.py-Dateien zu durchsuchen. Die stat-Methode ermittelt die Metainfor-
mationen der Datei. Das Attribut st_size enthält die Dateigröße. Beachten
Sie, dass die Ausführung des Scripts bei einer großen Festplatte recht lange
dauern kann.

```
# Beispieldatei python-size.py
from pathlib import Path
home = Path.home()
sum = 0
cnt = 0
for file in home.glob('**/*.py'):
    print(file, file.stat().st_size)
    sum += file.stat().st_size
    cnt += 1

print('Insgesamt', cnt, 'Dateien')
print('Gesamtgröße:', sum, 'Byte')
```

W3: New-York-Times-Bestseller

Der Aufbau der JSON-Datei sieht (stark gekürzt) in etwa so aus:

```json
{
   "status": "OK",
   "copyright": "Copyright (c) 2018 ...",
   "num_results": 15,
   ...
   "results": [
      {
         "rank":1,
         ...
         "book_details": [
            {
               "title":"THE PRESIDENT IS MISSING",
               "author":"Bill Clinton and James Patterson",
               "primary_isbn13":"9780316412698",
               ...
            }
         ],
      },
      {
         "rank":2,
         "book_details": [  ... ],
      }, ...
```

Der Download des JSON-Dokuments und die geordnete Darstellung der Top-15-Liste gelingen so:

```python
# Beispieldatei xml-nyt.py
import json
import urllib.request
url      = 'https://api.nytimes.com/...'
response = urllib.request.urlopen(url)
binary   = response.read()          # binäre Daten
txt      = binary.decode('utf-8')   # als Text interpretieren
top15    = json.loads(txt)
```

```python
for result in top15['results']:
    # die Buchdetails sind in einer Liste verpackt,
    # daher [0]
    detail = result['book_details'][0]
    print('Titel:', detail['title'])
    print('Autor:', detail['author'])
    print('ISBN: ', detail['primary_isbn13'])
    print()
```

Index

459

S

T

W

X

Y

Z